Simone Hauswald | Martin Sowa

Umarme
dein Leben!

DU HAST NUR EINS

EIN INSPIRIERENDES ABC
FÜR EIN GELUNGENES LEBEN

W0056408

Oertel+Spörer

Inhalt

Vorwort

Bei Vollmond baden. Dem Gesang der Amsel lauschen. Bis in den Himmel schaukeln. Sonnenblumen pflücken. Auf den Baum klettern. Mit Kindern kichern. Opas Erzählungen lauschen. Um die Wette rennen. Mit Freunden lachen. Die Torte nach dem Arztbesuch genießen.

Wir Menschen brauchen Leichtigkeit. Wir sehnen uns nach kleinen Momenten des Glücks. Wir benötigen Inspiration für Körper, Geist und Seele.

Aber: Wo ist die Leichtigkeit? Wir leben in unsicheren Zeiten. Das tägliche mediale Feuerwerk serviert uns schwere Kost in Hülle und Fülle. Die Welt scheint Kopf zu stehen. Die rasanten Veränderungen nehmen uns die Luft zum Atmen und machen uns schwere Beine. Bei manchen Menschen legt sich ein Schatten auf die Seele. Der Druck im Kessel, gesellschaftlich wie privat, ist hoch.

Garniert wird dies von unserem persönlichen Streben nach Selbst-optimierung. Ratgeber, Coaches oder Influence-rinnen bedienen unseren Wunsch nach körperlicher und mentaler Fitness. Wir disziplinieren uns und investieren viel Zeit und Geld, um im Job, im privaten Umfeld und in den sozialen Medien einen möglichst perfekten Eindruck zu hinterlassen.

Bei all diesen Mühen kann schnell die Leichtigkeit verloren gehen. Dabei brauchen wir dieses Beschwingt-Sein so sehr. Loslassen statt Kontrolle. Leichtigkeit statt Schwere. Leichtigkeit hat nichts mit Oberflächlichkeit zu tun. Im Gegenteil: Sie verleiht Energie, kann sinnstiftend sein und unsere Seele zum Schwingen bringen.

Beim Lesen der inspirierenden Impulse von Simone Hauswald und beim Inhalieren der Kurzgeschichten von Martin Sowa habe ich genau diese wohltuende Leichtigkeit empfunden. Immer wieder habe ich mich beim Schmunzeln oder beim entspannten Nachsinnen ertappt. Da entstand kein Druck auf meiner Brust, sondern vielmehr der Eindruck: Vieles kann, nichts muss. Die Leichtigkeit der Texte eröffnete plötzlich neue Spiel-räume.

Simone Hauswald hat schon als erfolgreiche Biathletin selten die Zielscheiben verfehlt. Ihre prägnanten Gedanken in diesem Buch sind ebenso wie die kurzweiligen Erzählungen von Bundesverdienstkreuz-Träger Martin Sowa ein Volltreffer.

Johannes Seemüller

Einführung

Mit diesem Buch möchten wir Menschen einladen und inspirieren, gemeinsam mit uns in die Faszination des Alltags in Form von 26 faszinierenden Alltagsgeschichten und 26 Alltagsimpulsen einzutauchen. Warum gerade 2 mal 26?

Zum einen hat das Alphabet 26 Buchstaben und das Jahr 52 Wochen – das macht 365 oder 366 Tage. Die meisten davon sind *Alltag*, ein Wort, das wir wie selbstverständlich benutzen. »Es ist halt Alltag, nichts Besonderes, eben wie alle Tage.«

Wie anders klingen dabei Worte wie Geburtstag, Feiertag, Hochzeitstag, Urlaubstag, Wochenende oder Ähnliches?! Allesamt Tage, in denen eine Besonderheit mitschwingt, auf die man sich mehr zu freuen scheint. Sind es doch Tage, die man genießen und feiern mag oder auch darf?!

Der Fokus ist stark darauf ausgerichtet und wird durch die neuen Medien, Radio, TV oder auch Werbung zusätzlich befeuert wie zum Beispiel »Nur noch ein Tag, dann ist wieder Wochenende« oder »Genießen Sie mit uns die schönste Zeit des Jahres – Urlaub am Meer oder in den Bergen. Lassen Sie Ihre Seele baumeln!«

Doch wie sieht es mit den »anderen« Tagen aus? Das Hinfiebern auf einen solchen besonderen Tag lässt uns die »anderen«, die dazwischen liegen, oftmals vergessen oder vernachlässigen.

Wir möchten den Alltag einmal ganz bewusst in den Fokus rücken, in dem wir das Besondere herausheben, um der Schönheit und dem Genuss des Lebens wieder mehr Raum zu geben. Damit wir das Leben wieder mehr mit all unseren Sinnen aufnehmen.

Die Geschichten und Impulse sind ein buntes Potpourri aus eigenen Erlebnissen, Beobachtungen von Alltagssituationen oder einem Mix aus Realität und Fantasie. Doch eines haben sie alle gemeinsam: Sie möchten uns mit Freude und Dankbarkeit auf die kleinen Dingen des Lebens hinweisen. Denn wie schnell entschwinden diese im Alltagsstress unseren Blicken, finden kein Gehör oder werden nicht mehr wahrgenommen?!

Vielleicht gelingt es uns allen zusammen, mit einer oder mehreren Geschichten, die Faszination des Alltags bewusster zu erleben und unser Alltagsleben noch mehr zu genießen und zu gestalten. Lassen Sie uns das Leben umarmen! Wir haben nur eins.

Wir wünschen Ihnen ganz viel Freude beim Lesen und eventuell Feiern des Alltags.

Ihre Simone Hauswald und Martin Sowa

#Ausfahrt

»Es ist lang die Ausfahrt aus der Heimat.«

AUS NORWEGEN

Stellen Sie sich vor, Sie möchten von A nach B kommen. Sie haben also einen Startpunkt, von dem aus Sie losfahren und auch schon ein Ziel, wo Ihre Fahrt endet. Sie werden wohl auf Ihrem Weg nicht immer nur geradeaus fahren, vielleicht an der einen oder anderen Kreuzung abbiegen, aber spätestens kurz vor Ende Ihrer Reise die richtige Ausfahrt nehmen, um an Ihrem Ziel anzukommen.

Der Begriff Ausfahrt kann auch auf unseren Lebensweg übertragen werden. Schritt für Schritt gehen wir voran und nehmen von Zeit zu Zeit diverse Ausfahrten. Dabei kann eine Ausfahrt vielerlei bedeuten. Sei es die Ausfahrt aus dem Kindergarten in die Schule, von der Schule in den Beruf oder ins Studium. Sei es die aus dem Elternhaus in die eigene Wohnung, die aus einer Beziehung oder was auch immer. Immer wieder sind es Ausfahrten, die eine Etappe beenden oder eine neue Etappe beginnen lassen.

Ich lade Sie noch einmal ein, mit mir zum Anfang zurückzukehren. Vielleicht ist die Strecke von A nach B eine Ausfahrt ins Grüne, zu Freunden, zur Arbeit oder wohin auch immer. Manchmal kann es aber auch sein, dass Sie eine Ausfahrt eher nehmen *müssen*, da es eine Umleitung gibt oder Sie vorher die falsche Ausfahrt genommen haben. Manchmal kann auch eine kurze Verunsicherung hochkommen, weil Sie sich vielleicht nicht auskennen!

Halten Sie kurz an, orientieren Sie sich erst einmal und fokussieren Sie Ihr Ziel erneut. (Ihr Navi im Auto wird Sie sicher ans Ziel bringen.) Offenheit und Vertrauen unterstützen Sie dabei, sicher ans Ziel zu gelangen. Denn im Unbekannten steckt oft Schönes verborgen.

Doch wie sieht es in unserem Leben aus? Wer oder was navigiert uns dort sicher zum Ziel?

Und vielleicht kommt Ihnen Folgendes auch bekannt vor? Sie haben eine Ausfahrt erwischt oder genommen, die Sie vorher gar nicht im Kopf hatten oder die so nicht geplant war, und im Nachhinein sind Sie sehr dankbar über diese Ausfahrt, die Ihnen »zufällig« den richtigen Menschen, die für Sie richtige Entscheidung, Erfahrung oder Ähnliches geschenkt hat. Das ist Leben. Eine Ausfahrt bringt uns Menschen immer genau zur richtigen Zeit an den richtigen Ort, der für unser Leben bestimmt ist.

Ich wünsche Ihnen die nötige Klarheit und das Vertrauen, dass jede Ausfahrt ein Geschenk für Sie bereithält. Wie auch immer dieses Geschenk aussehen mag.

Ausfahrt

Tränenüberströmt fuhr Angela auf der A 8 von Stuttgart nach München. Der Himmel hatte sich in ein düsteres Grau verfärbt und verlieh der gesamten Landschaft einen tristen Anschein. Grau war auch Angelas Alltag und in ihrem Inneren hatte sich eine große Farblosigkeit breitgemacht: Einheitsgrau. Ihr Blick war verschleiert. Alles in ihr bebte und zitterte. Krampfhaft hielt sie das Lenkrad mit beiden Händen fest, biss sich auf die Unterlippe. Ein kleiner Blutstropfen rann ihr über den Unterkiefer. Angela spürte es nicht. Immer wieder fuhr sie mit ihrem rechten Handrücken über die aufgequollenen Augen, um den Tränenfluss abzuwischen, der ihr unaufhörlich über die Wangen strömte. Warum hatte Sven ihr das bloß wieder angetan? Warum? Im Sekundentakt tauchten die Bilder vor ihrem geistigen Auge auf.

Sie war eine Stunde früher von der Arbeit nach Hause gekommen und hatte sich auf den freien Nachmittag und den Abend mit ihm gefreut. »Sven! Sven, ich bin wieder da! Sven, wo bist du denn? Ich habe uns aus unserer Konditorei noch zwei Stücke unserer Lieblingstorte mitgebracht. Ich dachte, wir könnten heute mal…! Sven?« Ihre fröhliche Stimme war überall in der Wohnung zu hören gewesen. Hinten rechts, da musste er sein. Aber was machte er zu dieser Zeit im Schlafzimmer? Es war doch erst 16 Uhr. »Sven?«

Jetzt hatte sie eine Tür knallen hören. Aber da war doch niemand an ihr vorbeigekommen. Angela war ins Schlafzimmer gegangen. Sven hatte aufrecht, aber nackt im Bett gesessen. Auf dem Boden hatte Angela noch einen roten Damenschuh und einen aufreizenden Slip gesehen. Ihr Blick war zum angrenzenden Wohnzimmer und Garten gegangen. Der Anblick hatte sie erstarren lassen. Eine etwa 30-jährige Rothaarige war halb nackt mit einem Kleiderbündel unter dem linken Arm durch den Garten zu einem blauen Volvo gerannt, hatte in aller Hektik die Tür aufgeschlossen, den Motor angelassen und war durchgestartet. Mit durchdrehenden Reifen war der Wagen aus der Straße gerast. Angelas Puls war in die Höhe geschossen. »Du! Du Schweinehund! Schon wieder hast du mich betrogen. Ich kann nicht mehr. Ich will nicht mehr. Ich bin am Ende. Wir sind am Ende.« Sie hatte die herrliche von Hand bemalte Vase genommen, die ihnen ihre Mutter zur Hochzeit vor fünf Jahren geschenkt hatte. Mit wutverzerrtem Gesicht griff sie das mit so viel Liebe gefertigte Porzellan und verwandelte es in Sekundenbruchteilen in ein Wurfgeschoss, seinen Kopf dabei genau ins Visier genommen. Einen Lidschlag später war das teure Geschenk an der Wand zerschellt. Ziel verfehlt.

»Raus! Mach, dass du rauskommst! Auf der Stelle!«

»Lass es mich dir erklären. Es ist nicht so, wie du denkst. Aber wir hatten uns versprochen und ausgemacht, dass jeder seine Freiräume haben darf. Ich liebe dich, aber ich brauche meinen Freiraum für mich.«

»Mach, dass du aus meinem Freiraum verschwindest!« Eine zweite Vase hatte sich in seine Richtung aufgemacht. Die Scherben, die von ihr übrig geblieben waren, hatten sich im Bett verteilt. Sven war auf sie zugekommen, wollte sie umarmen. Sie hatte wild nach ihm getreten, um sich geschlagen. Als er das Haus verlassen hatte, packte sie rasch ihren Koffer und ging ebenfalls nach draußen zu ihrem Auto. »Freiraum. Der Mistkerl kann mich mal mit seinem Freiraum.«

Sie war einfach losgefahren. Irgendwohin. Irgendwo würde sie schon rauskommen. Bald fand sich Angela auf der Autobahn wieder. Hinter ihr hupte ein Lastwagen. Jetzt fuhr er links an ihr vorbei. Der Fahrer tippte sich an die Stirn. Mit tränenüberströmtem Gesicht sah sie auf den Tacho: 60. »Ich kann nicht mehr.« Da sah sie das blaue Schild: Parkplatz 500 Meter. Angela setzte den Blinker, nahm die Ausfahrt. Jetzt stand sie vor der Toilettenanlage. Etwa fünfzehn Meter weit entfernt saßen zwei ältere Personen, Mann und Frau, mit zwei Vorschulkindern an einem Tisch. Vor sich hatten sie Vesperdosen mit Butterbroten und Paprikastreifen. »Wohl Opa und Oma beim Enkelausflug«, dachte Angela. Sie zerrte das letzte Päckchen Tempos heraus, wischte sich erneut die Tränen ab und schnäuzte. Aus dem Radio erklang gerade Elvis Presley mit: »Are you lonesome tonight?« Angela drückte voller Verzweiflung auf den Ausschaltknopf. Elvis verstummte mitten im Satz: »Now the stage is bare and I'm standing there with emptiness all around«. Jetzt nicht auch noch Elvis: Svens Lieblingssänger. Am Rückspiegel baumelte neben dem Kiefernduft verströmenden grünen Duftbäumchen eine kleine Elvisfigur aus Plastik. Mit beiden Händen griff Angela zur Schnur, an der der amerikanische Musiker hing und riss sie mit einem Ruck entzwei. Auch das Duftbäumchen fand keine Gnade vor ihr. Es musste alles weg, was an ihn erinnerte. Kurze Zeit später hatten Elvis und das Duftbäumchen ihre letzte Ruhestätte in der Restmülltonne des Parkplatzes gefunden. Angela machte ein paar Schritte auf dem trostlosen Rastplatz.

»Ausfahrt Parkplatz«, dachte sie. »Ausfahrt!« Das hatte doch auch etwas mit *raus* zu tun. *Aus = Raus.* Ja. Das war sie jetzt. Raus aus seinem Freiraum. Weg, weit weg. Und was sollte sie jetzt tun? Sie überlegte. »Ich muss weiterfahren. Weit fahren. Eine Aus – Rausfahrt machen. Vielleicht ergibt sich dann etwas Neues.« Sie schnäuzte sich noch einmal die Nase und wischte sich mit dem vorletzten Tempo die Augen trocken. Sie setzte sich wieder hinter das Lenkrad und fädelte auf die Autobahn ein. Jetzt erst mal die zehn Kilometer bis nach München. Ausfahrt in fünf Kilometern, las sie kurz darauf auf einem weiteren Schild. In ihrem Hirn arbeitete es. Aus. Ja, mit Sven war es aus. Das war vorbei. Sollte er doch machen, was er wollte. Aber Ausfahrt. Das Wort *fahren* hatte doch immer etwas Dynamisches, Aktives. Ja, sie war auf der Ausfahrt. Auf der Ausfahrt in ein neues Leben.

Sie fuhr in die Stadt hinein. Vor ihr lenkte gerade ein Toyotafahrer seinen Wagen aus einer Parklücke. Angela nahm gleich den freien Platz ein. Sie war mitten auf der Leopoldstraße, der Prachtmeile der bayerischen Metropole. Am rechten Straßenrand sah sie direkt vor sich eine Parkuhr. Sie stieg aus. »Kannst du nicht aufpassen? Fahrradweg!« Ein Fahrradfahrer auf einem einfachen Trekkingrad konnte ihr gerade noch ausweichen. Angela trat einen raschen Schritt zurück, stand jetzt wieder ganz eng an ihrem Wagen. Ein Fahrradfahrer folgte dem anderen.

Jetzt war der Weg frei. Sie warf eine 2-Euro-Münze in den Schlitz der Parkuhr. »Verdammt teuer hier«, dachte sie. »Egal. Muss ja nur kurz halten, um ein Hotel zu suchen.« Vor sich sah Angela das imposante Siegestor, eines der Wahrzeichen von München. Sie verharrte einen Augenblick. Ihre Blicke fixierten das Tor. Siegestor! Warum war sie jetzt hier? Warum stand sie jetzt am Siegestor? Sollte ihr das was sagen? Durch die Öffnungen des gewaltigen, steinernen Tores sah sie weiter hinten den Odeonsplatz mit der Feldherrnhalle. Sie stieg wieder ein und buchte über das Internet eine Unterkunft in der nahe gelegenen Maxvorstadt. Als Angela am Abend durch den Englischen Garten ging und am Chinesischen Turm und am Kleinhesseloher See vorbeikam, reifte in ihr der Entschluss, etwas ganz Neues zu beginnen. An diesem verlängerten Wochenende würde sie ihr Leben in eine andere Richtung lenken. Ausfahrt. Ja, ich muss raus aus dem, was ich jetzt zwei Jahre ertragen habe. In einem Biergarten genehmigte sie sich ein Bier und schaute den anderen Besucher:innen zu. Junge Studierende, die sich in fröhlicher Runde versammelt hatten. Eine Gruppe Senior:innen, die wohl gerade von einer Wanderung zurückgekommen war und hier ihren Abschluss zelebrierte. Ein junges Ehepaar mit zwei Kindern hatte sich drei Tische weiter platziert. Die Kinder, vielleicht vier und sechs Jahre, tollten vergnügt durch die Anlage. Eine Kapelle spielte gerade: »I'm singing in the rain!« Eine Entenfamilie watschelte in zehn Meter Entfernung am Zaun vorbei, um sich dann vom Ufer in den See zu begeben. Ein lauer Windhauch strich Angela durch das Gesicht.

»Das Leben kann doch so schön sein, bunt und vielfältig. Das Leben ist doch mehr als Sven. Das Leben ist viel zu kurz für ein langes Gesicht. Das Leben bietet einem so viel. Man muss nur den richtigen Weg finden. Ich nehme jetzt einfach die nächste Ausfahrt in ein besseres Leben. Morgen fahre ich zu einem der schönen Seen hier in der Gegend. Ich mache ein Seewochenende: Starnberger See, Chiemsee, Ammersee.« Sie fingerte ihr Handy aus der Handtasche, buchte ein Zimmer in Prien am Chiemsee. Sie spürte wieder Lebenskräfte in sich aufsteigen. »Es wird alles gut werden.«

Am nächsten Morgen ging sie sehr früh in der Münchener Fußgängerzone auf eine kleine Shoppingtour und veränderte kleidermäßig ihr Äußeres. Sie blickte sich im Spiegel vor der Umkleidekabine an, drehte sich einmal um ihre eigene Achse. »Das steht Ihnen richtig gut. Die frischen Farben strahlen ja etwas total Positives aus. Ich würde mich richtig wohl fühlen!«, schaute die Verkäuferin sie zustimmend an. Angela fühlte sich sichtlich wohler. Der Tag versprach eine deutliche Wende. Drei Stunden später saß sie an Deck eines Ausflugsbootes auf dem Chiemsee, ließ sich den frischen Wind um die Nase wehen, genoss den Anblick der nahen Berge. Nun schloss sie die Augen, um sie Minuten später wieder zu öffnen. Am Himmel sah sie drei Graureiher ihre Bahnen ziehen. Eine Schwanenfamilie schwamm links an der Seite des Ausflugsdampfers. Das Bild war fast zu schön. Aber Angela genoss diese Momente in vollen Zügen. Aus dem Bordlautsprecher ertönten die Toten Hosen: »An Tagen wie diesen wünscht man sich Unendlichkeit. An Tagen wie diesen haben wir noch ewig Zeit, wünsch ich mir Unendlichkeit. Das hier ist ewig. Ewig für heute.« Eine innere Zufriedenheit strömte durch ihren Körper. Sie fühlte sich erfüllt von all dem, was sie gerade erlebte.

»Es wird alles gut. Ich glaube, die Ausfahrt auf den Parkplatz war der Wendepunkt. Jetzt kann es weitergehen, nur besser!« Sie lauschte den Wellen, die der Dampfer verursachte, und träumte von ihrer besseren Zukunft.

#Begeisterung

»Da, wo Begeisterung ist, ist Berufung.«

UTE LAUTERBACH

Es gibt Menschen, die sind schnell für etwas zu begeistern und sofort Feuer und Flamme. Und es gibt Menschen, auf die kann man mit Engelszungen einreden und dann sind sie immer noch nicht zu begeistern.

Ich lade Sie zu ein paar Fragen ein:

Welcher Typ sind Sie? Eher ›leicht für eine Sache zu haben‹ oder ›kommt drauf an‹? Machen Sie Ihre Begeisterungsfähigkeit von anderen Menschen oder Situationen abhängig? Vielleicht von allem etwas? War das immer schon so in Ihrem Leben?

Wie würden Sie einem kleinen Kind erklären, was Begeisterung bedeutet?

Wo gehen Sie mit ganzem Eifer, voller Leidenschaft und viel Tatendrang an eine Sache ran?

Und? Sind Sie durch Ihre Antworten schon mehr mit Ihrer Begeisterung in Kontakt gekommen?

Wahre Begeisterung kommt von innen und wird nach außen hin sicht- und hörbar in Form von Freude, Jubel und

Enthusiasmus. Natürlich wird sie auch ein Stück weit von außen beeinflusst, da alles mit allem hier auf dieser Erde irgendwie miteinander in Verbindung steht – bewusst oder unbewusst. Doch wirkliche Begeisterung ist intrinsischer Natur – kommt aus den Menschen selbst.

Wie schön wäre es, wenn wir Menschen vieles oder gar alles mit Begeisterung und Hingabe tun würden? Getragen von guten Gefühlen, unbändiger und nie endender Energie und Leidenschaft!

Wovon könnte dies tatsächlich abhängen und wie kann es uns gelingen, mehr Begeisterung für Dinge zu entwickeln, die vermeintlich nur »sinnfrei« sind? Vielleicht dadurch, dass wir den unliebsamen Dingen einen Sinn geben, indem wir sie ganz gezielt hinterfragen, offen und ehrlich mit uns selbst sind und dann dementsprechend denken, fühlen und handeln. Denn wenn wir Menschen einen Sinn in etwas erkennen, den Dingen einen Sinn geben, wird auch mehr Begeisterungsfähigkeit erkenn- und spürbar. Es wird lebendiger – man wird »vom Geist beseelt«.

Mit Begeisterung geht vieles, auch die Arbeit, leichter von der Hand, die Wertschätzung dafür wächst, das Energielevel bleibt hoch und man fühlt sich einfach wohler und zufriedener.

Ich freue mich für Sie, wenn Sie das nächste Mal mit Begeisterung an eine Sache rangehen, andere Menschen mit Ihrer Begeisterungsfähigkeit anstecken oder gemeinsam mit anderen Menschen etwas mit vollem Eifer und großer Leidenschaft wuppen. Denn Begeisterung bringt viele schöne und wohltuende Empfindungen und Gefühle zum Vorschein, die den Alltag und das Leben leichter machen.

Begeisterung

Mit einem Lächeln stand Raimund vor den 20 Studierenden, die im Mittelkreis der Sporthalle auf dem Boden saßen. Ihre Blicke waren alle auf die Leinwand gerichtet, die er an der Hallenseite heruntergelassen hatte. Er referierte frei, ohne Manuskript in der Hand. Die Bilder und die kurzen prägnanten Aussagen der Präsentation halfen ihm, sich immer wieder neu davon inspirieren zu lassen. Zu jeder Folie hatte er etwas zu erzählen. Immer wieder wurden die Aussagen, die dort an der Wand standen oder die Bilder, die er zeigte, mit einer ganz persönlichen Geschichte bereichert. Die Studierenden, die sich an diesem Wochenende zu dem dreitägigen Kompaktseminar hier eingefunden hatten, waren fasziniert von dem, was Raimund ihnen zu berichten hatte. Vor allen Dingen aber waren sie begeistert von Raimunds Art vorzutragen. Er war vollkommen in seinem Element, im Hier und Jetzt.

Mit seinen Berichten und Episoden machte er auch die scheinbar trockensten, theoretischen Elemente lebendig. Raimund referierte nicht nur. Nein, er spielte es auch gleichzeitig vor. Mal bewegte er sich wie ein kleines Kind, wenn dies gerade das Thema war. Minuten später spielte er einen schwergewichtigen Mann, der sich nur mühsam bewegen konnte. Dann war er wieder in der Rolle des Sportlehrers, der gerade die geschilderte Person auf kreative Art und Weise immer wieder in das Geschehen miteinbezog. Auf diese Art und Weise schaffte es Raimund, jede Situation vor den Augen der Gruppe lebendig werden zu lassen.

Keiner der 20 Teilnehmenden hatte auch nur die geringste Chance, von irgendwelchen Dingen abgelenkt zu werden. Im anschließenden Praxisteil, beim Spielen mit Tennisbällen, avancierte er zum Mitspieler. Er hatte das Spiel selbst erfunden, wie so viele andere in all den Jahren. Irgendwie gelang es ihm, jede Situation äußerst spannend und emotional zu gestalten. Als es Claudia nicht gelang, den richtigen Joghurtbecher aufzudecken, unter dem sich einer der versteckten Tennisbälle befinden sollte, drückte er sein ganzes Mitgefühl durch Gestik und Mimik aus. Raimund kniff die Augen zusammen und presste die Lippen aufeinander. 30 Sekunden später jubelte er mit, als Caroline den richtigen Becher angehoben hatte. Egal, welche Aktion in der Halle ablief, Raimund war stets ganz bei der Sache. Von außen gesehen erweckte er bei allen den Eindruck, als würde er das Seminar zum ersten Mal durchführen. Dabei gestaltete er solche und ähnliche Fortbildungen schon seit vielen Jahren. Und immer wieder schafften sein Kollege und er es, die Teilnehmenden in ihrem Innersten anzusprechen und dort abzuholen, wo sie gerade waren. Es ging ihm nicht nur um einfache Wissensvermittlung. Er wollte Begeisterung für die Thematik in ihnen entfachen. Er wollte sie erfahren lassen, welchen persönlichen Mehrwert es geben konnte, wenn man sich vollkommen für eine Sache einsetzte. Schnell waren die anfänglichen Hemmungen der Gruppe, wenn es überhaupt welche gab, verflogen. Bald spielten sie alle mit. Selbst die Schüchternsten öffneten sich und spielten befreit mit. Es war, als ob etwas in ihrem Inneren in Bewegung gekommen wäre. Jetzt konnte man auf ihren Gesichtern ein freudiges Strahlen erkennen.

In den Praxisteilen herrschte eine ausgelassene und fröhliche Stimmung in der Sporthalle. In den Theorieteilen war die Konzentration sehr hoch. Sie wurde allerdings immer wieder aufgelockert, weil Raimund stets den einen oder die andere wie selbstverständlich in das Geschehen miteinbezog.

Am Abend deckten Raimund und sein Kollege Markus die Biertischgarnituren als langen Esstisch mit weißen Papiertischdecken ein und präsentierten das Büfett aus der Küche der Sportschule. Jetzt bot sich für Raimund endlich mal für kurze Zeit die Gelegenheit, sich zu setzen. Er holte sich einen Teller und nahm neben einer der Studentinnen Platz. Etwas erschöpft fühlte er sich, hatte er doch den ganzen Tag alles gegeben und sich voll reingekniet, um seine Begeisterung auf die Gruppe zu übertragen. Jetzt durfte auch mal Raum für ein wenig Ruhe und Pause sein. Während links und rechts von ihm die Gesprächsfetzen hin- und herflogen, war Raimund ganz in Stille versunken. Eine halbe Stunde raus aus dem Fokus. Bald würde es wieder anders sein. Dann standen noch zwei Unterrichtseinheiten auf dem Abendprogramm. Um kurz nach 21 Uhr würde dann der erste Fortbildungstag beendet sein.

Jetzt sprach ihn die 23-jährige Emily an, die neben ihm saß. »Raimund, darf ich dir mal was sagen?« »Natürlich! Warum fragst du? Wir haben doch gesagt, dass ihr hier alles loswerden könnt, was ihr auf dem Herzen habt. Also los!« Emily legte den Dessertlöffel zur Seite, mit dem sie gerade noch etwas von ihrem Tiramisu gegessen hatte und blickte Raimund mit einem strahlenden und ebenso hoch konzentrierten Gesichtsausdruck an. »Es hört sich vielleicht komisch an, ich weiß gar nicht, wie ich es genau ausdrücken soll.« »Jetzt mach schon! Drucks nicht so lange rum! Wir können doch über alles reden.«

»Also Raimund, irgendwie bist du für mich ein eigenartiger Mensch. So einen Dozenten habe ich noch nie kennengelernt.«

»Wie? Ich mache doch gar nichts Besonderes.« »Doch! Den ganzen Tag agierst du vor und mit uns. Du vermittelst uns so viele Dinge und gibst uns Einblicke in die Thematik, dass ich den Eindruck habe, es stehe ein 100-Jähriger vor mir. Woher hast du all das viele Wissen? Du bist doch noch so jung! Und wir haben noch zwei Tage vor uns. Auf der anderen Seite vermittelst du die Inhalte mit der Begeisterung eines Dreijährigen, was für mich bedeutet, dass du dich in einer Spanne zwischen drei und 100 Jahren bewegst.« Raimund blickte sie mit offensichtlichen Fragezeichen in den Augen an. Ihre Aussagen trafen ihn in seinem Innersten. Er bemerkte, wie ihm ein wohliger Schauer über den Rücken lief. Raimund dachte an das alte, kleine Fotoalbum aus seiner Kindheit. Auf vielen der alten Bilder lachte er voller Inbrunst als Drei- oder Vierjähriger, aus vollem Hals. Damals, da sprühte er voller Energie und Freude. Aber auch heute hatte er es noch in sich, nur etwas anders. »So etwas hat mir noch niemand gesagt. Ich mache doch echt nichts Besonderes.«

»Doch! Bei dir spürt man in jeder Faser, dass das, was du uns erzählst und wie du es machst, vollkommen aus deinem Inneren heraussprudelt. Völlig authentisch!«

»So, jetzt geht's weiter! Wir treffen uns in zehn Minuten wieder in der Sporthalle.« Markus beendete das Abendessen. Auch Raimund und Emily standen auf, brachten ihr Geschirr in die Plastikbehälter, um sich dann wieder in die nebenan liegende Sporthalle zu begeben. Die letzten zwei Unterrichtseinheiten des Tages verliefen in der gleichen positiven Stimmung wie der gesamte Tag.

Als Raimund eine halbe Stunde später zu Hause ankam, schwirrte ihm immer noch Emilys Satz im Kopf herum. Was sollte er jetzt damit anfangen? Er war von den Anstrengungen des Tages wirklich geschafft, aber auch zufrieden. Die Gruppe hatte gut mitgemacht. Es gab niemanden mit einer Null-Bock-Stimmung. Raimund ging in sein Arbeitszimmer und holte sich das alte Fotoalbum hervor, das seine Eltern anlässlich seiner Geburt angelegt hatten. »Unser Kind« stand vorne auf dem kleinen DIN-A6-Album. Eine darüber gestickte Wiege mit einem darin liegenden Kind verdeutlichte den Titel. »Unser Kind. Ein Tagebuch mit Bildern aus dem Leben unseres Kindes.«

Raimund wurde nachdenklich. Er, Anfang fünfzig, bewegte sich also auf der Skala zwischen drei und 100 Jahren. Also zwischen Kleinkind und Greis. »Unser Kind« war da zu lesen. Dann folgten Bilder mit entsprechenden Unterschriften: Acht Wochen! Sechs Monate! Und so weiter. Immer wieder lachte und strahlte ihn ein kleiner Junge an. Und dieser kleine Junge Raimund schien schon ganz früh in seinem Alter nur so vor Energie zu strotzen. Egal, welches Bild er betrachtete. Jetzt blieb er an einem Bild aus dem Kindergarten hängen. Er saß in der zweiten Reihe in der Mitte. Je länger er das Bild betrachtete, erwachten mehr und mehr Erinnerungen in ihm. Ja! Das war bei einem Kasperletheater. Raimund betrachtete sich.

Die strahlenden Augen! Das lachende Gesicht! Die Hände vor Anspannung übereinandergeschlagen. Die gespannte Körperhaltung! Freudige Anspannung! Das war der wahre Ausdruck purer Begeisterung! Mehr ging gar nicht. Die Freude kam vollkommen aus dem Inneren. Raimund überlegte. Er musste damals ungefähr drei oder vier Jahre alt gewesen sein. Das war es also, was Emily gemeint hatte. Das war die Begeisterung eines Dreijährigen. Raimund goss sich ein Glas Rotwein ein und nahm einen Schluck. Jetzt blätterte er weiter. Auf einem anderen Foto in dem leicht zerschlissenen Album sah er sich mit einem hoch konzentrierten Blick. Das war reinste Energie. Es war ihm, als wollte das Bild ausdrücken: »Ich lasse mich von niemandem stoppen.« Mehr ging gar nicht. Langsam begriff Raimund Emilys Botschaft.

»Du vermittelst die Dinge mit der Begeisterung eines Dreijährigen, der manches zum ersten Mal erlebt.« Ja, er schien sich die kindliche Freude am Leben konserviert zu haben. Er hatte sie gar nie aufgegeben. Und wo war jetzt der 100-jährige Raimund? Er holte seinen Laptop und betrachtete die Bilder von seinen ganzen Aktionen, die er immer wieder veranstaltet hatte. Er sah sich bei Vorträgen, Fortbildungen, Seminaren, und Spielfesten. Nach und nach tauchten alle Bilder wieder vor seinem geistigen Auge auf. Das war wirklich viel, was er auf die Beine gestellt hatte. Und jedes einzelne Bild zeigte die gleiche Begeisterung wie die Kinderbilder. Jetzt begriff er, was die Studentin gemeint hatte. »Du vermittelst die Inhalte mit der Begeisterung eines Dreijährigen, machst aber den Eindruck, als ob du schon hundert Jahre Wissen angesammelt hättest.« Als Raimund am nächsten Tag wieder zum Kompaktseminar erschien, holte er Emily an seine Seite.

»Ich habe mal darüber nachgedacht, was du gestern Abend gesagt hast. Du hast recht. Und wenn du mal ein Projekt machen möchtest, bei dem ich dir helfen kann, dann schreib einfach.« Sechs Monate später erhielt Raimund eine E-Mail von Emily. »Könntest du mir ein paar Tipps für ein Spielfest geben?«

Raimund erinnerte sich gut an Emily, obwohl er in der Zwischenzeit einige andere Fortbildungen und Vorträge gehalten hatte. Er gab ihr ein paar Tipps. Einige Monate später kam eine erneute E-Mail von Emily – »Das Spielfest war super. Einfach nur strahlende Gesichter und Begeisterung pur! Ich glaube, die eigene Begeisterung reißt alle anderen mit.«

Raimund holte noch einmal das Kinderalbum hervor. »Behalte dir deine kindliche Begeisterung und kombiniere sie dann mit deinem Wissen, welches du dir in deinem Leben angeeignet hast! Die Mischung müsste passen.«

Zufrieden klappte er das Album zu.

#Chance

»Gib jedem Tag die Chance, der schönste deines Lebens zu werden.«

MARK TWAIN

Eine Chance ist eine neue Möglichkeit, eine günstige Gelegenheit, die sich uns oft im Leben bietet. Wie oft nutzen wir sie? *Wie oft nutzen Sie sie?*

Manchmal verpassen wir auch die Gelegenheit, lassen unsere Chancen ungenutzt verstreichen und an uns vorüberziehen. Warum? Vielleicht aus Angst vor dem Unbekannten? Vielleicht weil uns der Mut fehlt oder wir uns Gedanken machen, was andere dann von uns denken könnten!

Doch nur, wenn wir der Chance eine Chance geben, sie annehmen und zulassen, stehen die Aussichten günstig, dass Neues entstehen kann. Anderseits kann eine Chance nur dann kommen, wenn kein Deckel auf dem Marmeladenglas ist. Im übertragenen Sinne könnte das bedeuten, dass wir offen sein dürfen für Neuland. Egal, in welchem Lebensbereich und in welcher Situation.

Mit welcher Einstellung gehen Sie grundsätzlich mit Chancen um?

Packen Sie sie neugierig und mutig an oder sind Sie eher
»vernünftig« und auf Sicherheit bedacht?

Manchmal erfordern Chancen auch die nötige Flexibilität
und Spontaneität.

Wie flexibel und spontan sind Sie?

Wo bietet sich Ihnen vielleicht gleich heute oder in naher Zu-
kunft die nächste Chance? Wie werden Sie ihr dieses Mal be-
gegnen?

So wünsche ich Ihnen viele wahrgenommene Chancen,
die das Leben für Sie bereithält, um aus Ihrem Tag den besten Ihres Lebens zu gestalten. Und dass Sie im Rückblick
dankbar dafür sind, dass Sie dieser einen Chance eine wirkliche Chance gegeben haben.

Chance

Über ein Jahr hatte Martin mit seinen Mitarbeiter:innen an
dieser Idee gearbeitet und sie Stück für Stück weiterentwickelt. Der erste Inklusiv-Laufwettbewerb für Menschen
mit und ohne Behinderung. Immer das Ziel vor Augen, zusammen ein noch nie dagewesenes Laufspektakel zu gestalten. Schulen und Vereine wurden besucht, um Werbung
für diesen Tag im März zu machen. An den verschiedenen
Schultypen hatten sich im Unterricht Trainingsgruppen
gebildet. Schüler:innen und Lehrer:innen hatten gemeinsam trainiert, Prominente sich als Pat:innen zur Verfügung
gestellt. Landrät:innen, Regierungspräsident:innen, deutsche Meister:innen in der Leichtathletik und Marathon-

profis hatten zusammen mit den Schüler:innen trainiert. Die Presse war eingeschaltet worden und hatte in den einzelnen Städten immer wieder berichtet. Das Thema inklusives Laufen war schon im Vorfeld, in der Trainingsphase, zu einem aktuellen Thema in der Öffentlichkeit geworden. Schüler:innen entwarfen Vorschläge für Trikotembleme. Eine Jury aus Sportler:innen mit und ohne Behinderung kürte die Sieger:innen. An die Laufteilnehmer:innen wurden 150 T-Shirts mit dem Aufdruck des Siegeremblems verteilt: Achtung Läufer! Eine Hochstimmung machte sich unter den Teilnehmenden und bei den Verantwortlichen breit. Alles war vorbereitet. Studierende entwarfen kreative Start- und Zielbanner. Andere Gruppen meldeten sich als Stimmungsmacher an Start und Ziel an. Entsprechende Musik war von den Organisator:innen ausgewählt worden. Perfekter konnte eine Vorbereitung kaum sein. Jetzt war es nur noch eine Woche bis zum sehnsüchtig erwarteten Tag. Die Organisator:innen hatten drei Strecken ausgewählt:

Es gab eine 1-km-, 2-km und eine 3-km-Strecke, eingeteilt nach dem jeweiligen Leistungsvermögen. Für jede Leistungsgruppe gab es Begleitläufer:innen. Noch vier Tage. »Nach den Nachrichten kommen wir nun zum Wetterbericht«, tönte es aus dem Radio. »Unser Wetterexperte Andreas Machalitza wird uns sagen, was wir in den nächsten Tagen zu erwarten haben. Ja Andreas, was verheißt uns der Wettermann?« »Wir haben mit einem massiven Schneefall in den nächsten Tagen zu rechnen. Für Ski und Rodeln gut. Die Wintersportfans dürfen sich freuen. Schnee bis in die Niederungen.«

Martin wurde es ganz anders. Noch drei Tage. Die Wetterberichte in Radio, Fernsehen und Zeitung rangierten bei ihm vor Sport, Politik, Kultur und Lokales. Die Schnee-bilder in den Zeitungen versprachen nichts Gutes. Noch zwei Tage! Mit gesenktem Kopf gingen Martin und sein Kollege über die Streckenabschnitte. Noch schneite es. Aber für morgen war Regen angesagt. Vielleicht würde dann alles weg sein. Eine letzte Chance. Siebzehn Stunden vor dem Start schaute Martin aus dem Fenster. Erneuter Schneefall. »Hoffentlich regnet es auf die Laufstrecke«, dachte Martin. Die Hoffnung verdampfte wie ein Wasser-tropfen auf einer heißen Herdplatte. Ein letzter Versuch: »Wir streuen die glatten Strecken morgen früh mit Sand und Splitt ein. Komm, wir kaufen noch im Baumarkt ein. Dann müsste es gehen.«

Nun war es soweit. Der Morgen des Lauftages brach an. Noch lag Dunkelheit über dem Sportgelände. Martin ging an die prekären und glatten Stellen. In der Nacht hatte es erneut geschneit. Keine Chance! Hier konnte keiner lau-fen. Die Sturz- und Verletzungsgefahr war viel zu groß. »Ich habe noch ein wenig Zeit. Ich suche mir eine andere Laufstrecke. Irgendwo muss es hier doch etwas geben, wo man laufen kann. In zwei Stunden fahren die ersten Busse an den Schulen ab.«

Im Dunkeln lief Martin durch die Schneelandschaft des Freizeit- und Sportparks. Hundebesitzer:innen führ-ten ihre Lieblinge an der Leine durch die nasse Schnee-landschaft, wo diese genüsslich ihre Hinterlassenschaften ablegten. Martin registrierte nur Kopfschütteln. Manche tippten sich mit dem Zeigefinger an die Stirn oder wedel-ten mit der aufgefächerten Hand vor ihren Augen. Martin wusste, dass sie ihn alle für verrückt hielten. Aber egal. Hauptsache, er fand eine Strecke. Noch war ein wenig Zeit. Er lief zu seinem Auto, wechselte die nassen Laufschuhe. Mittlerweile trug er das vierte Paar. Neuer Versuch. Drei Minuten später lag er bäuchlings im Schnee. Gestolpert über eine Beachvolleyball-Umrandung, die unter der Schneemasse nicht zu sehen war. Zurück zum Auto. Umziehen. Keine Chance mehr! »Das war's. Nein, nicht aufgeben! Und wenn die Sportler:innen hier um den Pfeiler im Foyer des Stadions herumlaufen. Mir fällt etwas ein.« In den letzten trockenen warmen Sportschuhen ging sein Blick über die 150 Meter entfernte Brücke zum Parkplatz der Hochschule. Da hinten fuhren doch Autos. Wo Autos fuhren, musste es frei sein. Planänderung. Martin lief über die Brücke und den Parkplatz zum Hochschulgelände. Der Räumdienst hatte vor ein paar Minuten die Straßen vom Schnee befreit. Der Schneefall hörte auf. Martin schloss die Augen für einige Sekunden. Wir laufen hierher! Wir haben sonst keine Chance. Nutze diese. Die ersten Helfertrupps kommen. Sie wollten die drei Strecken markieren. Martin gab die Änderung bekannt. Sie gingen gemeinsam die neu gefundene Laufstrecke ab.

Dreißig Minuten später kam der erste große Bus mit den Läufer:innen. Alle mit den gleichen Logos auf den Trikots: Achtung Läufer! Wenige Minuten später war das Gelände gefüllt mit Läufer:innen unterschiedlicher Leistungsklassen, unterschiedlichen Alters, unterschiedlichen Geschlechts. Allen war die Vorfreude und Anspannung anzusehen. Ein rot-weißes Band unter dem großen Banner mit der Aufschrift *Zieh dir den Schuh an!* markierte den Start. Gemeinsam marschierten die 150 Läufer:innen aus dem Foyer des Stadions zur Startlinie, begleitet von Motivationsmusik aus der Verstärkeranlage, die mit einem blauen Müllsack vor dem neu einsetzenden Regen geschützt wird. Nun klangen aus der Anlage die zwölf Glockenschläge von Big Ben. Beim letzten Glockenschlag startete das Rennen. Radio-, Fernseh- und Zeitungsreporter hatten sich platziert, schossen Fotos und filmten am Start. Mit einem riesigen Jubelschrei setzte sich der Tross in Bewegung. Gemeinsam mit dem 12-jährigen Mark und einer Reporterin vom Funk war Martin in das Rennen gegangen.

»Und wie geht es Dir?« Martin lief links von Mark, schaute ihm ins Gesicht. Die Reporterin mit Mikrofon auf der rechten Seite.

»Prima! Ich habe Asthma, aber das hier ist so klasse, da will ich dabei sein.« Voller Stolz zeigte er mit dem rechten Zeigefinger auf sein T-Shirt. Der Reporterin vom SWR fuhr der Schreck in die Augen.

»Pass auf, mein Freund«, sagt Martin. »Wir laufen jetzt zusammen und wenn du nicht mehr kannst, dann gehen wir.« Mark nickte und über sein Gesicht legte sich ein Strahlen, das gar nicht mehr verschwinden wollte. Die Reporterin interviewte während des Rennens immer wieder andere Läufer:innen. Am Nachmittag werden einige von ihnen im Radio zu hören sein. Was für ein Glücksgefühl. Sie, die sonst immer am Rande standen, standen dann im Mittelpunkt, hörten ihre eigenen Stimmen im Radio, aus dem sie sonst die Interviews der Sportstars und ihrer Fußballidole hörten. Jetzt würde man ihre Stimmen hören.

Diese Gedanken schossen Martin immer wieder durch den Kopf.

»Du hast keine Chance. Nutze sie!« Genutzt. Gib nie sofort auf. Jetzt waren es nur noch 300 Meter bis zum Ziel. Die Schritte der Läufer:innen wurden langsamer. Doch wer sprang da vorne an der Ziellinie herum? Das war doch der riesengroße Tiger, der alle Läufer:innen abklatschte. Martin war es gelungen, das Maskottchen des Basketball-Bundesligisten aus der Nachbarstadt zu engagieren. Eine Motivationsrakete ohnegleichen. Fünfzig Meter vor dem Ziel erhöhte sich die Schrittfrequenz der Läufer:innen. Sie gaben noch einmal alles. Jeder und jede wollte vom Tiger abgeklatscht werden. Rund 50 Studierende feuerten mit ihren kleinen Deutschlandfahnen an. Aus dem Verstärker drang Musik, die pushte.

Martin stand am Rand und schaute den eintreffenden Läufer:innen zu. Sie liefen nicht, sie hüpften vor Freude. Doch was war das? Warum drehten da einige nach dem Zieleinlauf noch einmal um, absolvierten die letzten 10 bis 20 Meter noch einmal? Noch einmal den Tiger abklatschen oder vielleicht doch dreimal, vielleicht auch viermal. Das Wetter war noch immer grau und trüb. Aber hier herrschte keine Trübsal, sondern genau das Gegenteil. Alle waren im Ziel. Doch das Event war noch lange nicht zu Ende. Zwei Minuten später hatte sich die nasse, graue Asphaltfläche in eine große Tanzbühne verwandelt. Läufer:innen, Studierende, Tiger und Begleitpersonen – alle tanzten und rockten die nächste halbe Stunde: *We are the champions*, *Stand up for the champions*, *We will rock you*, *Keep on running* … Sieben spezielle Laufhits hatte Martin für den Zieleinlauf ausgewählt. Jetzt liefen sie in der Endlosschleife. Fähnchen wurden geschwungen. Es gab nur noch eine einzige Stimmung: lachen, Freude, tanzen und Begeisterung. Als die Busse wieder in ihre Heimatorte fuhren, drückten sich die Schüler:innen an den Scheiben die Nasen platt. Lachen, Daumen wurden in die Höhe gestreckt, ein letztes Winken. Dann endlose Stille im nassen Sportareal. Als alles aufgeräumt ist, ging Martin noch einmal über die ursprünglich geplanten Laufstrecken durch den Schnee. Das siebte Paar Laufschuhe war ohnehin durch und durch nass. Die ganze arbeitsreiche Vorbereitung, die Aussichtslosigkeit von heute Morgen gingen ihm durch den Kopf. Bei der immer noch rutschigen und vereisten Brücke über dem kleinen Bach blieb er stehen.

»Du hattest keine Chance. Aber du hast sie genutzt«, sagt er sich. Ein alter Spruch von Mark Twain fiel ihm ein: »Gib jedem Tag die Chance, der schönste deines Lebens zu sein.« Die Bilder des Tages auf der Laufstrecke, der Zieleinlauf mit dem Tiger, das Tanzen und die strahlenden Gesichter bei der Busabfahrt tauchten vor seinem inneren Auge auf. »Chance genutzt! Weitere werden kommen. Ganz sicher!«

#Danke

Schon als Kind bekommen wir von unseren Eltern beigebracht, *Danke* zu sagen, zum Beispiel wenn wir ein Geschenk bekommen haben. Ein *Danke* kostet wenig, hat aber eine unglaublich schöne und wohltuende Wirkung, sowohl für einen selbst als auch für das Gegenüber.

Aus einem *Danke* heraus erwächst das schöne Wort *Dankbarkeit*. Dankbarkeit zu empfinden ist gerade in schwierigen Zeiten wertvoller denn je. Manchmal tun wir uns schwer damit, wenn der Fokus mehr auf den Dingen liegt, die gerade nicht so gut laufen, wenn wir die Nachrichten aus aller Welt lesen und hören oder uns eine Hiobsbotschaft erreicht. Ja, das alles gehört eben auch zu unserem Leben dazu. So wie Tag und Nacht, hell und dunkel – die Polarität in unserer Welt. Dennoch haben wir immer die Möglichkeit, unseren Fokus neu auszurichten. Zum Beispiel auf die Dankbarkeit.

Ein erster Schritt hin zur Dankbarkeit ist es, sich auf die kleinen und selbstverständlichen Dinge des Alltags und des Lebens zu besinnen. Diese gehen oftmals unter, wenn alles gut läuft oder nichts weh tut. Auch einmal genauer hinzusehen, ob die andere Seite der Medaille nicht doch etwas zu bieten hat, wofür man dankbar sein kann, zum Beispiel, dass man ein Dach über dem Kopf hat, frisches Wasser aus der Leitung, eine warme Heizung...

Schon vor vielen Jahrtausenden wurde die Macht der Dankbarkeit über alle Kontinente, Zivilisationen und Kulturen gelehrt und praktiziert. Und auch in unserer heutigen Zeit haben Wissenschaftler:innen die Macht der Dankbarkeit erkannt, die sich durchweg positiv auf Körper, Geist und Seele auswirkt. Ich lade Sie zu ein paar Fragen ein:

Für wen oder was sind Sie dankbar?

Wann und wofür empfinden Sie Dankbarkeit?

Wem möchten Sie heute einfach mal Danke sagen?

Ich bin mir sicher, dass Sie fündig werden. Mit jedem kleinen Dank wachsen Dankbarkeit und Wertschätzung und hinterlassen ein Lächeln in den Gesichtern und vor allem in den Herzen.

Danke, dass Sie sich für diesen Impuls die Zeit genommen haben!

Danke

Einige wenige helle Wolken zogen am Himmel dahin. Jetzt kam der für Kreta so bekannte Meltemi-Wind auf. Besonders in den Sommermonaten von April bis Oktober wehte er als trockener Nordwest-, Nord- oder Nordostwind vom griechischen Festland in Richtung Kreta im östlichen Mittelmeer. Vera und Rüdiger, beide Anfang 60, hatten sich schon so lange auf diesen Urlaub gefreut. Drei Jahre waren sie nicht mehr aus ihrem Alltagstrott herausgekommen. So oft es ging kümmerten sie sich um ihre Enkel Louis und Michaela. Auf die beiden war immer Verlass, wenn ihre Kinder sie brauchten. Auch in ihrem eigenen Haus war alles in einem Topzustand. Wenn Vera und Rüdiger Friebel sich mit ihrem Haus bei der Zeitschrift »SCHÖNER WOHNEN« bewerben würden, hätten sie wohl sehr gute Chancen auf eine tolle Homestory mit wundervollen Bildern.

»Verdammt noch mal, warum wird denn dieser blöde Wind hier so stark? Der peitscht so richtig den Sand auf«, knurrte Rüdiger missmutig vor sich hin. Tatsächlich blies der Meltemi sehr stark von hinten und trieb ihnen die Sandkörner an den Rücken. Rüdigers Laune trug nicht gerade dazu bei, dass eine gute Urlaubsstimmung aufkommen konnte.

»So ein Mist! Das hatte ich mir vollkommen anders vorgestellt. Warum sind wir bloß auf diese blöde Idee gekommen, hierher zu fliegen? Das hätten wir doch wissen müssen, dass es hier immer so windet. Wir waren doch schon einmal vor 30 Jahren mit den Kindern hier.«

Vera verzog das Gesicht. Was hatte er nur wieder? Immer diese Nörgelei. Wenn das so weiterging, dann würden die restlichen zehn Tage ihres Urlaubs wirklich nichts mehr werden. Sie presste die Lippen aufeinander und blies die Luft hörbar durch beide Nasenlöcher aus.

»Rüdiger, jetzt hör doch mal auf mit deiner ewigen Meckerei. Du vermiest uns ja den ganzen Urlaub.«

Nebeneinander gingen sie am langen Sandstrand entlang. Sie wechselten kaum ein Wort. Zu ihrer rechten Seite rollte das türkisfarbene Meer in steter Regelmäßigkeit seine Wellen heran, die sich an dem flachen Sandstrand brachen. Einige kleine Seevögel liefen an der Wasserlinie entlang. Sie rannten immer wieder schnell zurück, sobald ihnen die Wellen zu nahe kamen. Dann liefen sie aber sofort wieder ans Wasser, um zu sehen, ob wohl etwas kleines Meergetier angespült worden war, das sie fressen konnten. Es war ein ständiges Wechselspiel zwischen Wasser, Vogelwelt, Sonne. Ein wundervolles Gesamtpanorama, das sich ihnen bot. Vera versuchte sich auf das Naturschauspiel zu konzentrieren und genoss es endlich mal, für 14 Tage weit weg von den täglichen Pflichten und Aufgaben zu sein. Wie lange waren sie schon nicht mehr am Meer gewesen? Und jetzt befanden sie sich in der herrlichen Sonne, der Wärme, umgeben vom Rauschen des Meeres und den Wellen. Vera sog alles in sich auf. Sie atmete die Seeluft ein und versuchte, die üble Stimmung ihres Mannes zu ignorieren. »Rüdiger, schau mal da hinten!« Vera deutete auf die Bucht, die sich vor ihnen auftat. Die Bucht von Balos mit ihrer farbintensiven Lagune und der Insel Imeri Gramvousa im Hintergrund, die langsam in der Ferne erschien. Ein herrliches Bild. In Reiseführern hatte sie dieses grandiose Panorama schon oft sehnsüchtig betrachtet.

»Wahrscheinlich gibt es das nur in Reiseführern oder auf Postkarten. So schön. Irgendwie kommt man da ja doch nie hin«, hatte sie immer gedacht. Und jetzt gingen sie sogar auf dieses Geschenk der Natur zu und hatten es praktisch vor Augen. In ein paar Minuten würden sie da sein.

»Rüdiger, jetzt guck doch mal. Das ist doch die Bucht von Balos. Da wolltest du doch auch schon immer hin.« Rechts zog sich ein etwa 50 Meter breiter Grünstreifen mit Hecken vom Meer nach oben, um dann von ockergelbem Felsgestein abgelöst zu werden. In etwa 400 Metern Entfernung konnten sie ein Gebäude mit einem roten Dach und einer davorliegenden Terrasse ausmachen.

»Da hinten ist bestimmt eine Taverne. Da machen wir Rast und trinken etwas Schönes und vielleicht sind ja dann vorne am Wasser auch noch zwei Liegestühle frei. Das wird bestimmt ganz toll!«

»Hoffentlich! Und wenn dann der Wind noch aufhören würde, wäre es noch besser«, knurrte Rüdiger vor sich hin. Aus seiner Haltung und seinem Mienenspiel konnte Vera herauslesen, dass er zu diesem Zeitpunkt wohl lieber in seinem Holzschlag gewesen wäre, um Brennholz für den Winter zu machen.

Vera hätte es ahnen können. »Das nächste Mal fahren wir mit dem Auto zu einem nahe gelegenen See und da kannst du dir ja deinen Anhänger voll Holz zum Sägen hinten dranhängen«, hätte sie ihm jetzt am liebsten entgegen geschleudert, aber sie schluckte es hinunter. Trotzdem musste sie ihn irgendwie noch umbiegen, sonst würde der Urlaub eine einzige Qual werden. Wenige Minuten später erreichten sie die Taverne. Unter der Sonnenabdeckung hatte sich eine größere Menge von Menschen versammelt. Wahrscheinlich ein Familienfest. An der langen Tafel saßen ungefähr 20 Gäste. Kleine Kinder, Jugendliche, junge Erwachsene sowie zwei ältere griechische Ehepaare. Aus dem Lautsprecher, der oben rechts an einem Pfosten an der Schilfabdeckung hing, ertönte typische griechische Volksmusik. Es herrschte eine ausgelassene, prächtige Stimmung. Am ganzen Tisch war immer wieder ein freudiges Lachen zu hören, während ein ungefähr vierjähriges Mädchen und ein vielleicht fünfjähriger Junge etwas abseits der Taverne Fangen spielten. Rüdiger und Vera ließen ihre Blicke über die Gesellschaft schweifen. »Das ist doch viel zu laut für uns«, gab Rüdiger seiner schlechten Laune wieder Ausdruck.

»So, jetzt hör aber mal auf. Da hinten ist doch noch ein Tisch mit zwei Stühlen.« Vera zeigte auf einen Platz an der rechten Ecke, wo sie zwei blaue einfache Holzstühle mit einem etwas verwitterten Binsengeflecht erspähte. Dazwischen stand ein einfacher brauner Holztisch. »Na gut!« Rüdiger marschierte voraus und – das Treiben vor sich kaum betrachtend – setzte er sich. Vera folgte ihm. Aber kaum hatten sie Platz genommen, winkte ihnen einer der Griechen, ein vielleicht 45 Jahre alter schlanker Mann mit schwarzen Haaren, zu. »Ihr seid aus Deutschland?!« Vera nickte.

»Kommt, setzt euch zu uns. Ihr müsst doch hier nicht so alleine am Tisch sitzen.«

»Wieso sprechen Sie so gut Deutsch?«

»Ich arbeite in Deutschland und bin jetzt mal für vier Wochen zurück auf Kreta. Ihr könnt ruhig Vassily und *du* sagen. Wir Griechen sind hier nicht so förmlich.« Der Wirt nahm das braune Holztischchen und stellte es zu der bereits vorhandenen Festtafel dazu. Zwei Minuten später waren Vera und Rüdiger ein Teil der griechischen Gesellschaft. »Und, wie gefällt es euch hier auf Kreta?« fragte Vassily. »Es ist doch ein herrliches Wetter, die Sonne und das wunderbare Meer!« Aus seinen Augen erstrahlte eine Freude, die einen einfach mitreißen musste. Der Wirt brachte Vera und Rüdiger zwei Teller und Besteck. Aus einer großen Karaffe goss er beiden ein Glas funkelnden Rotwein ein.

»Bravo kali kali oreksi! Prost und guten Appetit«, rief Antoni, Vassilys Vater, den beiden Deutschen zu. Rüdiger und Vera hoben die Gläser und stießen mit ihren Nebensitzer:innen und den gegenübersitzenden Griechen an. Der Wein schmeckte hervorragend. Vera musste sofort an das bekannte Lied von Udo Jürgens, *Griechischer Wein*, denken. Leise summte sie den Text vor sich hin: »Als man mich sah, stand einer auf und lud mich ein. Griechischer Wein ist so wie das Blut der Erde. Komm, schenk dir ein...«

Sie bemerkte, wie sich Rüdigers Haltung langsam veränderte. Zwar schaute er noch etwas skeptisch, aber er wirkte gelöster. Jetzt brachten die beiden Bedienungen wunderbar anzuschauende Antipastiplatten: mit Frischkäse gefüllte Paprikaschoten, gefüllte Weinblätter, eingelegte Miesmuscheln, getrocknete Tomaten, grüne Peperoni, Feta-Paprika-Creme, Taramas, eine griechische Fischrogencreme, Tzatziki. Allein der Anblick dieser bunten Platte ließ Vera schon das Wasser im Mund zusammenlaufen. Sofort zückte sie ihr Handy, um Aufnahmen von diesen mit so viel Liebe angerichteten Vorspeisen zu machen.

»Da traut man sich ja gar nicht zuzugreifen. Dann zerstört man ja alles«, wandte sie sich an Vassily. »Greift ruhig zu! Ihr seid unsere Gäste!«

Vera ließ sich das nicht zweimal sagen und nahm ein wenig von den Vorspeisen. »Herzlichen Dank! Gibt es irgendeinen Grund für dieses Fest? Was gibt es zu feiern?«, fragte sie nun Vassily.

Für den Bruchteil einer Sekunde trübten sich dessen Augen. »Ja, mein Bruder, Theodorakis, da hinten links, hatte eine schwere Krankheit. Wir fürchteten schon das Schlimmste, aber jetzt hat er es überstanden. Er ist über den Berg. Deshalb wollen wir alle zusammen feiern und Danke sagen für dieses schöne Geschenk. Danke, dass wir ihn wieder haben. Danke, dass wir jetzt wieder jeden Tag so genießen können und dürfen.«

»Das freut mich sehr«, nickte ihm Vera zu. »Das ist aber auch ein toller Grund und der richtige Anlass, um einfach mal ausgelassen zu feiern.«

Vorne an der Bucht sahen sie, wie immer wieder die kleinen Wellen an den Strand gespült wurden. Einige kleine Vögel hüpften über den Sand und etwas weiter rechts spielten die Kinder der Familie. Rüdiger und Vera hatten den Eindruck, dass sie noch nie so köstlich gegessen und getrunken hatten. Nachdem es auch noch verschiedenste Hauptgerichte wie Moussaka, gegrilltes Hähnchen und Gyros gegeben hatte, von denen sich jeweils alle etwas nahmen, wurde zum Abschluss noch der Ouzo gereicht. Sie prosteten sich alle zu. Jetzt nahm Theodorakis seine Bouzouki, das typisch griechische Saiteninstrument, und intonierte einige griechische Lieder, die von allen laut mitgesungen wurden. Als das letzte verklungen war, wurde noch einmal Ouzo nachgeschenkt. Nun standen alle auf und bildeten einen Kreis. Sie legten die Arme um die Hüften oder die Schultern der jeweiligen Nebenmänner und Nebenfrauen, und damit waren Vera und Rüdiger jetzt Teil der griechischen Sirtaki-Tanzformation. Veras Augen strahlten immer mehr und auch Rüdiger ließ sich von der ausgelassenen Stimmung anstecken.

»Danke, dass ihr mit uns feiert«, ließ Theodorakis seinen Bruder für die beiden Deutschen übersetzen. »Ich habe mein Leben wieder zurückbekommen und dafür bin ich so unglaublich dankbar, dass ich es jeden Tag feiern könnte. Das Leben. Wir haben nur eins und sollten es deshalb jeden Tag genießen. Und wo kann man das besser als hier, in einer so schönen Umgebung mit so vielen netten Leuten?! Danke, dass ihr mitmacht!« Vera schossen kleine Tränen der Rührung in die Augen.

Als sich die beiden drei Stunden später verabschiedeten, gingen sie Hand in Hand an der Wasserkante zurück in Richtung ihres Ferienhauses. Der Wind hatte sich inzwischen gelegt.

»Vielleicht sollten wir unseren Blickwinkel mal verändern, Rüdiger. Die Welt mal etwas anders wahrnehmen – nicht nur hier auf Kreta. Danke für all das sagen, was wir jeden Tag geschenkt bekommen. Jetzt hier: das Meer, den Strand, den blauen Himmel. Wir können das alles bei bester Gesundheit genießen und sind immer noch glücklich miteinander verheiratet. Das Haus, die Kinder und alles, was wir haben.«

Rüdiger war sehr nachdenklich geworden. Er drückte die rechte Hand seiner Frau und gab ihr einen Kuss auf die Wange. Im Ferienhaus angekommen, genossen sie den Anblick der blutroten Sonne, die im Meer versank. »Danke für den schönen Tag und jetzt schlaf gut«, hauchte er ihr noch zu, als er sich, beseelt von dem Tag, auf die linke Seite drehte.

Als Vera am nächsten Mittag von einem kleinen Schläfchen auf ihrer Strandliege erwachte und die Augen aufschlug, konnte sie vor sich, groß in den Sand geschrieben, lesen: *Danke liebe Vera!* Rüdiger strahlte sie an. »Hättest du vielleicht Lust, dass wir zusammen unseren Drachen steigen lassen. Der Wind ist nicht ganz so heftig wie gestern, aber das könnte heute ganz richtig für uns sein.« Minuten später standen sie nebeneinander am Strand, während hoch über ihnen der Stoffdrachen seine Kreise am blauen Himmel zog. Vor Veras Strandliege standen immer noch die Worte: *Danke liebe Vera!*

#Energie

»Der Mensch beschäftigt sich leider viel zu oft mit Neid, Missgunst und Hass. Würde er diese Energie in etwas Sinnvolleres einsetzen, könnte er Berge versetzen.«

STEFAN WITTLIN

Ohne Energie geht gar nix! Das merken wir dann, wenn mal der Strom ausfällt und es kein Licht gibt, die Heizung kalt bleibt, kein warmes Wasser aus dem Wasserhahn kommt oder was auch immer.

Was ist Energie?

Aus dem Griechischen übersetzt bedeutet sie »wirkende Kraft«. Sie befähigt uns zum Beispiel Arbeiten zu verrichten, Wärme abzugeben, Licht auszustrahlen, etwas in Bewegung zu setzen, zu beschleunigen und vieles mehr.

Woher kommt aber die Energie?

Wenn wir das Ganze vereinfacht unter dem Gesichtspunkt und der Theorie des Urknalls betrachten, sagt Professor Wolfram Kollatschny, Direktor des Instituts für Astrophysik an der Universität Göttingen: »Wir wissen nur, dass damals an jenem winzigen Punkt eine ungeheure

Menge Energie zusammengeballt war und diese sich plötzlich mit Licht- bis Überlichtgeschwindigkeit ausdehnte. Den Vorgang kann man sich ungefähr so vorstellen wie das Aufblasen eines Luftballons. Mit dem Urknall entstanden Raum und Zeit. Wie es zu der Initialzündung für alles Leben auf dieser Erde kam, ist unbekannt.«

Eins ist klar. Ohne Energie gäbe es keine Materie und ohne Energie würde die Materie keine Eigenschaften oder Fähigkeiten aufweisen, wie oben schon kurz beschrieben. Und Einsteins Energieerhaltungssatz besagt, dass Energie nicht verloren geht, sondern nur ihren Zustand wandelt. Das bedeutet, dass Energie auch nicht erzeugt oder vernichtet werden kann. Sie ist immer da. Spannend, oder? Wie können wir nun die Brücke von der bloßen Theorie in unser Leben bauen?

Da wir Menschen aus Materie bestehen, fließt auch Energie durch unseren Körper. Unser Nervensystem verwendet ständig elektrische Impulse und sendet Signale aus, um sich körperlich zu bewegen, zu denken und zu fühlen. Doch wenn wir wissen, dass Energie immer da ist, warum fühlen wir uns an manchen Tagen energielos?

Das kann vielerlei Ursachen haben. Vielleicht haben wir zu wenig geschlafen, uns körperlich zu sehr oder zu wenig verausgabt, zu viel oder zu wenig gegessen, etwas beschäftigt uns emotional und gedanklich, wir haben Stress oder ähnliches.

Und warum sprühen wir an anderen Tagen förmlich vor Energie?

Auch hier können viele Ursachen der Auslöser dafür sein. Wir sind richtig ausgeruht, haben unserem Körper die richtige Nahrung und die richtigen Nährstoffe zugeführt, sind emotional ausgeglichen, haben Spaß und Freude, sind zufrieden mit uns.

Nur Sie alleine können herausfinden, wer oder was Ihnen Energie raubt oder Energie schenkt. Wunderbare Energiequellen, aus denen wir Menschen Lebenskraft schöpfen können, schenkt uns vor allem die Natur. Sonne tanken, sich im Wasser erfrischen, eine frische Brise im Hochsommer genießen oder im Garten werkeln und im Wald »baden«. (Unter *Waldbaden* versteht man den achtsamen Aufenthalt im Wald.)

Was sind Ihre ganz persönlichen Energiequellen, an denen Sie auftanken?

Kennen Sie die Aussage: *»Die Energie folgt der Aufmerksamkeit!«*?

Was bedeutet das?

Dahin, wo Sie Ihren Fokus, Ihre Aufmerksamkeit lenken, fließt die Energie und es kommt Bewegung in das Thema. Sei es körperlich, geistig oder emotional. Wenn Sie beispielsweise an etwas Schönes denken, werden Sie sich auch ganz anders fühlen, als wenn Sie an etwas denken, was Ihnen Bauchschmerzen bereitet.

Ein anderes Beispiel: Sie haben sich entschlossen, ein neues Auto zu kaufen. Sie beschäftigen sich damit, gehen in ein Autohaus, machen vielleicht sogar eine Probefahrt und entscheiden sich für den Kauf. Die Freude auf Ihren neuen Flitzer wächst von Tag zu Tag. Ist Ihnen ab dem Entschluss etwas aufgefallen? Vielleicht, dass Sie ab diesem Zeitpunkt häufiger oder nur noch »Ihr« Auto sehen? Als ich schwanger geworden bin, habe ich vermehrt schwangere Frauen oder

Mütter mit Kindern gesehen und wahrgenommen. Falls Sie Mama sind: Haben Sie das auch in ähnlicher Art und Weise erlebt?

Ganz egal, worauf Sie Ihren Fokus richten, die Energie fließt vermehrt dorthin und Sie werden immer richtig liegen. Wenn Sie zum Beispiel pessimistisch sind und Sorge haben, einen Parkplatz in einer größeren Stadt zu finden, erhöht sich die Chance, tatsächlich keinen zu bekommen. Sie suchen und suchen und werden vielleicht wirklich lange Zeit nicht fündig. Gehen Sie allerdings optimistisch an die Parkplatzsuche heran und lenken den Fokus auf einen freien Parkplatz, werden Sie vielleicht schneller fündig. Versuchen Sie es selbst einmal.

Nun wünsche ich Ihnen immer genau die richtige Portion Energie für den Tag, das nötige Gespür, wenn die Energie ins Stocken gerät, und das Wissen um Ihre ganz persönlichen Energiequellen, auf die Sie jederzeit zurückgreifen können.

Energie

Entgeistert und entsetzt blickten die Passanten nach oben gen Himmel. Dort oben, am Rande des achtstöckigen Hochhauses in der Bahnhofstraße, stand eine Frau nah an der Kante des Flachdaches. Die von hinten scheinende Sonne setzte sie in ein markantes Licht. Zentimeter für Zentimeter schob sie ihre Füße nach vorne. Jetzt fehlte nicht mehr viel. Bald würde sie vollkommen am Rand stehen. Svenjas Blicke waren leer. Die Augen trüb. Die Arme lagen schlaff rechts und links am Körper. Die Schultern neigten sich nach vorne. Sie war gänzlich in sich zusammengefallen. Kraftlos und ermattet stand sie da. Bereit zum Sprung in die Tiefe. Eigentlich musste sie sich nur noch fallen lassen, dann wäre es in ein paar Sekunden vorbei. Was waren schon die paar Sekunden, wenn sie dann endlich Ruhe haben würde. Svenja schloss die Augen. Ihre bisherigen 33 Jahre liefen wie ein Film vor ihrem geistigen Auge ab: die Eltern früh verloren, die Schule gerade so geschafft, ein Studium mit dem niedrigsten Numerus clausus begonnen, einmal durch die Prüfung gefallen, dann doch noch geschafft. Ihr Arbeitsplatz im Büro der Großbäckerei hatte ihr am Anfang noch gefallen, doch dann war sie immer mehr in einen Alltagstrott verfallen. Die kurze Liaison mit Alex. Ja okay, aber das wäre nichts auf Dauer gewesen. Ihm waren andere gefolgt: Florian, Jens und Markus. Und immer war nach einiger Zeit Schluss. Nur mit Simon hatte es bis zum Juni dieses Jahres gehalten, aber auch er war dann aus der gemeinsamen Wohnung ausgezogen. Es hatte alles keinen Sinn mehr. Was sollte sie noch vom Leben erwarten? Nichts! Es hatte doch sowieso keinen Sinn mehr. Warum sich immer wieder Rückschläge, Demütigungen einfangen? Nein! Nein! Und noch mal Nein! Damit musste jetzt Schluss sein. Sie hatte keine Lebensenergie mehr.

Unten auf der Straße liefen die Passanten zusammen. Aus dem auf der gegenüberliegenden Seite befindlichen Kaufhaus strömten immer mehr Menschen, bildeten alsbald eine große Menschenmenge. Jetzt zog einer von ihnen das Smartphone aus der rechten Tasche. Julian Kreft rief die Notrufnummer und kam bei der Funkleitzentrale der Polizei heraus: »Hier Julian Kreft. Selbstmörderin auf dem Hochhaus in der Bahnhofstraße, 100 Meter vom Haupteingang des Bahnhofs entfernt. Direkt gegenüber von der Post. Bitte kommen Sie sofort! Ich glaube, die Frau will springen.« »Wir kommen. Bleiben Sie vor Ort!«

Wildfremde Menschen diskutierten miteinander. Entsetzen mischte sich mit Sensationsgier. Jetzt ragten Svenjas Fußspitzen schon über die Hochhauskante. Drei Minuten später kam das erste Feuerwehrfahrzeug, gefolgt von einem zweiten. Dann ein Rettungswagen vom DRK. Kurz darauf ein Notarzt. Jetzt tauchten zwei Streifenwagen der Polizei auf. Die Psychologin Anja Römer sprang aus dem Fond, lief auf das Hochhaus zu. Sie nahm den Aufzug, fuhr in den obersten Stock. Anja Römer rannte zur Stahltür der Dachterrasse, öffnete sie ganz vorsichtig und sah Svenja in circa fünf Metern Entfernung vor sich stehen. Svenja wandte den Kopf nach hinten. Gott sei Dank: ein erster Schritt zur Kontaktaufnahme. Die Blicke der beiden Frauen kreuzten sich. Anja Römer schüttelte vorsichtig den Kopf nach beiden Seiten. »Tun Sie es nicht.« Sie blickte in die leeren, trostlosen Augen von Svenja, die sie zwar sah, aber gar nicht wahrzunehmen schien. Svenja blickte nach unten auf die Straße, wo die Besatzung eines Feuerwehrzuges den Sprungretter vorbereitet hatte. Wenn sie springen würde, dann würde sie genau in diesem Luftkissen landen. Anja Römer rückte Zentimeter für Zentimeter näher.

»Wie heißen Sie? Bitte tun Sie es nicht. Sie haben das ganze Leben noch vor sich. Ich helfe Ihnen. Bitte nicht!«

Svenjas Blicke waren noch immer nach unten gerichtet. Anja Römer ging immer näher auf sie zu. Jetzt stand sie direkt hinter ihr. Vielleicht noch 50 Zentimeter entfernt. Anja legte ihre rechte Hand auf Svenjas Schulter, ließ sie dort liegen.

»Kommen Sie, Sie schaffen das!« Svenja drehte sich um, sackte in sich zusammen. Anja legte beide Arme um sie. Von unten hörten sie Hunderte von applaudierenden Menschen. Es war überstanden. Wenige Stunden später saß Svenja bei der Psychologin der Polizei. Ein Häufchen Elend, in sich zusammengesunken. Neunzig Minuten später wusste die Psychologin fast alles von ihr. Für Tränen hatte sie keine Kraft mehr.

»Svenja, möchten Sie, dass ich jetzt mit meiner guten Bekannten und Freundin, Rita Trautwein, telefoniere? Sie ist ebenfalls Psychologin und ich bin mir sicher, dass sie Ihnen helfen wird, Ihre Lebensenergie wieder zurückzugewinnen. Reden Sie mit ihr. Ich kenne sie sehr gut. Sie wird es bestimmt schaffen, dass Sie wieder neuen Lebensmut gewinnen. Und dann werden Sie Schritt für Schritt Ihr Leben selbst in die Hand nehmen. Svenja, Sie haben noch so viel vor sich. Kennen Sie das alte Sprichwort: Jeder ist seines Glückes Schmied!?«

Svenja blickte sie mit Fragezeichen in den Augen verständnislos an.

»Svenja, Sie werden das schaffen. Machen Sie den ersten Schritt und dann schmieden Sie Ihr Leben neu!«

Svenja nickte. Anja Römer, die Psychologin, griff zum

Telefon. Zehn Minuten später hatte Svenja einen Termin für den nächsten Tag. »Sie bleiben jetzt noch für eine Nacht unter Beobachtung im Krankenhaus. Aber ab jetzt beginnt der Weg in ein neues Leben. Sie werden Ihre Lebensenergie wieder zurückbekommen. Da bin ich mir sicher.« Svenja hob den Kopf. Ungläubig. Und doch schwang ein Fünkchen Hoffnung mit. Rita Trautwein empfahl Svenja am nächsten Tag als erstes, sich mal eine Auszeit außerhalb ihres üblichen Alltags zu nehmen und Zeit zu finden, um mit ihr zusammen eine Standortbestimmung ihres Lebens vorzunehmen. Alles brach noch einmal aus Svenja heraus. »Wenn ich jetzt schon nicht gesprungen bin, dann will ich aber auch ein vollkommen neues Leben. Ich will das Alte nicht mehr.«

Auf Anraten von Rita Trautwein unternahm sie ab nun längere Spaziergänge außerhalb der Stadt in der Natur. Anfänglich fiel es ihr noch schwer. Doch dann nahm sie das Glitzern der Wasseroberfläche des Sees im Stadtpark wahr. Sie roch den Duft der Tannen und fing an, sich an den Kleinigkeiten des Alltags zu freuen. Plötzlich sah sie Dinge, die sie zuvor nie gesehen hatte. Die gleichzeitige Einnahme von Vitaminpräparaten schien ihr ebenfalls hilfreich zu sein. Mehr und mehr begann sie, sich selbst intensiver zu spüren. Da war nicht mehr dieses wabbelige Gefühl in ihr wie in einer lauwarmen Waschküche. Svenja schlenderte über den Wochenmarkt. Jetzt entdeckte sie zum ersten Mal die vielen Obst- und Gemüsestände. Sie füllte ihren Einkaufsbeutel mit frischem Obst, grünem und rotem Gemüse. Als sie wieder zu Hause ankam, drapierte sie alles zunächst einmal auf der Küchenzeile. Jetzt kam Farbe in ihre Wohnung. Im Internet suchte sie nach einem Rezept und entschied sich für einen mediterranen Gemüseauflauf. Bald erfüllten Gerüche von würzigen Kräutern aus dem Backofen ihre kleine Wohnung. Zum Essen legte sie sich eine alte CD mit Meeresrauschen ein, und es gelang ihr zum ersten Mal seit langer Zeit – ja, seit wann eigentlich – sich zu entspannen. Die Grundlage war gelegt. Svenja trat an den Spiegel und betrachtete sich.

»Du hast es selbst in der Hand. Übernimm das Steuerrad in deinem Leben!« Ihr Blick wanderte zwischen ihrem Spiegel, aus dem sie eine eintönige graue Maus anstarrte, und dem Obstkorb auf der Küchenzeile hin und her. Sie entledigte sich ihres Schlabberlooks und betrachtete sich erneut im Spiegel. »Ich bin doch viel zu schade, um so herumzulaufen. Da muss was Neues her!« Sie öffnete die Schranktüren. Der Secondhandshop und die Altkleidersammlung würden sich über die gefüllten Säcke freuen.

Am nächsten Tag kam sie neu eingekleidet mit einer weiteren großen Einkaufstüte aus dem Kaufhaus in der Fußgängerzone. Svenja spürte, wie sich ihre Energiespeicher stetig füllten. Es kam ihr vor, als würde ein Schritt den nächsten nach sich ziehen. Ein positiver Gedanke hängte sich kettenartig an den nächsten. Fast kam es ihr vor, als würde sie von einer positiven Energiewelle zur anderen getragen.

»Mein Gott, das ist ja ein Aufwärtsschwung, wie ich ihn noch nie erlebt habe.« Svenja kannte sich bald selbst nicht mehr. Die Bahnhofstraße, wo sie vor wenigen Tagen fast noch vom Dach gesprungen war, mied sie zunächst. »So, jetzt geb ich mir aber auch noch den letzten Ruck. Ich gehe da jetzt hin!«

Fünfzehn Minuten später stand Svenja vor der riesigen Häuserwand und blickte nach oben. Ein Schauer lief ihr über den Rücken. »Wie konnte ich nur? Wie konnte ich nur? Da wäre es nur nach unten gegangen und wahrscheinlich hätten danach ein paar Leute Kerzen aufgestellt und Blumen am Ort einer Selbstmörderin abgelegt.« Aber von denen hätte sie dann nichts mehr gehabt.

»Nein! Raus aus dieser Abwärtsspirale! Rein in den FLOW des Lebens! Von den Blumen hätte ich nichts mehr gesehen.«

»Stellen Sie mir bitte einen bunten Strauß mit frischen Blumen zusammen«, sagte sie zehn Minuten später zu der Floristin im kleinen Blumenladen an ihrer Ecke.

»Was darf es denn sein?«

»Ich wünsche mir einen Strauß, der die bunte Vielfalt des Lebens darstellt!«

Eine Stunde später betrachtete Svenja sich im Spiegel. Der Blumenstrauß auf dem Tisch ergänzte das farbenfrohe Bild zu einer Einheit. Svenja griff sich einen Pfirsich, schenkte sich ein Glas gekühlten Grauen Burgunder ein und wiegte sich im Takt der Meditationsmusik. Um 19 Uhr rief sie ihre Freundin Jana an, die sie so lange schon nicht mehr gesprochen hatte.

»Hey Jana, hast du Lust auf ein Wellness-Wochenende mit mir in einem richtig guten Hotel? Ich würde gerne den Start in mein neues Leben mit Dir feiern. Entscheide dich schnell, ich bin gerade bis zum Rand voll mit Energie.«

#Freude

Freude ist ein wundervoller Treibstoff. Wer Dinge mit Freude tut, beschenkt sich selbst in hohem Maß. Dann wird Freude zu einer unglaublichen Energiequelle, aus der man schöpfen kann, ohne müde zu werden. Man kommt in Fluss, in den FLOW – in einen Zustand, in dem Dinge leicht und mühelos gelingen und sich Zeit und Raum auflösen. Tief in sich versunken, einfach nur im Hier und Jetzt.

Sie kennen solche Momente sicherlich auch. Erinnern Sie sich einmal zurück.

Wann haben Sie das letzte Mal etwas getan, wo Sie sich voll und ganz einer Sache mit Freude gewidmet und alles um sich herum vergessen haben?

Die Zeit ist nur so dahin geschmolzen, wie Schnee in der Frühlingssonne. Keine lästigen Gedanken, keine Sorgen. Doch wie rar und kostbar sind solche Momente in unserem allzu hektischen Alltag?

Wie kann es gelingen, solche Momente tiefer Freude und unbändiger Energie öfter zu erschaffen?

Nehmen wir uns ein Beispiel an den Kindern. Sie gehen mit so viel Freude durch ihr Leben. Sie begrüßen jeden Tag mit Offenheit und Neugier. Keine störenden Gedanken wie: »Was wäre, wenn...?« Nein. Kinder begrüßen jeden neuen Tag ihres Lebens mit strahlenden Augen und sagen: »Hallo Welt, ich freue mich! Einfach, weil ich bin.«

Ich lade Sie zu einer weiteren Frage ein:

Wann empfinden Sie wirkliche tiefe Freude, die aus dem Herzen kommt und Ihnen Energie schenkt?

Wenn Sie im Moment keine Freude empfinden, dann erinnern Sie sich an einen Lebensabschnitt oder ein Ereignis zurück, bei dem Sie genau dieses Gefühl hatten. Träumen Sie sich zurück in diese Zeit und holen sich das Gefühl ins Hier und Jetzt. Die Gedanken sind frei und kennen weder Raum noch Zeit. Und über unsere Gedanken können wir schon einmal erlebte Gefühle und Körperempfindungen immer wieder neu in uns wachküssen und entstehen lassen. Wenn wir es uns erlauben.

Tanken Sie jeden Tag Freude und lassen sich mit dieser wundervollen Energie auf Ihrem Lebensstrom vorantreiben.

Ich wünsche Ihnen freudvolle Erfahrungen.

Freude

Ein herrlicher Sommertag war für heute im Wetterbericht angekündigt worden. Es sollte bis zu 27 Grad um die Mittagszeit geben. Renate Schurr schaute aus dem Fenster. Kein Wölkchen am Himmel. Ganz im Gegenteil. Ein strahlendes Blau war da oben zu sehen.

»Raimund! Lass uns rausgehen. So einen Tag müssen wir ausnutzen. So häufig werden wir das wohl nicht wiederbekommen. Und unserem kleinen Max wird das auch guttun, wenn wir mal wieder etwas länger an der frischen Luft sind.«

Raimund blickte auf ihren dreijährigen Sohn Max, der selig in seinem Kinderbettchen schlief. Die kleinen Augen geschlossen und die beiden kleinen Hände zu leichten Fäusten geballt. Er schien vollkommen in sich zu ruhen. »Lassen wir ihn erst noch ausschlafen. Er ist heute Morgen wieder so viel herumgerannt. Der muss total kaputt sein.« Renate trat hinter ihren Mann und gemeinsam schauten sie liebevoll auf ihren Sohn. »Gut, aber ich mache mich dann schon mal fertig, damit wir auch gleich wegkommen, wenn er aufwacht.« Renate und Raimund wechselten ihre Kleidung und waren Minuten später fertig für ihren Ausflug. »Ich hole schon mal den Buggy raus, falls Max dann doch müde wird.« Raimund ging in den Flur und stellte den leichten Kinderbuggy vor den Hauseingang. Als er wieder hereinkam, hörte er schon das Gebrabbel seines Sohnes. Ihr Sprössling war ein wahres Energiebündel. Das hatte er schon häufig genug unter

Beweis gestellt. Er ließ sich dabei aber auch durch nichts unterkriegen und immer zeigte er dabei dieses strahlende Lachen. Er konnte sich an allem freuen und war auch schon mit den kleinsten Dingen zufrieden. Wenn er so ruhig und friedlich in seinem Bettchen lag, konnte man gar nicht erahnen, was alles in dem kleinen Mann schlummerte. Zwanzig Minuten später spazierten Renate und Raimund mit ihrem Max auf den Feldwegen. Links lag ein großes Maisfeld, während auf der rechten Seite der Raps in leuchtendem Gelb strahlte. Raimund schob den leichten Buggy vor sich her.

»Den hätten wir, glaube ich, auch zu Hause lassen können. Guck nur, wie er wieder vorausrennt!« Renate nickte ihrem Ehemann zu und schaute zu Max, der in rund fünfzig Metern Entfernung einem gelben Zitronenfalter hinterherlief und ihn anscheinend fangen wollte. Jetzt kam er wieder zu ihnen zurückgelaufen. »Mama, Smetterling, Smetterling fangen.« Er strahlte seine Eltern mit funkelnden Augen an, um sich dann aber sofort wieder umzudrehen, um weiter auf Schmetterlingsjagd zu gehen.

»Ich weiß nicht, wo der Junge diese ganze Power hernimmt. Der muss doch irgendwann auch mal müde werden«, wandte sich Raimund an seine Frau und nahm sie liebevoll in den Arm.

»Ich habe da so meine Zweifel. Meine Mutter traut sich auch schon nicht mehr, ihn in den Kindergarten zu bringen. Erst vorgestern hat sie zu mir gesagt, dass er ihr immer wieder wegläuft und sie nicht mehr hinterherkommt. Sie hat richtig Angst, dass er mal irgendwann unters Auto gerät. Ich werde das wohl jetzt alleine bewerkstelligen müssen. Aber ich glaube, dass er seine ganze Energie aus der Freude holt. Mir scheint, er ist wie ein aufziehbares Spielzeug. Da drehst du an einem Schlüssel und dann setzt sich dieses Spielzeug in Bewegung. Bei Max kommt noch hinzu, dass diese Bewegung auch zu so viel Freude führt.«

Max kam nicht unters Auto. Aber er blieb immer in Bewegung – wie ein Auto mit gefülltem Tank. Den späteren Weg zur Schule und dann zum Handballtraining bewältigte er stets zu Fuß oder mit dem Fahrrad. Müdigkeitserscheinungen zeigte er keine. Er glich einem Perpetuum mobile, das sich immer wieder selbst neu antrieb. Die sechzig Minuten eines Handballspiels konnte er ohne Konditionsprobleme durchspielen. Hochkonzentriert und mit voller Kraft – bis zum Schlusspfiff. Aber er schaute nie verbissen drein. Mit den Gegnern klatschte er freundschaftlich ab und unterhielt sich mit ihnen nach dem Spiel. Zwar hatte man sich die Spielzeit über bekämpft, aber am Ende stand immer die Freude am schönen Handballsport im Mittelpunkt. So hatte er sich bei seinen Gegnern viele Freunde gemacht.

Mit sechzehn Jahren hielt er auf der Kundgebung von *Fridays for future* auf dem großen Marktplatz vor Hunderten von Zuhörerinnen und Zuhörern eine flammende Rede. »Wir haben es satt, nur immer diese inhaltslosen Floskeln von unseren scheinbar so geschätzten Politikerinnen und Politikern zu hören. Es muss etwas geschehen. Es muss etwas getan werden, und zwar jetzt sofort.«

»Mein Gott, was hat der Junge für eine Power. So etwas hätte ich *mir* in dem Alter überhaupt nicht zugetraut.«

Thomas Schmidt, der in der Zuhörerschaft stand, nickte seinem Nebenmann anerkennend zu. »Da hast du wirklich Recht. Hoffentlich kann er sich das beibehalten. Hoffen wir mal, dass ihm niemand die Hörner stutzt und er sich später einmal total vereinnahmen lässt.« »Wäre ihm zu wünschen!« Zwei etwa 60-jährige Männer lauschten mit einer gewissen Ehrfurcht den Worten des Jugendlichen Max, der es schaffte, auf dem Marktplatz die große Schar der Menschen zu mobilisieren. Er brauchte nicht mal ein Konzept oder eine schriftliche Vorlage. Es sprudelte nur so aus ihm heraus. Jede/r der Zuhörer:innen spürte, dass hier ein junger Mann stand, der ganz authentisch war. Und das, was er sagte und machte, entsprang einem inneren Antrieb und seiner Freude am Tun.

Eine Viertelstunde später rief Max zum Demonstrationszug durch die Stadt auf. Rund 500 bis 700 Menschen, darunter auch Eltern mit Kinderwagen und Senior*innen die Schilder mit diversen Aufschriften trugen: »Raus aus der Kohle!« oder »Wir haben nur eine Welt!« beziehungsweise »Oldies for future«. Sie alle folgten dem Aufruf von Max. Irgendwie hatte er es geschafft, die Energie, die er schon als Kleinkind gehabt hatte, zu kanalisieren. Jetzt setzte er sich mit allem, was er hatte, für den Klimaschutz ein. So war er zum Anführer der örtlichen *Fridays for future* Gruppe geworden. Max Schurr tauchte immer mehr in der Presse und in Radiosendungen auf. *Fridays for future* und Max Schurr waren eine untrennbare Einheit. Wenn irgendwo der Name Max Schurr erwähnt wurde, bekam man regelmäßig zur Antwort: »Das ist doch der von *Fridays for future*!« Umgekehrt hieß es: »*Fridays for* *future* bei euch in der Stadt? Ist da nicht so ein ganz Junger vorne dran? Wie heißt der noch gleich? Max Schuh? Nein, Max Schurr. Jetzt habe ich es wieder. Ja, der hat doch schon einen Bekanntheitsgrad erreicht, der weit über die Stadtgrenzen bei euch hinausgeht. Max Schurr, den kennt doch fast jeder.«

Er war ständiger Gesprächspartner in Diskussionsrunden mit Politiker:innen, Klima- und Umweltschützer:innen. Selbstsicher stand er am Mikrofon oder saß in Talkshows und schaffte es, auch hochrangige Politiker*innen auf seine Seite zu ziehen. Dass er dabei manchmal in seinem jugendlichen Elan etwas die Etikette verletzte, nahm ihm niemand übel. Auch nicht, als er in der vollbesetzten Stadthalle im Streitgespräch mit dem Oberbürgermeister auf das *Sie* verzichtete und zum kameradschaftlichen *Du* überging.

»Pass mal auf, Werner. Wir haben das Ganze ausgerechnet. Wir können das hinbekommen, dass unsere Stadt klimaneutral wird. Nur schneller als ihr uns das vom Gemeinderat vorgebt. Hier, Werner. Ich gebe dir die Unterlagen gerne mit, dann hast du sie heute Abend schon. Aber morgen bekommst du es von mir auch gleich zugemailt.«

»Gerne, Max. Ich freue mich darauf, es zu lesen. Herzlichen Dank dafür.«

Das Publikum schmunzelte, manche lachten laut. Aber keiner nahm es ihm krumm. Ganz im Gegenteil. Alle in der Zuhörerschaft zollten ihm ihren Respekt und waren voller Bewunderung für den jungen Mann dort oben auf dem Podium.

Im Mai 2022 erschien ein einseitiges Zeitungsportrait

von Max in der größten Regionalzeitung, in dem er unter anderem gefragt wurde: »Herr Schurr, Sie sind jetzt 20 Jahre alt. In dem Alter steckt man naturgemäß voller Energie und viele junge Menschen wollen die Welt verändern. Woher nehmen Sie all Ihre Kraft und Power und bringen das Ganze immer mit so einem strahlenden Lachen und einer inneren Freude auf die Bühne?« Selbstbewusst antwortete Max: »Ich glaube, dass mir diese Energie schon in die Wiege gelegt worden ist und anscheinend ist es diese Energie, die mir auch immer wieder diese Lebensfreude gibt. Irgendwie hatte ich das schon immer in mir. Nur verpulvere ich jetzt das Ganze nicht einfach nur so. Das heißt, ich renne nicht mehr wie als Dreijähriger Schmetterlingen hinterher, sondern setze nun meine ganze Kraft für den Klimaschutz ein. Ich kanalisiere sie jetzt gezielter. Und Sie sehen ja, was sich verändert, beziehungsweise langsam in Bewegung kommt.«

»Haben Sie nicht Angst, dass Ihnen diese Energie und Freude an der Sache mal ausgehen wird?«

»Nein! Mit Sicherheit nicht! Ich denke, dass in jedem Menschen ein gewisses Potenzial an Power und Kraft steckt. Man muss sie nur am Leben erhalten und immer wieder neu ankurbeln und entfachen. Und dieses energiereiche Leben macht auch richtig Spaß und Freude. Es ist doch einfach schön, wenn man abends sieht, was man alles angestoßen und bewirkt hat.«

»Herr Schurr, wenn Sie jetzt mal von sich selbst ausgehen. Können Sie sich vorstellen, dass Sie für andere Menschen ein Vorbild sein können?«

»Das finde ich ein bisschen hochgegriffen. Aber ich

gehe davon aus, dass jeder Mensch das Potenzial, das in ihm schlummert, entflammen kann und damit sehr viel für die Gesellschaft, aber auch für sich selbst leisten und erreichen kann.«

»Herr Schurr, Sie sind vor vier Jahren das erste Mal bei *Fridays for future* aktiv geworden. Hat sich irgendetwas für Sie geändert? Haben *Sie* sich verändert?«

»Damals war ich so voller Enthusiasmus, Kraft und Energie, dass sich mir am besten niemand in den Weg gestellt hätte. Diesen Enthusiasmus, diese Kraft und diese Energie und Freude habe ich auch heute noch. Aber es hat sich tatsächlich etwas verändert. Heute setze ich die Energie unter anderem dazu ein, andere Menschen mitzureißen. Und ich kann Ihnen und allen, die das hier lesen, versichern, dass es so schön und wertvoll ist, wenn man sein eigenes Energiepotenzial nutzt – sei es im Sport, in der Musik, in der Technik, in der Kultur. Jede/r trägt es in sich, man muss es nur ausgraben und vorantreiben. Sich selbst vorantreiben. Man kann sehr viel zur Steigerung seiner eigenen Lebensfreude und Lebensqualität beitragen. Man muss nur die Energie, die in einem steckt, auch aktivieren und dann die Augen aufmachen für die Schönheiten der Welt. Ja, vielleicht ist das das Rezept für Lebensfreude und Lebensqualität. Und damit lassen sich auch große Träume verwirklichen.«

#Genuss

»Genuss ist ein Moment völliger
Wunschlosigkeit.«

ROBERT KÜHL

Würde man eine Umfrage machen, was die Menschen mit Genuss verbinden, würde wohl sehr häufig die Antwort »Essen« kommen.

Oder was meinen Sie?

Genuss kann auf vielen unterschiedlichen Ebenen erlebt werden, wird aber wie oben schon erwähnt meist mit Essen in Verbindung gebracht. Das feine 3-Gänge-Menü bei Kerzenlicht, dazu ein gutes Glas Wein, nette Gesellschaft, ansprechendes Ambiente und der Genuss ist perfekt. Es kann aber auch die erste Tasse Tee oder Kaffee am Morgen sein. Auch etwas Süßes zwischendurch oder eine Zigarette kann genüsslich sein.

Doch Genuss geht nicht nur durch den Magen, sondern kann auch mit allen anderen Sinnen erlebt und empfunden werden. Eine wohltuende Massage, ein warmes Bad, eine kühle oder heiße Dusche, gute Musik und angenehme Klänge, die Körper, Geist und Gefühle in Schwingung bringen, oder ein herrlicher Blumenduft, ein Parfum, der Geruch des Waldes...

Auch ein gemütlicher Spaziergang oder eine andere sportliche Aktivität kann für viele Genuss sein.

Was fällt Ihnen noch ein?

Ich bin mir sicher, dass Sie mir zustimmen, wenn ich sage, dass jede:r im Leben viel und gerne genießen möchte. Doch so vielfältig wir Menschen sind, so vielfältig und individuell sind auch die Arten, Genuss zu wählen und zu erleben.

Was ist für Sie persönlich Genuss? Was verbinden Sie damit?

Genuss wird immer mit etwas Positivem in Verbindung gebracht, das Freude bringt und Körper und Geist guttut.

Gibt es ein Geheimrezept für Genuss? Kann man Genussfähigkeit erlernen und was bedeutet das überhaupt, genussfähig zu sein? Laut einer Studie bedeutet Genussfähigkeit, seine eigene Lust bewusst zu kontrollieren, sich reflexiv mit seinem Handeln auseinanderzusetzen und alle Sinne und Ebenen miteinzubeziehen.

Der Schönheit des Lebens in all seiner Vielfalt bewusst und achtsam zu begegnen – in welcher Erscheinungs- und Erlebnisform auch immer. Dabei rückt der Genuss den Menschen als Ganzes klar in den Mittelpunkt. Doch nicht im Übermaß und zügellos, sondern in bewusstem und harmonischem Maße.

Ist es möglich, Genussfähigkeit zu erlernen, um noch mehr in den Genuss zu kommen? Das Wort Fähigkeit sagt ja schon aus, dass etwas erlernt werden kann. So ist es auch mit dem Genuss. Wer sich bewusst dafür entscheidet, sich ihm voll und ganz hinzugeben, wird wahrhaftig zum

Genussmenschen. Sich mit Offenheit und Mut auf Neuland einzulassen, gepaart mit einer klaren inneren Haltung auf mentaler und körperlicher Ebene, unterstützt das Erlernen der Genussfähigkeit. So entsteht nicht nur kurzfristig ein »Hochgenuss« oder ein Kick, sondern ein tiefes Gefühl innerer Freude und Glück, das über eine längere Zeit anhält und als Energiespender wirkt.

Haben Sie schon einmal auf etwas verzichtet?

Zum Beispiel auf Alkohol, Kaffee, diverse Nahrungsmittel oder etwas anderes?

Wenn ja – wie war es, als Sie es sich wieder genehmigt haben?

Was haben Sie erlebt? Wie war Ihr Genusserlebnis?

Menschen, die nach einer Fastenkur zum ersten Mal wieder etwas essen, erzählen von unbeschreiblichen Geschmacks- und Genusserlebnissen. Und das auf allen Ebenen, denn Körper, Geist und Gefühle sind untrennbar miteinander verwoben und gehen Hand in Hand. Man schätzt vieles, was oft im Alltag zur unbewussten Selbstverständlichkeit wird, wieder viel mehr, nimmt es bewusster wahr und empfindet Dankbarkeit dafür.

Vielleicht kommt dieser Impuls gerade richtig und Sie haben Lust darauf, mal wieder in vollen Zügen – ganz bewusst auf einer tieferen Ebene – Genuss zu erfahren? Indem Sie ein paar Tage auf etwas verzichten und dann genüsslich, als ob es das erste Mal wäre, wieder damit beginnen. In aller Bewusstheit, auf allen Ebenen, mit allen Sinnen. Sie haben ein paar Tage keinen Kaffee, keinen Tee getrunken, auf die heiß geliebte Schokolade verzichtet... und dann sehen Sie das, was Ihnen sonst so viel Freude bereitet hatte, wieder vor sich. Sie sehen es, Sie riechen es, Sie schmecken es. Sie schließen die Augen und genießen in aller Bewusstheit.

Ich wünsche Ihnen viel Freude und Genuss.

Genuss

»Haben Sie schon gewählt?« Die Bedienung des Ausflugslokals stand mit einem Block in der rechten Hand am Tisch der vierköpfigen Familie. Ralf und Melanie Schmidt hatten sich diese Gegend und die Gaststätte für den Ausflug mit ihren beiden Kindern ausgesucht, weil sie immer wieder eigentlich nur Gutes im Internet darüber gelesen hatten. Naja, es war schon drei Jahre her, dass die Homepage über die Wirtschaft *Bachidyll* auf den neuesten Stand gebracht worden war, aber die Bewertungen waren immer gut gewesen. »Erleben Sie bei uns Natur pur! Speisen Sie in harmonischer Atmosphäre und lassen Sie Ihre Seele baumeln. Wir freuen uns auf Sie.« So wurde das Bachidyll hier auf der Schwäbischen Alb gelobt. In den Bewertungen waren in der Regel vier bis fünf von fünf möglichen Sternen vergeben. Dazu hochgereckte Daumen oder kurze Bemerkungen, wie: »Sehr empfehlenswert!« oder »Das Essen war hervorragend. Wir kommen wieder.«

Ralf und Melanie schauten sich an. »Danke, aber wir müssen noch etwas die Karte studieren.« Ihre beiden Kinder Sven und Ronja, zehn und acht Jahre, spielten am

Bachufer, das allerdings nicht besonders befestigt und gesichert schien. Es machte nicht gerade den in der Werbung versprochenen einladenden Eindruck.

»Aber zu trinken könnten Sie uns schon mal etwas bringen. Ich nehme ein Radler und du, Melanie?«

»Bringen Sie mir bitte eine große Apfelsaftschorle und für die zwei Kinder bitte zweimal Johannisbeerschorle.«

Die Bedienung notierte sich die Bestellung und ging ins Lokal zurück. Melanie wischte mit ihrem Taschentuch einen Ketchupfleck weg, der sich noch auf dem Tisch befand. »Naja, scheint doch nicht so ganz die Nummer 1 hier in der Gegend zu sein.« Sie entsorgte das Tempo im Abfalleimer, der etwa zwei Meter von ihr entfernt an einem Zaun stand. Ralf schaute sich um. Er war in einer leitenden Position im Marketing tätig und in seiner Freizeit beschäftigte er sich privat immer wieder mit der Gestaltung von Gärten und kleinen Grünanlagen im Bekanntenkreis. Er hatte schon viele Landschaftsoasen gestaltet, die, nachdem er seiner Kreativität und seinem Gestaltungsraum freien Lauf gelassen hatte, nicht mehr wiederzuerkennen waren. Mittlerweile hatte er sich einen richtig guten Namen gemacht. Man schätzte seine Fähigkeit, den Gärten und Anlagen ein passendes und einzigartiges Aussehen zu verleihen.

Jetzt kam die junge Bedienung wieder zurück. Melanie hatte sich in der Zwischenzeit bei ihren Kindern erkundigt, was sie gerne essen wollten. »Spaghetti Bolognese« war die einstimmige Antwort der beiden gewesen.

»Und, hat Ihnen was auf der Karte zugesagt?«

»Unsere Kinder nehmen beide Spaghetti Bolognese

und für uns bringen Sie bitte einmal Käsespätzle und einen kleinen Insalata Mista.«

»Gerne!«

»Melanie, ist dir schon aufgefallen, was man aus diesem Bachidyll machen könnte? Das sieht doch sehr heruntergekommen aus, aber es ist alles vorhanden, wenn man es richtig nutzen würde. Er blickte zum Bach hinunter, an dem die beiden Kinder spielten. Schau mal, den Bachverlauf könnte man ganz leicht mit Blühstreifen begrünen. Dazwischen ab und zu eine kleine Sitzgruppe. Da einmal einen Tisch für zwei Personen. Da unten ist es etwas breiter, da könnte man einen Tisch für vier Personen hinstellen. Dort hinten unter dem Baum eine große Tischgruppe für eine größere Personenanzahl.«

Melanie hörte ihrem Mann nur mit einem halben Ohr zu, da sie ihre ganze Aufmerksamkeit auf ihre Kinder gerichtet hatte und aufpasste, dass ja nichts passierte. In Ralfs Kopf aber arbeitete es schon. Er war ganz hingerissen von dem Ort, aber gleichzeitig auch entsetzt davon, wie er aussah. Irgendetwas musste vorgefallen sein. Nicht ohne Grund konnte so vieles hier im Argen liegen, was vor kurzer Zeit noch so gut bewertet worden war. Jetzt wurde ihnen ihr Essen gebracht. Die Kinder machten sich über die Spaghetti her, während Ralf mehr in den Käsespätzle herumstocherte als sie zu genießen. Auch Melanie schien der Insalata Mista nicht besonders zu munden. Es war nicht gerade Genuss pur, was ihnen hier aufgetischt worden war.

»Hat es Ihnen nicht so geschmeckt?«, fragte die 25-jährige Sandra, die hier als Aushilfsbedienung während der Semesterferien arbeitete.

»Es geht so, aber das Lokal hat eine tolle Lage und man könnte hier am Bach so viel machen. Ist eigentlich irgendetwas Schlimmeres in der letzten Zeit passiert?«

Sandra wendete ihren Blick ab. »Ja, unseren Chef hat es vor drei Jahren schwer getroffen. Seine Frau und seine beiden Kinder sind bei einem Autounfall tödlich verunglückt. Das hat ihn total aus der Bahn geworfen.«

»Darf ich ihn mal sprechen? Hat er vielleicht ein paar Minuten Zeit für mich?«, wollte Ralf wissen.

»Ich frage mal nach.« Melanie, die das Faible von Ralf zur Neugestaltung von Gärten und Anlagen genau kannte, schnaufte genervt tief durch. Sie wusste, was jetzt gleich kommen würde. Ihr Mann würde sich bestimmt gleich in einem Planungsgespräch mit dem Besitzer befinden. Aber sie wusste auch, dass er, wenn er einmal Feuer gefangen hatte, schwer von seinem Vorhaben abzubringen war. Am Ende würde wieder etwas sehr Gutes dabei herauskommen. Melanie ging runter an den Bach zu den Kindern, während nun Raimund Thiede aus der Tür des Lokals trat. Er ging sehr gebeugt, schlurfte mehr, als dass er selbstbewusst auftrat. Über seine Augen hatte sich ein Schleier von Traurigkeit gezogen.

»Sie wollten mich sprechen?«, fragte er Ralf Schmidt.

»Ja, wenn Sie einen Augenblick Zeit haben.«

Fünf Minuten später erfuhr Ralf, dass das früher gut laufende Ausflugslokal, das wirklich eine Attraktion in der Gegend gewesen war, nach dem Tod von Frau Thiede und ihren beiden Kindern immer mehr herunterkam. Der innere Antrieb und die Motivation hatten den Wirt vollkommen verlassen. Sein Lebensmut war auf ein Minimum gesunken. Niemand hatte ihn wieder aufrichten können. Jetzt zeigte ihm Ralf auf seinem Smartphone, was er schon alles an tollen Projekten auf die Beine gestellt hatte.

»Sehen Sie hier die *Bachoase*, gar nicht weit von hier. Oder hier bei unseren Nachbarn, da haben wir den Garten gänzlich neu gestaltet. Dann hier ein Lokal, ein ähnliches wie Ihres, auch an einem Bachlauf gelegen.« Ralf zeigte ihm mit leuchtenden Augen all das, was er schon umgesetzt hatte.

»Das sieht ja aus wie in der Werbung. Wissen Sie, diese Bilder: vorher – nachher! Und das können Sie?«

»Ja. Natürlich nicht alleine. Ich bin eher so der kreative Kopf, der Planer, der Vordenker. Darf ich mir auch mal das Innere ansehen?«

»Wenn Sie möchten, gerne. Gucken kostet ja nichts.«

Gemeinsam gingen Ralf Schmidt und Raimund Thiede in das Innere des Lokals. Raimund Thiede führte ihn durch alle Räumlichkeiten, vom Keller über die WCs bis in die Küche und das Restaurant. Auch die Räume hinter dem Lokal wurden von beiden noch einmal in Augenschein genommen. Während dieser Zeit baute Melanie mit ihren Kindern aus Holz kleine Boote, die sie im Bach schwimmen ließen.

»Und wer soll das alles bezahlen? So eine Umgestaltung bekommt man ja schließlich nicht umsonst. Ist nicht so, dass ich kein Geld hätte, aber alles ausgeben, das ist auch nicht so meine Sache.«

»Wissen Sie, Herr Thiede, da gibt es doch jetzt seit einigen Jahren ein entsprechendes europäisches Förderprojekt, gerade für den ländlichen Raum, um die einzelnen Regionen weiterzuentwickeln. Ich sehe Ihr Lokal und Ihr Anwesen da ganz vorne mit dabei. Als Zielsetzung könnten wir einsetzen: zukunftsorientierte Stärkung und Weiterentwicklung des Familienbetriebs im ländlichen Raum, Verbesserung der Arbeitsbedingungen für Mitarbeiter:innen, Naturgestaltung. Und dem Projekt könnten wir den Namen Genussoase Wies geben. Wies, so heißt doch der Bach hier, oder?«

»Ja, so heißt er.« Raimund Thiede steckte voller Zweifel. Wieso sollte ihm da gerade ein Gast auf die Beine helfen?

»Herr Thiede, ich helfe Ihnen gerne – nachdem, was Ihnen da passiert ist. Das kann einen ja kaum schlimmer treffen, aber Sie können sich doch jetzt nicht vollkommen hängen lassen. Da kann man doch was draus machen. Ich helfe Ihnen bei der Antragstellung für die Fördergelder.«

Nach kurzer Überlegung willigte Thiede ein.

»Okay, dann mache ich noch ein paar Bilder, wenn Sie erlauben und entwerfe mal einen Plan, den wir dann gemeinsam besprechen. Einverstanden?«

»Einverstanden. Essen und Getränke gehen aber auf Kosten des Hauses. Jetzt bin ich schon auf Ihre Pläne gespannt.«

»Es wird Sie bestimmt überzeugen!«

»Musste das wieder sein, Ralf? Kannst du dich nie zurückhalten?« Melanie war etwas eingeschnappt, als sie ihren Ausflug fortsetzten.

»Ach was! So viel ist das nicht. Den Antrag habe ich schnell ausgefüllt. Hat schon zweimal funktioniert. Und die Umgestaltung kann man aus Teilen aller Projekte entnehmen, die schon so erfolgreich gelaufen sind.«

»Du wirst schon wissen, was du machst. Aber denk auch daran, dass du noch eine Familie hast.«

»Keine Sorge, vergesse ich nicht.«

In seiner freien Zeit beschäftigte sich Ralf nun intensiv mit dem Entwurf der *Genussoase*. Er entwickelte einen kleinen Hanggarten mit Trockenmauern und Terrassen, in denen bunte Pflanzen auf Augenhöhe angebracht wurden. Blüten und Düfte sollte man dann sehr viel intensiver wahrnehmen. Immer wieder sollten Staudenpfingstrosen eingebettet werden. Unten am Bach wollte er seine erste Idee mit den Blühstreifen und Sitzgruppen verwirklichen. Die Bäume rund um die Wirtschaft mussten etwas ausgelichtet werden. Auch neben dem Ahorn, den er gesehen hatte, platzierte er eine Sitzgruppe. Für Kinder sollte eine Wasserstation nahe am Bach angelegt werden. Eine Grillstelle am hinteren Ende des Gartens könnte dazu dienen, hier Fleisch, Gemüse und Fisch aus dem Lokal einzukaufen und selbst zuzubereiten. Die alten Stühle, Tische und Bänke musste man abschleifen und hobeln, um sie in ihrem natürlichen Charakter noch mehr hervorzuheben. An jeder Ecke hatte Ralf neue Ideen. Auch die Gestaltung der Speisekarten-Einfassung wurde mit Naturholz geplant. Die Speisekarte selbst sollte sich auf einige wenige regionale Gerichte beschränken, aber hohe Bio-Qualität zu annehmbaren Preisen versprechen. Das Wirtshaus musste einen neuen Anstrich erhalten.

Dann war es endlich soweit: die Arbeiten waren fertig gestellt, unterstützt von freiwilligen Helfer:innen aus dem Dorf. Die Chefin der regionalen EU-Fördergruppe überbrachte die Plakette, auf der nun ausgewiesen war, dass die Genussoase Wies, mit entsprechenden EU-Fördergeldern unterstützt, auf vollkommen neue Beine gestellt worden war. In der Zeitung wurde über die Renovierung und Umgestaltung ausführlich berichtet.

In der folgenden Zeit verzeichnete die Oase einen deutlichen Zustrom. Sie blühte im wahrsten Sine des Wortes auf. Am Bach spielten die Kinder an der Wasseranlage. Auf den Terrassen nahmen immer wieder Einzelpersonen oder Paare Platz, um alleine oder zu zweit die Ruhe zu genießen. An der Grillstelle wurden neue Freundschaften geschlossen, weil man unweigerlich ins Gespräch kommen musste und durfte. Dabei schmeckte das gezapfte Bier aus der kleinen Privatbrauerei des Nachbardorfes. Und alles war eingehüllt in einen wunderbar anzusehenden und duftenden Blütengarten. Die Gaststätte *Bachidyll* hatte sich wirklich zu einer Oase des Genusses entwickelt. Hier konnten Jung und Alt mit allen Sinnen genießen. Durch viel Mundpropaganda errang die *Genussoase* bald einen landesweiten Ruf. Gartenzeitschriften und Landschaftsmagazine meldeten sich an, um über die *Genussoase* zu berichten. Es war nicht nur die äußere Umgestaltung, die hier zu mehr Lebensqualität führte. Nein, das Genießen mit allen Sinnen, das war es, was die Besucher beeindruckte. Und viele ließen sich von dem Ambiente, der Umgebung und dem freundlichen Personal dazu animieren, auch bei sich zu Hause wenigstens etwas Kleines umzugestalten.

Das Leben mit allen Sinnen zu genießen, war zum Motto von Herrn Thiede und seiner Belegschaft geworden. Der Aufschwung führte dazu, dass die Kosten und Investitionen nach einiger Zeit ebenfalls wieder hereingeschafft worden waren. Stolz blickte Ralf Schmidt bei der Einweihung auf das, was aus seinen Plänen geworden war. Ja, es war schon möglich, etwas zu seiner eigenen positiven Lebensgestaltung beizutragen. Die Verwirklichung der *Genussoase* hatte es ihm eindeutig bewiesen. Darüber hinaus hatten manche Menschen nun auch angefangen, über ihr eigenes Leben neu nachzudenken.

#Humor

>»Humor ist der Knopf, der verhindert,
dass uns der Kragen platzt.«

JOACHIM RINGELNATZ

Humor ist eine natürliche Fähigkeit, über Dinge zu schmunzeln oder zu lachen, die vielleicht gerade unangenehm oder schiefgelaufen sind. Auf alltägliche Missgeschicke oder Schwierigkeiten mit Heiterkeit und Gelassenheit zu antworten. Eine Prise Humor im Leben wirkt erleichternd und kann mancher Situation eine schöne Wendung geben. Dabei gibt es viele unterschiedliche Arten von Humor. Je nach Menschentyp.

Manche lieben die Ironie, manche eben auch den schwarzen Humor. Manche lieben Wortspielereien, manche sind begnadete Witzeerzähler:innen...

Wer mag sie nicht? Menschen, die auf humorvolle Art und Weise dem ach so steifen Leben eine Prise Leichtigkeit verleihen.

Und selbst wenn jemand mal auf dem Schlauch steht oder den Humor des Gegenübers nicht versteht – da könnte vielleicht das bekannte Sprichwort von Otto Julius

Bierbaum helfen: »*Humor ist, wenn man trotzdem lacht.*«
Und wer weiß? Situationskomik macht die Welt ein bisschen bunter und leichter.

Welchen Humor lieben Sie am meisten?

*Wann bietet sich Ihnen die nächste Gelegenheit für eine hu-
morvolle Situation?*

Ich bin mir sicher, sie wartet an der nächsten Ecke. Verpassen Sie sie nicht! In diesem Sinne wünsche ich Ihnen
viele humorvolle Momente, in denen Sie über sich selbst
oder gemeinsam mit anderen lachen können.

Humor

Der Parkplatz Nummer 1 vor dem gläsernen Bürokomplex
der Firma Kaiser wurde von der morgendlichen Sonne
beschienen. Auch noch so unbedachte Besucher:innen
konnten erahnen, dass dies die Parkfläche des Firmen-
oberhauptes sein musste, denn vorne ragte eine in Gold-
farbe eingelassene Begrenzung aus dem Fußboden. Als
nun eine weiße Luxuskarosse auf das Firmengelände ein-
bog, sprang ein Bediensteter, der neben der Eingangstür
stand, vor und entfernte das Band, das immer vorgezogen
wurde, sobald der Chef den Platz verlassen hatte. Mirko
Kaiser lenkte den gerade neu erworbenen weißen EQS
von Daimler auf seinen Platz Nummer 1. Es war so gut wie
kein Motorengeräusch zu hören, denn Mirko Kaiser fuhr
ein E-Modell mit allem Schnickschnack, den es aktuell auf
dem Markt gab.

Die Fahrertür öffnete sich und ein äußerst jung gebliebener Mann Anfang dreißig stieg aus dem Fond des Wagens. Alles an ihm passte. Die weißen Sneaker, die blaue Leinenhose, darüber das halboffene weiße Hemd mit den hochgekrempelten Ärmeln bis zu den Ellbogen. An Mirko Kaisers linkem Handgelenk blinkte eine goldene Rolex in der Sonne. Das passende Halskettchen, das er trug, setzte seinen braunen Teint besonders gut in Szene. Die Sonnenbrille hatte er leger nach hinten geschoben und auf seinen schwarzen Haaren drapiert. Die 185 cm Körperlänge, die nun neben dem Auto standen, hätten auf jedes Coverbild einer Modezeitschrift oder eines internationalen Herrenmagazins gepasst. Mit seinem in zahlreichen Fitnessstunden gestählten Körper war er der Schwarm beinahe jeder Frau. Die männlichen Angestellten seiner Firma wünschten sich ein ähnliches Aussehen und hielten, wenn er an ihnen vorbei ging, für einige Sekunden die Luft an, um ihren Bauchansatz zu verbergen. Als Mirko Kaiser die große Eingangshalle betrat, wurde es von einer Sekunde auf die andere merklich stiller. Karin Müller an der Rezeption grüßte ihn mit einem etwas aufgesetzten Lächeln.

»Guten Morgen, Herr Kaiser. Ich wünsche Ihnen…«

»Schon gut!« Mirko Kaiser schritt großmännisch durch die Halle, ohne sich für die Mitarbeiter:innen seiner Firma zu interessieren, die ihn reserviert grüßten. Gerade wollte er nach links die Treppe in den obersten Stock nehmen, als er die Absperrungsmarkierungen sah. *Vorsicht Nässe! Rutschgefahr!* Fatma Aygül, eine der türkischen Reinigungsfachfrauen, stand mit einem Wischer auf der siebten Stufe von unten.

»Was soll der Schwachsinn hier? Machen Sie mal die Absperrung auf. Sie wissen doch, dass ich immer diese Treppe nehme.« Er herrschte sie abschätzig und großspurig an. Fatma blickte ihn etwas überrascht an. »Herr Kaiser, es ist noch alles nass. Nehmen Sie doch heute bitte einfach mal den Aufz…«.

»Sag mal, Mädchen. Du kommst aus Anatolien hierher und willst mir erzählen, was ich zu tun und zu lassen habe. Ich glaube, du hast sie nicht mehr alle. Mit Ziegen durch die Berge ziehen und mir dann sagen wollen, wie ich in mein Büro komme. Platz da! Und den Schal auf dem Kopf kannst du auch mal wieder waschen. Knoblauchgestank!« Er hielt sich mit Daumen und Zeigefinger der rechten Hand die Nase zu und drehte seinen Kopf demonstrativ ab, um ihr seine geringschätzige Meinung über sie zu demonstrieren. »Und jetzt lass mich durch!«

Fatma trat zur Seite. Sie räumte das Abtrennungsschild zur Seite, stützte sich auf ihren Wischer und lächelte Herrn Kaiser vielsagend an. In ihren Augen blinkte es: »Natürlich, Herr Kaiser. Dann viel Spaß beim Hochgleiten.« »Blöde Kuh!« Mirko Kaiser ging mit schnellen Schritten an ihr vorbei, nahm immer zwei Stufen auf einmal. Als er auf der letzten Stufe leicht ins Rutschen kam, lächelte ihm Fatma mit Schalk in den Augen hinterher. »Dich krieg ich noch«, schien aus ihrem Gesichtsausdruck zu sprechen.

Mirko Kaiser hatte Fatma schon wieder aus seinem Kopf gestrichen, als er wenig später durch das Vorzimmer auf sein Büro zusteuerte.

»Vor einer halben Stunde hat bereits Herr Krüger aus Frankfurt angerufen. Er meldet sich noch einmal um 9.30 Uhr«, versuchte seine Chefsekretärin, Beate Schneider, ihm zumindest die erste Information zukommen zu lassen.

»Wimmeln Sie ihn ab. Den brauchen wir nicht mehr. Viel zu schwach. Der möchte gerne mit seiner Firma hochkommen, aber wie gesagt, soll sich den Anruf sparen. Wir beenden die Zusammenarbeit. Wer mit uns zusammenkommen will, muss mehr bieten als diese vollkommene Null.« Mirko Kaiser schritt an seiner Sekretärin vorbei. »Kaffee in 5 Minuten! Noch Fragen?« Beate Schneider kochte innerlich, zeigte aber äußerlich ein Lächeln. »Blöder arroganter Fatzke. Vom Vater alles in den Hintern gesteckt bekommen. Nichts auf die Reihe bringen, aber sich aufspielen, als ob er der Größte wäre«, formulierte sie in ihrem Inneren. Sie ging zum hochmodernen Kaffeeautomaten, schaltete ihn ein, während sie sich gedanklich schon seit Tagen von ihrem Job verabschiedet hatte. Jetzt floss das braune Getränk aus dem Ausguss und verströmte einen herrlichen Duft im Sekretariat. An der Tür klopfte es und Fatma trat ein. Ihren Wischer hatte sie ebenso draußen vor der Tür gelassen wie den Eimer mit dem Putzwasser. Dafür schauten jetzt zwei Fensterlappen und ein Staubtuch aus ihrer blau-weiß gepunkteten Kittelschürze.

»Ich gehe dann gleich mal durch«, wandte sie sich kurz an Beate Schneider und hatte schon den Türgriff zu Kaisers Büro in der rechten Hand.

»Frau Aygül, bleiben Sie da heute besser draußen. Das passt wohl überhaupt nicht.« Fatma nahm ihre Hand von der Klinke. »Kann sein, dass es ihm nicht passt, aber das ist nicht mein Problem, sondern seins. Ist der Kaffee für ihn?« Frau Schneider nickte. »Dann geben Sie mal her, ich nehme ihn gleich mit.« Fatma nahm Tasse mit Untertasse, klopfte an und ging in Mirko Kaisers Zimmer.

»Habe ich *herein* gerufen, du dumme Nuss?«, schrie er sie an.

Fatma stellte den Kaffee vor ihm auf dem Schreibtisch ab und blickte Mirko Kaiser mit großen Augen und aufgerissenem Mund an. »Herr Kaiser, Herr Kaiser, was sehe ich da? Das hatten Sie vorhin an der Treppe noch nicht. Die zwei vertikalen Linien auf ihrer Stirn werden von einer horizontalen gekreuzt. Das ist ein ganz schlechtes Zeichen. Das verheißt gar nichts Gutes.«

Mirko Kaiser, der sehr stark an Horoskope und Astrologie glaubte und in der Regel seinen Tagesablauf immer danach ausrichtete, fuhr aus der Haut. »Mach, dass du rauskommst!«

»Aber Herr Kaiser, ich kann Sie doch jetzt unmöglich so alleine lassen. Das wird nicht gut enden. Und ich will Sie doch nicht als Chef verlieren. Ich bin ja so froh, dass ich hier arbeiten darf. Lassen Sie mich mal sehen.« Fatma ging einen Schritt auf Mirko Kaiser zu. Sie runzelte ihre Stirn.

»Herr Kaiser, auf Kaffee sollten Sie heute besser verzichten. Sie sind doch Löwe oder vertue ich mich da? Für Löwe heißt es heute im Horoskop… Augenblick, ich gucke gleich nach.« Sie holte ihr Handy aus der Kittelschürze. »Löwe. Gesundheit: Sie sollten heute auf Aufputsch- und Genussmittel verzichten, sonst könnten Ihnen gesundheitliche Probleme als Folge drohen. Beruf: Achten Sie auf innere Ruhe und Gelassenheit. In der Ruhe liegt die Kraft. Vermeiden Sie unnötige Auseinandersetzungen.«

Mirko Kaisers Gesichtsfarbe wechselte vom Hellbraunen ins Dunkelrote. Sein Atemrhythmus nahm eine erhöhte Frequenz an. Mit dem rechten Zeigefinger deutete er auf die Tür: »Raus!«

»Natürlich, Herr Kaiser, aber den Kaffee nehme ich besser wieder mit.« Sie griff die Tasse und verließ den Raum. Mirko Kaiser wanderte wie ein Tiger im Käfig in seinem Büro umher. »Woher weiß diese minderbemittelte Türkin, dass ich Löwe bin und meinen Tagesablauf fast immer nach dem Horoskop ausrichte?« Er fingerte sein Handy hervor. Was für ein Horoskop hatte sie da wohl gelesen? Er öffnete das von ihm besonders bevorzugte und überflog es. Tatsächlich! Unter Gesundheit stand da in etwa das Gleiche, was ihm die Reinigungsfachkraft gerade vorgetragen hatte. Kaiser ging zum Spiegel und betrachtete sein Gesicht. Tatsächlich, da waren die kleinen Falten, die er bisher gar nicht bemerkt hatte. Kurz nahm er die linke Hand dazu, versuchte sich die Stirn glatt zu ziehen. Ohne Erfolg. Mirko griff zum Telefon: »Frau Schneider, bringen Sie mir bitte einen Tee.« Seine Sekretärin lächelte in sich hinein. Sollte Fatma ihn doch knacken können?

Den ganzen Vormittag schaffte es Mirko Kaiser nicht, sich richtig zu konzentrieren. Was hatte es mit der Türkin auf sich? Warum war sie ihm heute schon zweimal so über den Weg gelaufen? Und warum hatte sie das mit dem Horoskop gewusst? Irgendwie musste ihm das doch zu denken geben. Er führte ein paar Telefonate. Um

11.30 Uhr schaute er auf seine Rolex. In 30 Minuten wollte er sich mit ein paar anderen Firmenchefs im Golfplatz-Restaurant zum Mittagessen treffen und danach auf der pompösen Anlage eine Runde Golf spielen. Mirko ging zu seinem Wandschrank, holte seine Golftasche aus der rechten Seite und entnahm ihr einen Golfschläger und einige Bälle. In seinem großen Büro führte er ein paar einfache Schläge aus und versuchte zu putten. »Komm, der Nachmittag wird schon alles geraderücken«, sagte er sich. Er schulterte seine Tasche und ging durch das Sekretariat. »Frau Schneider, bin heute Nachmittag nicht zu sprechen. Wichtige Termine. Sie wissen schon.« Frau Schneider runzelte die Stirn. Sie wusste alles. Mit federnden Schritten nahm Mirko Kaiser die Treppe nach unten, bugsierte seine Golftasche in seinen Kofferraum und wollte sein Auto starten. Kein Laut war zu hören. Nichts. Erneuter Versuch. Gleiches Ergebnis. Nichts. Mirko Kaiser blickte auf seine Uhr. In seinem Hirn arbeitete es. Mit Mittel- und Ringfinger der rechten Hand fuhr er sich über die Stirn und überlegte. Nochmals versuchte er, die Falten zu glätten. Jetzt stieg er aus und sah sich Fatma Aygül gegenüber, die gerade auf dem Weg zu ihrem kleinen Twingo war.

»Na, will er nicht, der Beste? Was ist denn los?«

Mirko starrte in die Sonne. »Elektrik!«

»Nun, Herr Kaiser, das hätte ich Ihnen heute Morgen schon sagen können. Die Sterne stehen heute schlecht für alle Löwen, die sich um die Mittagszeit mit verkehrstechnischen Fragen beschäftigen. Ich habe so etwas gelesen wie: Lassen Sie Ihre Hände von motorbetriebenen Werkzeugen, Fahrzeugen und Gegenständen! Herr Kaiser, das wird schon wieder. Nicht verzagen. Wenn ich Sie mitnehmen darf? Sie wollen doch zum Golfplatz oder habe ich da vorhin etwas Falsches gesehen? Ich fahre direkt daran vorbei.«

Mirko Kaiser suchte mit seinen Blicken die gesamte Fensterfront des Bürogebäudes ab. »Willst Du mich auf Deinem Kamel mitnehmen?«

»Mein Twingo steht hinter dem Haus. Sie können es sich überlegen. In vier Minuten fahre ich los.«

Noch einmal versicherte sich Mirko, dass ihn niemand sah, dann ging er mit seinen Golfutensilien hinter das Bürogebäude. Er zwängte sich in den Twingo, sprach zunächst kein Wort. Dann setzte er doch an. Irgendetwas musste es mit dieser Türkin auf sich haben. Warum lief sie ihm jetzt heute schon zum dritten Mal über den Weg? Er war ganz irritiert. »Du, äh ich meine Sie, Sie interessieren sich für Astrologie und Horoskope?« Mitten im Satz hatte er zum respektvolleren Sie gewechselt. »Wie heißen Sie überhaupt?«

»Fatma Aygül. Ja, ich kenne mich da sehr gut aus. Vielleicht können wir uns ja mal austauschen. Sie leben doch auch danach, oder?«

Kaiser antwortete nicht und blickte starr aus dem Seitenfenster. Aber Fatma meinte, ein leichtes Nicken zu vernehmen.

»Sehen Sie, da haben wir ja schon eine Gemeinsamkeit.«

»Fahren Sie da vorne rechts und dann lassen Sie mich bitte nicht direkt am Restaurant raus. Muss ja nicht jeder sehen, wie und mit wem ich gekommen bin.«

Fatma fuhr an den Platz, den Mirko Kaiser ihr gezeigt hatte. »Einen schönen Nachmittag, Herr Kaiser, und bis morgen. Wird bestimmt besser.« Kaiser stieg aus und sah ihr hinterher, als sie abfuhr. Fatma betrachtete ihn im Rückspiegel. Über ihr Gesicht huschte ein schelmisches Lächeln. »Wir sind noch nicht ganz fertig.«

Am nächsten Vormittag traf er Fatma wieder an der Treppe.

»Na? Wieder gesperrt?«

»Nein, heute nicht!«

»Und was sagt das Horoskop?«

»Beruf: Sorgen Sie für eine harmonische Atmosphäre an Ihrem Arbeitsplatz, das wird Ihnen und Ihren Mitarbeiter:innen gut tun.«

Mirko starrte sie einen Augenblick an. »Dann wünsche ich Ihnen einen guten Tag, Frau Aygül.« Was hatte es bloß mit dieser Türkin auf sich? Mirko Kaiser schien in sich hineinzuhorchen. Als Mirko ins Sekretariat kam, lächelte er Frau Schneider an. »Bringen Sie mir bitte einen Tee. Wenn Sie wollen, bringen Sie sich doch auch einen mit, dann können wir den Tag gemeinsam besprechen.«

»Gerne, Herr Kaiser.« Sie setzte das Teewasser auf. Hatte Fatma das mit ihrem Humor geschafft?

#Intuition

»Intuition ist plötzlicher Kontakt.«

KERSTEN KÄMPFER

Wer kennt sie nicht, die Intuition?! Eine plötzliche Einge-
bung, die überraschend und ohne Vorwarnung einfach an-
klopft. Ein Gefühl von Gewissheit, die nicht dem Verstand,
sondern eher dem Bauch zu entspringen scheint. Es ist wie
eine innere Stimme, die Impulse aus dem Unterbewusstsein ans Tageslicht befördert – und zwar schneller als jeder
Gedanke es sein kann.

Doch wie oft vertrauen wir unserer Intuition, unserem
Bauchgefühl? Wohl viel zu selten. Warum?

Meist ist es das Altbekannte, auf das wir zurückgreifen.
Denn unser Gehirn speichert alle früheren Erfahrungen wie
auf einer Festplatte ab. Geht es dann darum, Entscheidungen
zu treffen, greift unser Gehirn zuallererst auf unsere bisher
gemachten Erfahrungen zurück, gleicht diese ab und reagiert
dementsprechend, wenn wir nicht willentlich eingreifen und
eine andere Aktion wählen. Ist ja oft auch sinnvoll, auf Alt-
bewährtes aus der Vergangenheit zurückzugreifen. Denn das
vermittelt uns ein Gefühl von Sicherheit.

Sicherlich kennen Sie auch die Momente, in denen Ihre Intuition etwas anderes gesagt hat als Ihr Verstand? Und auch, dass Sie dennoch dem Kopf gefolgt sind? Und im Nachhinein wäre der erste intuitive Impuls cleverer gewesen. Dann sind Sie in guter Gesellschaft. Das ist menschlich, aber sollte keine Entschuldigung sein.

Wie viele Erfinder:innen haben die anderen reden lassen, dies oder jenes sei unmöglich, sind weiter beharrlich ihrer Intuition gefolgt und hatten Erfolg?!

Intuition ist der Antrieb für Kreativität. Und wahrhaftige Kreativität entspringt weniger dem Verstand, sondern mehr dem Bauch, dem Unterbewusstsein. Glauben Sie nicht? Dann fragen Sie doch mal Künstler:innen, wie sie zu ihren Ideen kommen!

Wann sind Sie das letzte Mal Ihrer Intuition gefolgt?

Seien Sie bei nächster Gelegenheit mutig und neugierig zugleich, Ihrer Intuition Gehör zu verschaffen und sich durchsetzen zu dürfen. Folgen Sie ihr. Staunen Sie! Und machen Sie eine großartige Erfahrung, wie es *auch* gehen kann!

Und falls doch was schiefgeht, nehmen Sie es mit Humor und sagen »Danke« für eine neue Erfahrung, die auf jeden Fall bereichernd war. Denn wenn Sie es nicht versucht hätten, würden Sie ja auch nicht wissen, wie es gewesen wäre.

In diesem Sinne...

Intuition

Das Fußballspiel in der Bezirksliga zwischen dem FC Schwerte und dem VfL Herdecke wogte hin und her. Achtzig Minuten waren gespielt. Spielstand 2:2. Noch zehn Minuten, zehn Minuten, die über den Aufstieg entscheiden sollten. Der FC Schwerte benötigte dringend einen Sieg, aber die Mannschaft aus Herdecke stemmte sich mit allen Kräften dagegen. In diesem Derby ging es um mehr als um Sieg oder Niederlage. Die Spieler aus Herdecke waren mit den Fußballern aus Schwerte nicht gerade eng befreundet. Schon seit Jahren existierte eine immense Rivalität zwischen diesen beiden Teams am Rande des Sauerlandes. Mal behielten die einen die Oberhand, mal die anderen. Aber noch nie hatte Schwerte so kurz vor dem Aufstieg gestanden. Das wollte der Gegner unbedingt verhindern. Hier durfte jeder aufsteigen, nur nicht Schwerte.

Etwa 1500 Zuschauer hatten sich im Stadion nahe der Ruhr eingefunden. Auf der Seite der Haupttribüne standen die Fans des FC Schwerte und feuerten ihre Mannschaft frenetisch an. Ihnen gegenüber die Unterstützer des VfL Herdecke. Die Verhältnisse glichen einem Hexenkessel. Man konnte sein eigenes Wort nicht verstehen. Jetzt tankte sich der Schwerter Lars Schröder auf der rechten Seite durch. Ein Pass in die Mitte und dann die Außenlinie entlang spurten. Kurz der Blick zurück. Jetzt musste der Ball gleich kommen. Lars Schröder, 18 Jahre jung, war das große Ausnahmetalent des Aufstiegsaspiranten. Schon mit 17 Jahren hatte er den Sprung in die erste Mannschaft geschafft. Der Vorstand und die Fans bauten auf ihn. Mit Lars war der Aufstieg zu schaffen. Und dann träumte man noch von viel mehr. Mit Lars und vielleicht zwei anderen, die man noch in den Verein holen wollte, plante man den Höhenflug. Jetzt kam der Ball genau zu Lars. Er senkte sich dicht vor ihm und fiel ihm genau vor die Füße. Lars nahm den Ball, umspielte zwei Gegenspieler und drang mit unglaublicher Vehemenz in Richtung des gegnerischen Strafraums. Aus dem Halbfeld sprintete Kevin Bergmann aus Herdecke heran, rempelte ihn und spitzelte ihm den Ball von den Füßen. Das Stadion tobte. Alle Blicke waren auf den Schiedsrichter gerichtet, der zum Ort des Geschehens eilte und zur Wut der Schwerter Zuschauer:innen nur die Gelbe Karte zückte.

»Schieber! Schieber!« schallte es durch das Stadionrund, gefolgt von: »Schiri, wir wissen, wo dein Auto steht!« Die Stimmung drohte zu eskalieren. Lars Schröder rappelte sich auf, zog die Stutzen wieder hoch. Die beiden Gegenspieler gaben sich die Hand. Ein harter Check in Höhe des Strafraumes. Noch zwei Minuten. Den Fußballern aus Schwerte zerrann die Zeit buchstäblich zwischen den Stollen. Noch 60 Sekunden. Wieder tankte sich Lars in den Strafraum. Ein Doppelpass mit seinem Verteidiger Klaus Lipps. Jetzt erhielt er den Ball wieder zurück. Er nahm ihn volley. Eine Sekunde später zappelte das Leder im rechten Winkel des Herdecker Tores. Eine Spielertraube stapelte sich über Lars, der von außen nicht mehr zu sehen war. Auf den Rängen herrschte Partystimmung pur. Die Fußballseele kochte. Der Schiedsrichter mahnte zum Anstoß für Herdecke. Die Spieler aus Schwerte richteten sich für die letzten Sekunden. Anstoß – Abpfiff. Erneute Spielertraube über Lars. Aufstieg perfekt. Bei den Schwerter Anhängern erschallten laute Jubelgesänge, während von der gegnerischen Seite ein Pfeifkonzert ertönte.

Vier Stunden später, im Vereinslokal der Mannschaft der Schwerter Fußballer, kreiste der Bierstiefel und der Aufstieg wurde gebührend gefeiert. Nach kurzer Zeit setzte sich Lars zu Ludger Eichhorn an die Theke. Ludger schaute ihn von der Seite an. »Klasse gemacht, Lars. Du bist der Beste!« Lars kannte Ludger seit Jahren. Ludger war sowohl bei den Heim- als auch bei den Auswärtsspielen der treueste Fan. Sein Leben bestand fast nur aus der Hingabe für den Verein. Für ihn gab er alles. Ansonsten ging er morgens zur Arbeit und saß abends im Vereinslokal. Tag für Tag der gleiche Rhythmus. Des Öfteren hatte sich Lars Gedanken über den treuesten Fan gemacht. Konnte das ein glückliches Leben sein? Häufig hatte er sich schon überlegt, ihn einmal darauf anzusprechen, sich aber nie getraut. Jetzt nahm er seinen ganzen Mut zusammen. »Sag mal, Ludger, bist du eigentlich zufrieden mit deinem Leben? Ich sehe dich nur hier sitzen oder bei unseren Spielen zuschauen.«

Ludgers Augen begannen zu flackern. Lars bemerkte, wie er anfing zu zittern. Wahrscheinlich hatte er Ludger an einem sehr wunden Punkt getroffen. Von hinten klopften ihm mehrere Kneipenbesucher:innen auf die Schultern. »Klasse, Lars. Mit dir rocken wir nächstes Jahr die neue Liga und dann ab nach oben. Weiterer Aufstieg!«

Lars nickte nur beiläufig. Ludger bezahlte und ging. »Bis bald.« »Bis bald.«

Lars drehte sein Pilsglas in der Hand. Er war 18 Jahre alt. Gerade das Abitur gemacht. Sollte sein Leben auch in Ludgers Richtung gehen? Neben der Schule bestand es doch hauptsächlich aus Fußballtraining, Spiel und Vereinslokal. So viel Unterschied war da gar nicht, nur dass er der gefeierte Spieler war. Aber wie lange würde das noch gehen? Zehn oder zwölf Jahre? Und dann? Nur noch Vereinslokal? Er spürte ein leichtes Kribbeln in seinem Bauch. Noch hatte er sich nicht entschieden, was er machen wollte. Ja, er sah sich auch als einen wichtigen Spieler der Mannschaft. Er hatte einen kometenhaften Aufstieg geschafft. Jetzt konnte er zum Star werden. Aber was war das in der Landesliga? Lars orderte noch ein Pils und hörte auf sein Bauchgefühl. Der Kopf sagte ihm: »Bleib hier. Hier kannst du Sportkarriere machen.« Sein Bauch sagte ihm etwas anderes: »Lass es sein! Mach was anderes! Geh weg! Weit weg!« Lars bezahlte.

Am nächsten Tag war seine Entscheidung getroffen. »Junge, du kannst doch nicht so weit weggehen. Flensburg! Das ist doch ganz am anderen Ende von Deutschland. Da kannst du doch gar nicht immer am Wochenende nach Hause kommen. Wie soll das denn gehen?« Seiner Mutter war das Entsetzen in der zittrigen Stimme anzuhören. Auch in der Presse wurde Unverständnis geäußert. Gerade erst hatte er den Verein in die nächsthöhere Liga geschossen und jetzt diese Entscheidung. Ob das richtig war? Doch Lars vertraute seiner Intuition. Er musste etwas ganz Neues beginnen. An einem ganz anderen Ort.

An der Ostsee angekommen, kamen ihm nach ein paar Tagen erste Zweifel. Er kannte niemanden. Er fühlte sich allein. Doch das würde sich hoffentlich bald ändern. Ein paar Monate später hatte er sich eingelebt. Bisweilen dachte er noch an seine Fußballkumpel im Sauerland, die mittlerweile im unteren Mittelfeld der nächst höheren Liga mitspielten. Doch er war froh, auf seinen Bauch gehört zu haben. Neben seinem Studium für das Lehramt an Gymnasien hatte er sich zum Freizeitausgleich einer inklusiven Fußballmannschaft angeschlossen, in der er zusammen mit vier weiteren Studenten, sechs Spielern mit Behinderung sowie sechs Gleichaltrigen aus den umliegenden Nachbargemeinden spielte. Unterste Liga, aber es bereitete ihm so viel Freude, dass er sich vorstellen konnte, in dieser Richtung später auch mal arbeiten zu können. Hier würde er richtig etwas aufbauen können. Lars schwankte hin und her. Der Beruf als Gymnasiallehrer brachte ihm ein sicheres Gehalt. Doch je mehr er in seinem Studium vorankam, desto mehr spürte er, dass sein Interesse sich immer mehr in Richtung des Inklusionssports verschob. Da müsste doch etwas zu bewegen sein. War das nicht seine wahre Berufung?

Für ein Wochenende zog er sich in ein kleines Dorf an der Ostsee zurück. Ganz allein. Die Sonne strahlte vom Himmel und leise plätscherten die Ostseewellen an den weißen Strand. Bei seinem Spaziergang kamen ihm gelegentlich ein paar ältere Ehepaare entgegen, die hier ihren Urlaub außerhalb der großen Ferien verbrachten. Lars zog sich die Schuhe aus und ging barfuß durch das Wasser. Er spürte den Sand zwischen den Zehen und das Nass der sanften Meereswellen schien seinen Körper zu erfrischen. Langsam, aber unaufhörlich, stieg ein Gefühl – von den Zehen an beginnend – in ihm auf, wanderte über seine Beine in seinen Bauch, blieb dort längere Zeit sitzen und zog dann weiter über das Herz in Richtung Kopf. Er erinnerte sich an seine Entscheidung im Vereinslokal. Auch damals hatte er seinem Bauch vertraut und lag damit nicht falsch. Jetzt war es ähnlich. Aber nun stand eine andere, auch für seinen finanziellen Lebensweg, wichtige Entscheidung auf dem Spiel. Lars lief auf ein Strandcafé zu und setzte sich im Inneren an das Fenster, von wo aus er die Spaziergänger:innen am Strand sehen konnte. Er drehte die große Tasse dampfenden Tee zwischen seinen Händen. Was sollte er tun?

»Na, junger Mann, plagt Sie etwas? Sie sehen so unschlüssig aus!«, sprach ihn ein etwa vierzigjähriger Mann an, der am Nachbartisch saß. Lars blickte auf. Er hatte ihn gar nicht richtig wahrgenommen. Doch jetzt sprudelte es aus ihm heraus. Er legte dem Mann seine Zweifel dar, ob der Beruf des Lehrers am Gymnasium für ihn der richtige sei. Seine Blicke wanderten zwischen seinem Gesprächspartner und den langsam anrollenden Meereswellen hin und her.

»Wissen Sie, mit dem inklusiven Fußball kann ich so viel bewegen. Des Weiteren könnte ich meinem Lieblingssport nachgehen, so viele Menschen glücklich machen und vielleicht das Ganze irgendwann doch noch einmal beruflich angehen. Irgendeine Möglichkeit muss sich doch da im Laufe der Zeit ergeben.« Eine Stunde lang unterhielten sich die beiden intensiv.

»Wissen Sie, wir könnten eigentlich auch du zueinander sagen, oder? Ich heiße Kai!« Kai blickte ihn mit offenen Augen an. »Lars. Kein Problem!«

»Weißt du, Lars, dass es eigentlich immer gut ist, dem Herzen zu folgen?! Du hast das ganze Leben noch vor dir. Schaff dir eine Grundlage, aber dann folge deinem Bauchgefühl. Ich gehe mal davon aus, dass es dich nicht betrügen wird.«

Lars schaute Kai an. »Vielleicht hast du Recht. Aber wie soll ich das meinen Eltern erklären?«

»Die werden es schon akzeptieren. Und wenn nicht, dann ist es eben so. Du musst dein Leben selbst in die Hand nehmen. Aber ich muss jetzt gehen. Lass mal dein Geld stecken. Ich übernehme unsere Getränke.«

Lars bedankte sich. Fünf Minuten später trat er am Strand den Rückweg an. Wieder reifte ein Entschluss in ihm, tief aus seinem Bauch. Er würde sich die Grundlage mit einem Referendariat schaffen, aber dann doch seinem Bauchgefühl vertrauen. Da musste sich doch etwas daraus machen lassen. Er spürte es ganz sicher in sich. Es gab nirgendwo einen Job im landesweiten, geschweige denn bundesweiten Inklusionssport beziehungsweise Inklusionsfußball. Aber irgendwann und irgendwie würde es das geben und er würde ihn haben.

Nach dem Referendariat war es nicht einfach für ihn, sich finanziell durchzuschlagen. Aber mit einigen Nebenjobs schaffte er es endlich. In der Zwischenzeit hatte er in einem größeren Verein in der Nähe von Flensburg weitere inklusive Fußballmannschaften aufgebaut. In der Presse tauchten er und seine Spieler aller Altersstufen immer häufiger auf. Überall ermunterten ihn nur strahlende Gesichter. Die Lebensfreude, die von seinen Betreuten mit Beeinträchtigung ausging, hatte ihn vollkommen erfasst. Überall, wo sie auftauchten und spielten, übertrugen sie dieses positive Lebensgefühl auf ihre Mitmenschen. Sein Geld reicht ihm gerade so, um über die Runden zu kommen, aber er war vollkommen erfüllt von seiner Aufgabe. Hatte seine Intuition ihm doch Recht gegeben? Dann las er eine Stellenanzeige in der Zeitung. »Flensburger Gymnasium sucht Lehrer:in für den Inklusionssport mit Schwerpunkt Fußball.« Lars stellte sich vor. Am Ende des Gesprächs hatte er die Stelle. Die nächsten drei Jahre ging Lars voll in seinem Beruf auf. Schüler:innen, Eltern und Kolleg:innen waren begeistert. Doch Lars wollte mehr. Immer mehr spürte er, wie er sich von den Vorgaben der Kultusbehörde eingeengt fühlte. Er musste irgendwie noch freier agieren können. »Vielleicht mache ich noch einmal einen Strandspaziergang. War doch damals ganz gut!«

An der Wasserkante entlanggehend sammelte er einige kleine, flache Steine und ließ sie mit gekonntem Schwung über die Meeresoberfläche springen. Dreimal – fünfmal – siebenmal. Er spürte, dass er wieder vor einer neuen Entscheidung stand. Jetzt hatte er einen sicheren Arbeitsplatz. Und der machte ihm auch Freude. Aber warum den aufgeben? War es das wert? Warum musste er unbedingt seinen Idealen nachstreben, Inklusionssport und landesweiten Inklusionsfußball nachhaltig zu etablieren? Das war doch verrückt! Warum sollte er das machen? Lars saß im Sand und zeichnete mit einem Stück Holz, das die

Wellen angespült hatte, Kreise in den Sand. Irgendwie erschienen sie gar keinen Sinn zu ergeben. Es waren mehr Leerlaufhandlungen.

Von diesem Moment an setzte Lars das, was er im Bauch und Herzen spürte, um. Er folgte seiner ursprünglichen Intuition. Wenige Jahre später war er für den Bereich des Inklusionssports im ganzen Bundesland zuständig. Er war am Ziel seiner Wünsche. Etwas nachdenklich betrachtete er die zwei Zeitungsausschnitte, die er sich noch aus seiner aktiven Fußballzeit in Schwerte aufbewahrt hatte. »Schröder schießt Schwerte in die nächsthöhere Liga«, war da in dem einen zu lesen. Er legte ihn auf seinem Schreibtisch zur rechten Seite und nahm den zweiten hervor. »Schröder verlässt Schwerte. Warum nur?«

Ja, vielleicht war vieles für andere Menschen unverständlich. Aber er hatte seinem Gefühl, seinem Herzen, seiner Intuition vertraut. Alles richtig gemacht. Eine tiefe innere Zufriedenheit breitete sich in ihm aus.

»Das Leben sagt: Ja.«

HEIKE ULLMANN

Kennen Sie den Film »Der Ja-Sager« mit Jim Carrey? Eine witzige Komödie, wie aus einem notorischen »Nein-Sager« ein Mensch wird, der zu allem und jedem »Ja« sagt und dadurch viele lustige, komische, aber auch wunderbar lehrreiche Lektionen fürs Leben erhält. Weil er »Ja« zum Leben sagt und sein Leben dadurch in vielen Dingen bereichert.

Ein »Ja« ist eine Zustimmung und die wohl kürzeste Antwort auf eine Frage oder eine Bitte. Ein sich Einlassen auf etwas und jemanden. Manchen Menschen fällt es leichter, manchen eher schwerer, spontan zu etwas »Ja« zu sagen. Natürlich hängt das auch vom Kontext und der Situation ab. Und dann gibt es auch Menschen, die sich überhaupt nicht entscheiden können und das »Vielleicht« wählen – weder Fisch noch Fleisch.

Ich stelle mir gerade vor, wie eine Frau einem Mann einen Heiratsantrag macht und sich hundertprozentig sicher ist, dass er blitzschnell und lauthals »Ja« sagt, der Mann aber eine gefühlte Ewigkeit wartet, bis das »Ja« über seine Lippen kommt. Kann man ja auch verstehen. So etwas will wohl überlegt sein!

Ein »Ja« kann unterschiedlich ausgedrückt werden – stark oder schwach, betont oder unbetont. Und immer hat es eine andere Auswirkung auf Sie selbst und auch auf Ihr Gegenüber und Ihr Umfeld. Damit meine ich aber nicht, dass Sie zu allem »Ja und Amen« sagen sollen oder müssen! Und ich meine auch nicht das »Ja, aber…!« Denn durch das »Aber« wird das »Ja« entkräftigt und deutet auf weniger Überzeugungskraft hin.

Je klarer man sich selbst und dem Leben gegenüber ist, es sich wirklich stimmig im Herzen anfühlt, desto ausdrücklicher wird das »Ja« auch aus Ihnen heraus über Ihre Lippen kommen. Ein »Ja« aus voller Überzeugung gesprochen, tief aus dem Herzen, ist ein »JA« zum Leben.

Und dieses »JA« wünsche ich Ihnen von ganzem Herzen. Mögen sich Ihnen viele Gelegenheiten bieten, in denen Sie »Ja« sagen und eine wunderbare Erfahrung machen, die Ihnen ein »Nein« verwehrt hätte.

Langsam schlenderte Sven durch sein Dorf auf der Schwäbischen Alb. Der Himmel war noch bedeckt, aber erste Sonnenstrahlen durchbrachen die Wolken und machten Hoffnung darauf, dass an diesem Nachmittag doch noch die gesamte Wolkendecke aufreißen und es einen hellen, strahlenden, warmen Frühlingstag geben würde. Sven war zu seinem täglichen Spaziergang aufgebrochen, der ihn aus seiner Straße durch die alten Teile des Dorfes nach draußen über das Feld führte. Jetzt sah er schon das Schulgebäude und die Turnhalle vor sich auftauchen.

Für ein paar Sekunden hielt er inne und blieb stehen. Was hatte er da heute Morgen im Radio in den Nachrichten gehört: Zehn Prozent der deutschen Bevölkerung klagten über Einsamkeit. Die Corona-Pandemie hatte dazu geführt, dass auch die sozialen Kontakte bei ihm zurückgegangen waren, kaum noch Gespräche mit den Nachbar:innen, keine Gespräche mehr mit den Freund:innen auf der Bank vor dem Haus. Keine gemütlichen Feierabendbiere mehr mit den Bekannten aus dem Haus gegenüber. Alles war in den letzten zwei Jahren eingeschlafen. Höchstens zufällig hatte er noch ab und zu jemanden im Supermarkt beim Einkaufen getroffen. Ein paar belanglose Sätze:

»Ach, sind Sie auch beim Einkaufen.« »Ja, um diese Zeit ist es nicht so voll, da braucht man nicht so lange.« »Wie geht's?« »Geht so. Wie sollte es einem schon gehen in dieser Zeit?« »Ist ganz schön kalt heute.« »Ja, schauen wir, dass wir schnell nach Hause kommen.« »Ja! Ja! Bestell schöne Grüße!« »Ebenfalls.« »Vielleicht sieht man sich ja bald mal wieder.« »Ja, hoffentlich.« So oder so ähnlich lebte und erlebte auch Sven seinen Alltag. Das tägliche Leben, das tägliche Zusammenleben, wie es vor zwei Jahren stattgefunden hatte, hatte sich Schritt für Schritt aus dem Dorf verabschiedet. Keine Sommerfeste. Keine Kirchenfeste. Keine oder kaum noch Sportplatzbesuche. Die alten Damen konnten sich nicht mal mehr im Café treffen. Kinderspielplätze waren lange Zeit gesperrt gewesen. An einen Restaurantbesuch konnte sich Sven gar nicht mehr erinnern. Ein letztes gemütliches Beisammensein mit Nachbar:innen oder Freund:innen? Da musste er schon den Kalender von vor drei Jahren zu Rate ziehen. Die meisten hatten sich mit ihrer Situation arrangiert, sich in ihre eigenen vier Wände zurückgezogen, sie kamen so gut wie gar nicht mehr vor die Tür. Das soziale Miteinander hatte vor der Pandemie kapituliert. Sven blickte sich noch einmal in der Straße um. Sie war fast menschenleer. Nein! Ganz dort hinten, vielleicht 150 Meter entfernt, sah er eine junge Mutter, die ihren kleinen Sohn jetzt kurz vor 14 Uhr wieder zum Kindergarten brachte. Sven betrachtete die einzelnen Häuser, hinter deren Mauern sich sicherlich viele Menschen befanden, die zu den zehn Prozent der Einsamen gehörten. So konnte es doch nicht weitergehen. Wenn er jetzt seine Gedanken genau darum kreisen lassen würde, sich bei seinem Spaziergang mal ganz drauf fokussieren würde, dann sollte ihm doch etwas Gutes oder Sinnstiftendes einfallen oder zufallen.

Die Ausrichtung auf ein bestimmtes Ziel war schon der erste richtige und wichtige Schritt. Die Konzentration auf das Wesentliche einer Sache erhöht die Chance der Verwirklichung des Vorgenommenen um 70 Prozent! So hatte er es irgendwann mal gehört oder gelesen. Diese Erfahrung hatte ihm in seinem bisherigen Leben schon häufig geholfen. »Es wäre doch gelacht, wenn mir da jetzt nichts einfallen würde!« Die besten Ideen kamen ihm doch immer in der Bewegung. Sven ging weiter. Bald erreichte er den kleinen Bauernhof auf der rechten Seite. Sechzehn Laufenten marschierten fast im Gänsemarsch über den Hof von der einen Stallseite zur anderen. Ihr Geschnatter erfreute ihn. Das hatte doch etwas Lustiges, Fröhliches. Jetzt brach auch schon die Sonne etwas mehr durch die Wolken. Der Himmel riss auf. Knapp 700 Meter weiter kam er an einer größer angelegten Futterstation für Waldvögel und Eichhörnchen vorbei. Er blieb in einiger Entfernung stehen, beobachtete die zahlreichen Spatzen, Rotkehlchen, Grünfinken, die sich zusammen über die Körner in der Anlage hermachten, sich an den Körnerknödeln labten. Jetzt kamen auch zwei Eichhörnchen von einem Baumstamm herunter und erfreuten sich an den Leckereien. Links auf der Lichtung sah er vier Rehe, zwei alte und zwei junge, die von einem Waldstück in das andere wechselten.

Je länger er hier den Tieren zuschaute, desto mehr bildete sich in seinem Kopf ein neues Bild. Die Vögel kamen in Scharen und freuten sich gemeinsam über die ausgelegten Kleinigkeiten. Die Eichhörnchen kamen zu zweit. Die Rehe waren zu viert unterwegs. Das kam doch nicht alles von ungefähr. Als er nun genauer in den Wald hinein hörte, vernahm er das Gezwitscher der Vögel oben in den Wipfeln der Bäume. Die unterhielten sich auf ihre Art und Weise. Das sind doch soziale Wesen. Und bei Menschen ist es eigentlich genauso. Sie sind doch alle auf Sozialkontakte angewiesen. Keiner oder kaum einer will doch in der Einsamkeit versauern. Nur trauen sich so viele nicht aus ihrer Isolation heraus. Keiner macht den ersten Schritt. Sven marschierte den *Weg der kleinen Schritte* entlang, der hier vor einigen Jahren von einem der »Ureinwohner« des Dorfes angelegt worden war. Der Weg der kleinen Schritte!

Wie wäre es denn, wenn er die ersten kleinen Schritte machen würde?! Er konnte doch so etwas. Er hatte doch immer Ideen. Er musste eine kleine Wende herbeiführen, sonst würde vieles im Stillstand verharren. Aber wie sollte er es anstellen? »Los, geh weiter. Lass deinen Gedanken einfach freien Lauf. Nicht grübeln, sondern alles zulassen, was dir jetzt einfällt! Strukturieren kannst du es später«, sagte er sich. Er betrachtete seine Umgebung intensiver. Sven registrierte die Wege, die Lichtungen, die Bänke am Wegesrand, die Waldhütten mit Sitzgelegenheiten. »Da lässt sich doch was draus machen. Das ist doch nicht alles umsonst hier, man muss es nur nutzen. Nein, man *darf* es nutzen!«

Wieder zu Hause angekommen, griff er zu Bleistift und Papier. In die Mitte schrieb er zwei Worte: jetzt und ja. Er betrachtete die beiden und überlegte, was er aus den Worten gestalten könnte. Was aus dem Wort *jetzt*? Was aus dem Wort *ja*? Immer mehr tendierte er zum *Ja*. Ja, alle!« »Ja, alle wieder zum Leben.« »Ja für uns!« »Ja, wir lieben das Leben!« Na klar! Es ging letztlich um die innere Einstellung. Einfach wieder zurück. Eine Kehrtwendung hin zum Positiven des Lebens. Kein Einigeln in das eigene Schneckenhaus. Aber allein mit dieser positiven Einstellung war es nicht getan. Sie musste auch einmünden in ganz konkrete Aktionen. Wie hatte Goethe gesagt: »Es ist nicht genug zu wissen. Man muss es auch anwenden. Es ist nicht genug zu wollen, man muss es auch tun!«

Svens Gedanken schweiften zurück zu seinem Spaziergang heute Nachmittag. Die Tiere des Waldes hatten es ihm doch vorgemacht. »Ja zum Leben!« Von Minute zu Minute kettete sich eine Idee an die andere. Herr Rembold, zwei Häuser weiter, konnte doch gut Gitarre spielen und Frau Klarner, oben im Ring, konnte das auch. Frau Grimm vom Nachbarhaus war eine ausgezeichnete Bäckerin. Frau Wagner hatte einen Getränkehandel. Er selbst konnte gut Geschichten erzählen. Herr und Frau Haupt vom Wanderverein kannten die Gegend am besten und wussten nahezu zu jedem Platz eine Anekdote. Die Familie hinten in der Straße hatte er schon häufig mit einem Leiterwagen durch den Ort ziehen sehen. So einen hatten bestimmt noch mehr Leute. Sven wurde immer euphorischer. Ja, das war's! Es war doch so einfach, sich das Leben Stück für Stück wieder zurückzuerobern. Einfach »Ja« zum Leben sagen. »Ja!« Das klang wie bei der Hochzeit am Altar. »Ja, ich will!« Warum sollte das nicht jetzt auch so klingen?

Herr Rembold war der erste. Sven gab die E-Mail-Adresse ein, wollte gerade anfangen zu schreiben, als er innehielt. »Mensch, ich will doch, dass wir wieder etwas zusammen machen. Ich will doch, dass die Menschen wieder aus ihren Häusern herauskommen. Und ich sitze hier an meinem Laptop in meinen vier Wänden und schreibe Herrn Rembold in seinen vier Wänden. Jetzt lass ich mal den Laptop. Ich geh rüber und drück auf die Klingel, dann kann ich ganz persönlich mit ihm sprechen.« Sven schnappte seinen Hausschlüssel und ging die 50 Meter links die Straße lang zum Hause der Rembolds.

»Guten Tag Herr Friebel, jetzt haben wir uns aber lange nicht mehr gesehen. Was führt Sie denn zu mir?«

»Herr Rembold, Sie können doch so hervorragend Gitarre spielen, das haben Sie ja schon so häufig zur Freude ganz vieler Leute gezeigt. Ich habe da mal so eine Idee. Könnten Sie sich vorstellen, dass…?«

Gut gelaunt ging er wieder zurück. »Jetzt zu Frau Grimm und dann oben in die Straße zu Frau Klarner.« Sven war Feuer und Flamme für seine Idee. Vor seinem geistigen Auge lief alles schon wie in einem Film ab. Frau Grimm hatte ihm ihre Zusage gegeben und auch bei Frau Klarner hatte er offene Türen eingerannt. »Ja, so einfach geht's. Ich muss nur wollen, mich auf das Ziel konzentrieren.« Er fühlte, wie die Freude in ihm aufstieg. Als Sven am Haus der Familie Rembold vorbeikam, hörte er schon Gitarrenklänge.

Zwei Tage später, am Samstag, war es dann soweit. Am alten Sportplatz kamen aus drei Richtungen 15 Personen, Jung und Alt, zusammen. Jeder hatte irgendetwas dabei. Herr Rembold und Frau Klarner ihre Gitarren, Frau Grimm und ihr Mann einen Rucksack voll mit selbst gebackenem Kuchen. Zwei Ehepaare zogen einen Leiterwagen mit Getränken. Sven selbst hatte ein paar seiner Geschichten eingepackt. Herr und Frau Haupt vom Wanderverein hatten zusätzlich noch Liederbücher dabei. Auf allen Gesichtern war ein erwartungsvolles und strahlendes Lachen zu sehen. Ja, genauso hatte Sven es gewollt und sich vorgestellt. Er wollte, dass sie alle wieder »Ja« zum Leben sagten. Raus aus der selbst auferlegten Isolation.

Sven stellte sich neben das erste Schild des *Weges der*

kleinen Schritte und las den Sinnspruch vor: Ein jeder geht vorbei und keiner nimmt es acht, dass jede Viertelstund' sein Leben kürzer macht.

»Liebe Freund:innen und Nachbar:innen. Wir alle haben uns jetzt in den letzten zwei Jahren kaum noch gesehen. Die Isolation nimmt immer mehr zu. Wir alle brauchen doch die Sozialkontakte. Ohne diese fehlt uns etwas. Lasst uns heute mal die ersten kleinen Schritte aus dieser Isolation herauswagen. Jeder von uns hat bestimmte Fähigkeiten und mit denen wollen wir uns heute mal einen schönen Nachmittag gestalten. Ich freue mich auf die nächsten Stunden mit Euch. Die erste Viertelstunde war auf jeden Fall schon mal schön.« Sven blickte in zustimmende Gesichter.

Und dann zog die bunte Schar los. Am ersten Rastplatz machten sie Station. Gitarren erklangen und erste Getränke wurden gereicht. Einen Kilometer weiter am Spielplatz gab Sven eine seiner lustigen Geschichten zum Besten. Alle erfreuten sich nicht nur an der Geschichte, sondern auch an Svens lebendiger Art, Geschichten vorzutragen. Eine Stunde später präsentierte Frau Grimm ihre Kuchen. Schon der Anblick ließ allen das Wasser im Mund zusammenlaufen. Fast jeder unter den Teilnehmenden wusste, dass sie gut backen konnte, aber heute schien sie sich selbst übertroffen zu haben. Sven wusste nicht, ob er zuerst von dem Feuerwehrkuchen oder von der Erdbeersahne probieren sollte. Letztendlich nahm er von beiden ein Stück und genoss das herrliche Aroma der Früchte. Ein Blick in die Augen der anderen zeigte ihm, dass es wohl allen so ging.

»Frau Grimm, Sie sollten eine Bäckerei oder Konditorei bei uns im Ort aufmachen oder ein kleines Café. Das wäre bestimmt der Renner«, wurde sie nun mit Lobeshymnen überschüttet. Frau Grimm strahlte verlegen über das ganze Gesicht. Und dieses Strahlen nahm nun auch noch von ihrem Inneren Besitz und erfüllte sie ganz.

Jeder hatte seinen Beitrag zum Gelingen dieses so wunderbaren Nachmittages beigetragen. Sven war vollkommen zufrieden und die Gesichter und das freudige Lachen seiner Nachbarn waren ihm Bestätigung genug. »Ja zum Leben sagen! Ja, man muss irgendwann mal den ersten Schritt tun!«

»Herr Friebel, können Sie so etwas nicht häufiger anstoßen?«, wurde Sven am Schluss der Aktion gefragt.

»Gerne! Aber auch jede:r andere darf die Initiative ergreifen. Es braucht nur einen Impulsgeber und wenn sich dann jeder mit seinem Talent einbringt, dann ist es ja auch einfach gemacht.« Sven machte sich mit dem Ehepaar Rembold auf den Heimweg.

»Also, Herr Friebel, oder darf ich einfach Sven sagen? Ich heiße übrigens Maik!« »Natürlich!« »Okay, das nächste Ja-Event nehmen wir in die Hand.«

#Kommunikation

*Man kann nicht nicht kommunizieren,
denn jede Kommunikation (nicht nur mit Worten)
ist Verhalten und genauso wie man sich nicht
nicht verhalten kann, kann man nicht
nicht kommunizieren.*

1. AXIOM VON PAUL WATZLAWICK

Egal ob in der Familie, mit den Kindern, mit dem oder der Partner:in, im Beruf oder im Freundeskreis. Überall findet Kommunikation statt. Dabei ist sie sehr facettenreich, vielschichtig und ein ständiger Begleiter unseres Lebens.

Doch was ist Kommunikation?

Das lateinische Wort *communicatio* bedeutet »Mitteilung«. Es findet ein Informationsaustausch, ein Geben und Nehmen statt. Sie ist das Bindeglied für einen Austausch und ein Miteinander, um sich auszudrücken, sich gegenseitig zu verstehen und verstanden zu werden. Kommunikation ist keine Einbahnstraße. Nicht einmal dann, wenn Sie Selbstgespräche in Ihrem Kopf führen. Es gibt immer eine Antwort zurück.

Wir alle – ob groß, ob klein – kommunizieren ständig. Selbst kleine Babys, die noch nicht sprechen, können und tun es. Denn Kommunikation läuft auf vielen unterschiedlichen Ebenen ab und hat nicht immer etwas mit der Welt der Wörter zu tun. Sie alle kennen sie, die nonverbale Kommunikation, die auch als Körpersprache bezeichnet wird. Man versteht sich ganz »ohne Worte« und bedient sich der fünf Sinne Sehen, Riechen, Hören, Fühlen und Schmecken.

Im Gegensatz zur gesprochenen Sprache unterliegen diese Signale nur begrenzt einer bewussten Kontrolle. Will man also Informationen über die »tatsächliche« Befindlichkeit oder die emotionale Verfassung seines Gegenübers erhalten, ist es sinnvoll die Körpersprache zu beobachten und miteinzubeziehen. Mit Sicherheit könnten viele Dinge schneller und harmonischer geklärt werden, wenn zwischen den Zeilen gelesen und die nonverbalen Aspekte miteinbezogen würden.

Inwieweit nutzen Sie Ihre Körpersprache bewusst im Alltag im Austausch mit Ihren Mitmenschen?

Offen und ehrlich auf allen Ebenen miteinander zu kommunizieren bedeutet aber ebenfalls, sich mit all seinen Facetten zu zeigen. Dazu gehören auch unsere Schwächen. Diese anzusprechen und zuzugeben, auch einmal über seinen Schatten zu springen und zu sagen: »Ich bedaure meine Worte oder mein Verhalten *(konkret ansprechen, was war)*. Das war nicht okay von mir!«, ist oft nicht einfach, aber durchaus sehr wirkungsvoll. Denn dadurch weiß Ihr Gegenüber tatsächlich, was Sache ist und kann ganz anders auf Sie eingehen. Dies wiederum stärkt die Verbindung, aus der heraus Wertschätzung, Anerkennung, Dankbarkeit und Liebe wachsen und gedeihen können. Diese unterbewussten Signale, die hierbei mitschwingen, kann jeder Mensch spüren. Probieren Sie es aus!

TIPP: Und wenn Sie einmal während eines Gesprächs in eine Situation geraten sollten, in der Sie spüren, dass es jetzt gleich krachen könnte, dann atmen Sie erst einmal tief durch, nehmen sich einen Augenblick Zeit, um mit sich selbst in Kontakt zu treten und versuchen Sie, sachlich zu bleiben ohne sich emotional durch Vorwürfe Luft zu verschaffen. Leichter gesagt als getan – es nimmt allerdings viel Wind aus den Segeln.

Ich wünsche Ihnen viele wunderbare Gespräche mit Ihren Mitmenschen und vielleicht den ein oder anderen AHA-Moment.

Übung: Achten Sie einmal bewusst auf Ihr Gegenüber. Auf Haltung, Mimik, Stimm- und Tonlage und gleichen das alles mit den Worten ab. Was nehmen Sie wahr?

Wie steht Ihr Gegenüber da? Spricht er oder sie leise oder laut? Ist die Tonlage sanft, aufgebracht, klar und deutlich? Spricht Ihr Gegenüber mit einem Lächeln auf dem Gesicht und passen die Worte dazu?

Kommunikation

7 Uhr. Die Sonne war schon lange hinten am Horizont aufgegangen und warf ihr goldenes Licht über die hier im kleinen Dorf, unweit der Hauptstraße, liegende Seniorenresidenz Herzensgut. Das Leben in der Einrichtung war erwacht. In den Gängen wuselten einige Pflegekräfte

umher. Auf den einzelnen Zimmern wurden die ersten Senior:innen für den Tag fertig gemacht. Andere, die hier in einem Zimmer im betreuten Wohnen ihren Lebensabend verbrachten, kamen mit ihren Rollstühlen, Rollatoren oder auch an ein oder zwei Stöcken aus ihren Räumen und begaben sich zum Speisesaal.

»Guten Morgen Herr Rübsam, wie geht es Ihnen? Haben Sie gut geschlafen?«

»Es geht so. Nicht so besonders. Seit 4 Uhr bin ich wach. Aber vielleicht kann ich mich nachher noch einmal hinlegen. Und selbst?«

Frau Meier hörte die Frage schon gar nicht mehr und trottete langsam Richtung Speisesaal. Von links, aus Zimmer Nummer 14, kam nun der ehemalige Kriminalhauptkommissar, Hans Blickenrieder, über den Gang. Mit der rechten Hand stützte er sich auf einen Gehstock. Seitdem er bei seinem letzten Einsatz einen Steckschuss ins Bein bekommen hatte, war er nicht mehr im Außendienst einsatzfähig gewesen. Er hatte noch ein paar Monate im Innendienst gearbeitet, war dann aber in Pension gegangen. Nachdem seine Frau zwei Jahre danach an Krebs gestorben war, hatte er noch fünf Jahre allein zu Hause verbracht. Aber irgendwie hatte er es dann eingesehen, dass er sich nicht mehr alleine versorgen konnte, zumal seine altersbedingte Sehschwäche immer mehr zunahm. Hans Blickenrieder teilte sich den Frühstückstisch unter anderem mit Nina Panther, einer ehemaligen Rocksängerin, die in ihrer Jugendzeit mit den *Red Cats* Karriere gemacht hatte. Noch immer schimmerte ihr feuerrotes Haar auf ihrem Kopf, wenngleich es auch um einiges dünner geworden war. Am Hals und an beiden Unterarmen waren noch einige Tattoos zu sehen. Links eine Katze und rechts ein Selbstbildnis, am Hals eine feuerrote Schlange, die sich um einen Holzstab schlängelte. Allerdings hatten alle schon einige Falten bekommen und hingen schlaff herab. An beiden Ohren trug sie kaum sichtbare Hörgeräte. Das ständige Agieren an den Lautsprecherboxen hatte ihr massive Hörprobleme zugefügt. Nina hing wie eine Klette an ihrer Vergangenheit, schwelgte in Erinnerungen an ihre Auftritte in großen Stadien. Ihre Stimme war rauchig, was einerseits auf den starken Zigarettenkonsum und andererseits auf ihren übermäßigen Whiskygenuss zurückzuführen war.

»Morgen, Hans«, begrüßte sie Hans Blickenrieder, als sie sich zu ihm an den Tisch setzte. »Und? Gibt's was Neues?«

»Nichts! Was soll es schon geben?« Er starrte sie durch seine Brille mit den dicken Gläsern an, die von einem Hornrahmen umgeben waren. »Ein Tag wie jeder andere. Würde mich freuen, wenn wieder mal etwas los wäre. Einbruch, Mord, Diebstahl oder sowas. Aber so! Nur Kaffeeklatsch, Zeitung lesen. Mein einziges Vergnügen ist noch das Zigarrenrauchen.« Er deutete mit seiner linken Hand auf die Tasche an seinem Jackett.

»Geht mir genauso. Wenn ich daran denke, wie ich früher Tausende zum Tosen gebracht habe – und jetzt!« Ihr Blick ging zu der Armada von Rollstühlen und Rollatoren, die an den einzelnen Tischen platziert waren.

»Rauchen wir nachher wieder eine zusammen?«

»Klar! Guck! Da hinten kommt Elfriede.« Nina deutete auf eine äußerst elegant gekleidete Dame, die mit frisch frisierten Dauerwellen nun von der rechten Seite des Ganges auf den Speisesaal zukam. Sie stützte sich auf einen Rollator, war aber die ganze Zeit bemüht, ihre aufrechte Haltung beizubehalten. Die ehemalige Oberstudienrätin am hiesigen Gymnasium war für ihre äußerst penible Art und Umgangsweise mit den Schüler:innen bekannt und gefürchtet gewesen. Nachdem ihr Mann verstorben war, hatte es sie ebenfalls nach ein paar Jahren des Alleinseins ins Herzensgut gezogen. Ihr Blick war starr auf den Frühstückstisch gerichtet. Jetzt war sie noch etwa zwei Meter entfernt. Sie stellte ihren Rollator neben ihrem angestammten Sitzplatz ab, setzte sich und griff sofort zur Tageszeitung, die sie jeden Morgen mitzubringen pflegte.

»Kaffee, Elfriede?«, fragte Nina sie. Elfriede deutete mit dem rechten Zeigefinger auf ihre Tasse. Jetzt legte sie den Regionalteil der Zeitung auf den Tisch. »Habt ihr das schon gelesen? Rätselhaftes Katzenverschwinden rund um Haus Herzensgut!«

Hans und Nina blickten sie fragend an. »Was ist damit?« Elfriede pochte mit ihrem linken Mittelfinger auf den Artikel in der Zeitung.

»Ich sage euch, da geht etwas vor. Da treibt jemand sein Unwesen und stiehlt alten Leuten ihre Haustiere. Laut Zeitung muss das schon wochenlang so gehen. Habe es heute Morgen gleich gelesen. Aber sind natürlich wieder vier Rechtschreibfehler in der Zeitung. Der Schreiber hätte mal in meiner Klasse sein sollen.«

Um sie herum herrschte im restlichen Speisesaal eine

beängstigende Stille. Bisweilen war das Klappern einzelner Kaffeelöffel zu hören, wenn diese beim Umrühren an die Porzellanränder der Tassen schlugen. Ab und an ein Halbsatz. Aber sonst Stille. Die Kommunikation schien gegen null runtergefahren zu sein.

»Hans, du warst doch Kommissar. Könntest du dich nicht mit dem Fall anfreunden? Wir haben doch den ganzen Tag nichts zu tun, außer Mensch-ärgere-dich-nicht zu spielen, Kaffee zu trinken, Fernsehen zu gucken und ab und zu zur Singstunde zu gehen. Wäre doch schön, wenn wir da mal was bewegen könnten?!«

»Super Idee«, mischte sich Nina ein. »Ich habe doch bei den *Red Cats* gesungen und gespielt. Das würde zu mir passen!«

»So einen Fall löse ich im Handumdrehen«, grummelte Hans vor sich hin.

»Was hast du da gesagt?« Nina beugte sich zu ihm hin und hielt ihm ihr rechtes Ohr entgegen. »Lösen wir im Handumdrehen«, antwortete Hans nun lauter. Nina nickte und holte sich eine weitere Scheibe Lyoner, die sie sich auf das abgeschnittene Stück Brot legte.

Elfriede las aus der Zeitung vor: »Auf unerklärliche Weise sind in den letzten drei Wochen sechzehn Katzen rund um das Haus Herzensgut verschwunden. Die hohe Anzahl des Verschwindens deutet auf eine organisierte Vorgehensweise hin.« Elfriede blickte auf. »Mit Organisation und Struktur kenne ich mich gut aus. Das stand bei mir immer an erster Stelle in der Klasse.«

»Mit Diebstahl und räuberischer Erpressung habe *ich* häufig zu tun gehabt«, tätigte Hans nun seinen Beitrag.

»Red Cats. Das war der Name unserer Band. Ich bin dabei!«

Die drei steckten die Köpfe zusammen, auch weil Nina so schlecht hörte.

»Wir treffen uns nach dem Frühstück draußen im Garten«, schlug Hans vor. »Dann können wir das in Ruhe besprechen.«

Sie schauten sich im Speisesaal um. Die Kommunikation war nach dem anfänglichen Small Talk fast gänzlich zum Erliegen gekommen. Alle starrten vor sich hin. Routinehandlungen wie jeden Morgen. Am Tisch der drei allerdings lief das Gespräch munter weiter. Fünfzehn Minuten später trafen sich Hans, Elfriede und Nina im Garten der Einrichtung. Hans und Nina holten sofort ihre Zigarre beziehungsweise ihre Zigarette heraus, zündeten sie an und zogen den Rauch genüsslich ein. »Herrlich, so nach dem Frühstück!« Nina entnahm ihrer schwarzen Lederjacke eine kleine flache Flasche, in die sie ihren goldbraunen Whisky abgefüllt hatte. Aus der anderen Tasche holte sie zwei Gläser und gab eins an Hans. Sie schenkte beide halb voll ein. Elfriede schaute sie kopfschüttelnd an. »Muss das schon früh morgens sein?« »Muss!«, erklang es einstimmig aus beiden Mündern.

»Also ich bin auch dafür, dass wir den Fall in die Hand nehmen. Das bringt doch Leben in unser Dasein hier im Herzensgut.« Nina und Hans stießen miteinander an und ihre Augen strahlten, als die goldbraune Flüssigkeit durch ihre Kehlen rann.

»Der Walter Schulz«, fing Hans an, »der geht doch immer noch mit seinem Rollstuhl zum Einkaufen in den

Supermarkt. Wir könnten doch mal... Dem muss doch irgendwas aufgefallen sein.«

»Und wir könnten mal alle Nachbar:innen befragen. Das haben wir früher bei der Kripo auch immer so gemacht.«

»Aber nicht so direkt, vielleicht könnten wir das auch etwas subtiler machen. Nicht ganz so plump. Damit es nicht gleich auffällt.«

»Klar, wir gehen von Tür zu Tür und singen den Leuten etwas vor. Vielleicht Katzenlieder. Ich habe noch ein paar auf Lager aus meiner aktiven Zeit.« Nina ließ ihre rauchige Stimme laut im Garten ertönen. Hans und Elfriede hielten sich die Ohren zu. »Nicht so laut, Nina! Da platzt einem ja das Trommelfell!«

Das Gespräch hatte Fahrt aufgenommen. Ihre Kommunikation war in vollem Gang. Im Haus dagegen war es mucksmäuschenstill.

»Wir könnten eine Sonderkommission gründen: Sonderkommission Katze«, schlug Hans vor.

»Sokocat«, kam es blitzschnell aus Ninas Richtung.

»Echt gut! Jetzt ist endlich mal was los hier.«

»Aber wir müssen strukturiert vorgehen.«

»Walter Schulz im Rolli könnte der Schlüssel sein. Ich spreche mal mit ihm, um zu sehen, was sich machen lässt«, schlug Elfriede vor. Nina und Hans nickten ihr durch die Rauchschwaden zu. »Magst du noch einen Whiskey, Hans?« Wortlos schob ihr Hans das Glas hin. Der Tag schien gerettet.

Eine Stunde später begab sich Walter mit seinem E-Rollstuhl auf den Weg zum 200 Meter weit entfernten

Supermarkt. Nachdem er die Gemüse- und Obstregale links und rechts hatte liegenlassen, querte er die Wurst- und Fleischtheke, um sich dann zielgenau in Richtung des Ganges mit dem Tierfutter zu begeben. Wie ein Schäfer- hund, der die von ihm im Zaum zu haltende Schafherde beobachtete, umkreiste er den Abschnitt mit Hunde-, Katzen- und Vogelfutter. Auf seinem Schoß hatte er einen kleinen Block mit einem Kugelschreiber platziert, wäh- rend er um seinen Hals an einer braunen Schnur ein Handy befestigt hatte. Er hatte bereits die Kameraeinstel- lung gewählt. Noch hatte sich nichts ergeben.

Doch jetzt kam eine schon etwas ältere Dame, vielleicht Ende siebzig, Anfang achtzig, mit ihrem Einkaufswagen langsam an den Küchenrollen- und Toilettenpapierausla- gen vorbei. Sie steuerte direkt auf ihn zu. Walter umfuhr die Abteilung mit Putzmitteln und platzierte sich auf der gegenüberliegenden Seite, sodass er die Getränkeregale im Rücken hatte. Jetzt hatte er den besten Einblick in die Tierfutterabteilung. Die alte Dame schien genau zu wis- sen, was sie wollte. Zielstrebig steuerte sie auf das Katzen- streu zu und bugsierte, nachdem sie zwei Pakete davon in ihren Wagen gehievt hatte, anschließend zwölf bis sech- zehn Dosen Katzenfutter hinterher. Walter beugte sich in seinem E-Rolli hinter den Spülmitteln nach vorne, schob die Klobürsten zur Seite und fotografierte. Gott sei Dank waren zurzeit keine anderen Kunden im Gang. So hatte er freies Feld. Auf seinem Block notierte er sich Alter und Aussehen der Frau. Sein Blick ging anschließend zu den Spirituosen. Er musste ja auch etwas haben, um nicht auf- zufallen. Ohne näher darauf zu achten, griff er zu einer

Whiskyflasche. An der Kasse reihte er sich hinter der alten Dame ein und ließ noch einen Schüler vor, der sich in seiner Freistunde eine Tüte Chips als Mittagessen gönnte.

Draußen auf dem Parkplatz konstatierte Walter, dass die Katzenliebhaberin wohl nicht im Besitz eines Autos war, denn sie schob ihren vollen Einkaufswagen geradeaus und dann nach links Richtung Herzensgut. Walter folgte ihr unauffällig in gebührendem Abstand. Jetzt bog sie in die Justinus-Kerner-Straße ein, die sich etwa in siebzig Metern Entfernung von der Seniorenresidenz befand. Er beobachtete sie, als sie in das Haus ging. Nachdem sie die Tür geschlossen hatte, fuhr er zum Eingang und notierte sich die Hausnummer sowie den Namen – Waltraud Friebel. Die könnte es gewesen sein. Walter fuhr zur Residenz zurück. Beim Mittagessen gesellte er sich zur *Sokocat*. Er gehörte jetzt dazu.

»Sehr gut gemacht«, flüsterte ihm Elfriede zu. »Das könnte schon eine Hauptverdächtige sein. Geben Sie mir mal Ihre Aufschriebe, dann kann ich eine Liste anlegen.« Walter schob ihr seine Zettel über den Tisch zu.

»Sehr gut, Walter! Kannst du morgen noch einmal in den Supermarkt gehen? Vielleicht sind da noch mehr, die das Katzenfutter in dieser Menge einkaufen«, plante Hans gleich weiter. Walter nickte. Ein Strahlen ging über sein Gesicht. Er war jetzt ein wichtiger Teil der *Sokocat* geworden.

»Dafür gibt's gleich einen schönen Nachtisch!« Nina klopfte auf die rechte Tasche ihrer mit Nieten beschlagenen Lederjacke. Acht Jahre gelagert.«

Die vier steckten die Köpfe zusammen und machten

weitere Pläne. Am nächsten Morgen wiederholte sich das Prozedere. Beim Mittagessen schob Walter seine Beobachtungsaufschriebe wieder zu Elfriede und auf seinem Handy zeigte er die Bilder von Peter Hauk aus der Schänzlinstraße, die ebenfalls nur wenige Meter von der Seniorenresidenz entfernt war. Peter Hauk war etwa Anfang achtzig, allein lebend. Auch er hatte, ähnlich wie Waltraud Friebel, Katzenfutter in großer Menge gehortet. Hans fasste die Ergebnisse zusammen.

»Ich denke, dass wir jetzt loslegen sollten.« Spannung lag in der Luft. Die vier Senior:innen schienen wie elektrisiert.

»Ich hole mal meine Liedermappe. Die habe ich mir noch von der Schule aufgehoben.« Elfriede schnappte sich ihren Rollator und ging auf ihr Zimmer.

»Ich wärme schon mal meine Stimme auf. Warte draußen an der Bank auf euch.« Nina ging vor die Tür. Zehn Minuten später trafen sie sich.

»Morgen Früh starten wir unsere Aktion! Nina, du bist unsere Bandleaderin. Elfriede, hast du die Liedtexte?« Die Angesprochene nickte und griff in ihren Jutebeutel, den sie im Korb ihres Rollators platziert hatte. »Zwei bis drei sollten reichen«, warf Hans ein. »Wie ist es mit: Der Mai ist gekommen!«

Nina verzog das Gesicht. »Da brauche ich noch zwei Whisky anschließend. Hast du auch Katzen-Songs?« Elfriede kramte in ihrer Tasche. »Ja hier. Guck. Miau Miau, das Katzenlied.«

»Das nehmen wir. Das habe ich schon mal gesungen.«

»Dann dürfte ja alles klar sein.« Hans Blickenrieder

fühlte sich wieder in die alte Zeit zurückversetzt. Am nächsten Morgen klingelten sie zunächst im Nachbarhaus von Waltraud Friebel, um nicht den Eindruck zu erwecken, dass sie nur zielgerichtet eines der Häuser besuchten. Dann standen sie bei Waltraud vor der Tür.

»Guten Morgen, Frau Friebel, wir kommen von der Seniorenresidenz Herzensgut und würden Ihnen gerne mit einigen kleinen Liedern eine Freude bereiten. Hätten Sie Lust darauf?«, fragte Elfriede. Waltraud nickte mit einem Strahlen im Gesicht. Nach dem ersten Song *Der Mai ist gekommen*, den sie voller Inbrunst mitsang, fragte Hans, ob er mal die Toilette benutzen dürfte.

»Altersbedingte Blasenschwäche, verstehen Sie?« »Aber gerne, Herr…«

»Blickenrieder!« Hans war schon unterwegs. Er blickte sich nach allen Seiten um. Seinem Kommissarsblick entging kein Detail. Nirgendwo eine Dose Katzenfutter. Eine alte Katze lag schläfrig vor einem Fressnapf. Sie hatte ihn nicht angerührt. Von der Haustür ertönte das Katzenlied. Er musste zurück. Jetzt hörte er Waltraud Friebel fragen: »Könnten Sie mir das Miaulied vielleicht noch einmal vorsingen?« Zeitaufschub! Er blickte durch das Küchenfenster in den Garten und nahm eine große Holzhütte wahr. Er speicherte sie in seinem Gehirn.

»Könnten Sie mir den Text von dem Katzenlied vielleicht auch noch geben?«, fragte Frau Friebel, als die vier wieder gehen wollten. »Natürlich!« Elfriede gab ihr ein Liedblatt.

»Jetzt auf zu Peter Hauk. Da machen wir es genauso. Nina, du hast wirklich eine super Stimme. Wir sollten eine

Band aufmachen in der Residenz.« Bei Peter Hauk hatte Hans zwei Katzen ausmachen können. Elf Dosen Katzenfutter standen säuberlich aufgestapelt im Regal. Nach dem Mittagessen trafen sie sich wieder bei der Bank im Garten.

»Walter, jetzt bist du wieder dran. Kannst du dir vorstellen...?«

»Klar kann ich...« Walter wurde gebraucht. Was war das doch gut, wenn man sich miteinander unterhielt. Am nächsten Vormittag fuhr Walter mit seinem E-Rolli in die Justinus-Kerner-Straße. Hinter einem großen weißen Sprinter mit der Aufschrift *Rollläden/Markisen/Beschattungen Schmidt* hielt er sich etwas versteckt, sodass er das Haus von Waltraud Friebel sehen konnte, ohne allerdings von ihr entdeckt werden zu können. Jetzt ging die Tür auf und die alte Dame trat heraus. Sie griff mit beiden Händen zu dem Einkaufswagen, der rechts vom Eingang stand. Walter beugte sich etwas vor, um noch besser sehen zu können. »Sie geht wieder Richtung Supermarkt. Das gibt mir Zeit.«

Er fuhr durch das kleine Tor in der Gartenmauer und begab sich direkt hinter das Haus. Sofort erblickte er die etwa vier mal fünf Meter große Gartenlaube, aus deren Inneren ein vielstimmiges Miauen ertönte. Er steuerte seinen E-Rolli näher heran und blickte durch das Fenster. Es gab keine Zweifel: Frau Friebel musste die Katzenentführerin sein. Im Raum lagen mindestens zwölf bis vierzehn Stubentiger oder schlichen von einer Seite zur anderen. Walter drehte um. Der Fall, sein erster Fall, stand kurz vor der Aufklärung. Er legte den Vorwärtsgang ein, stoppte dann aber abrupt, als er die gelben Säcke sah. Sein

Blick erfasste sofort den Inhalt. Alle waren voll mit leeren Katzenfutterdosen. Jetzt gab es keinen Zweifel mehr. Bei seiner Rückkehr erstattete er noch vor dem Mittagessen Bericht. Elfriede notierte alles mit fein säuberlicher Handschrift. Nina spendierte den Rest ihres acht Jahre abgelagerten Whiskys. Hans schaute sie fragend an. »Alle?« »Keine Sorge! Ich habe noch. Walter hat für Nachschub gesorgt.« Sie deutete mit dem Kopf in Richtung ihres Zimmers. Hans lächelte sie an und paffte an seiner dicken Zigarre. Walter strahlte über das ganze Gesicht und reckte beide Daumen in die Höhe. »Dann sollten wir den Fall jetzt zu Ende bringen. Ich schlage vor, dass wir gleich nach dem Mittagessen…«

Sie waren sich in der Vorgehensweise einig. Elfriede war zudem noch wichtig, dass Frau Friebel gut aus der Sache herauskam. Ihr tat die alte Frau leid. Um 14 Uhr standen sie wieder zu viert vor Waltraud Friebels Haus. »Ach, wollen Sie mir noch mal ein Ständchen singen? Das ist aber nett.«

Hans holte die Kopie seiner alten Dienstmarke heraus. »Kriminalhauptkommissar a. D. Blickenrieder. Frau Friebel, dürften wir bitte mal einen Blick in Ihre Gartenlaube werfen?«

Waltraud Friebels Körper durchlief ein Zittern. Aus und vorbei! Die vier hatten sie entdeckt und überführt. Tränen liefen ihr links und rechts die Wangen herunter. Nina brach es das Herz. Sie löste eine Hand von ihrem Rollator und umarmte Waltraud, die sich an ihrer Schulter ausweinte. »Mein Mohrle ist doch vor zwei Monaten hier vor dem Haus überfahren worden und dann ist die

Mauntsi darüber vor Gram einfach gestorben. Das ist so schlimm.«

»Und deswegen haben Sie die Katzen entführt, damit Sie wieder neue haben und nicht so alleine sind?«

»Nein! Nein! Die ersten zwei sind mir zugelaufen. Und als eine nach der anderen bei mir im Garten vorbeigekommen ist, da habe ich sie zu mir in die Laube gelassen, damit sie nicht auch noch überfahren werden.«

Nina wischte sich mit dem Zeigefinger der rechten Hand eine Träne aus ihrem linken Augenwinkel. »Waltraud, pass auf! Da machen wir jetzt was draus. Wir vier haben allein durch unsere Tischgespräche, durch unsere Kommunikation, wieder neuen Lebensmut gefunden. Das bekommen wir jetzt für dich auch hin.« In Waltrauds Augen trat ein Hoffnungsschimmer. Gemeinsam setzten sie sich an den Gartentisch und beratschlagten zusammen das weitere Vorgehen.

Drei Tage später hatte die *Sokocat* eine Wiedervereinigungsparty für die Katzen und ihre ursprünglichen Besitzer:innen im Herzensgut organisiert. Elfriede hatte diverse Arbeits- und Koordinationsgruppen ins Leben gerufen. Bereits am nächsten Vormittag beim Frühstück war die Kommunikation eine ganz andere als sonst üblich. An fast allen Tischen hörte man fröhliche Gesprächsfetzen. Nina hatte auf die Schnelle eine spezielle Singgruppe gegründet. Direkt nach dem Frühstück hatte sie die erste Probe angesetzt. Elfriede hatte sich als Kopf einer Poesie- und Prosagruppe in Szene gesetzt und acht Frauen um sich geschart. Hans berichtete einer größeren Runde von Senior:innen über seine Erfolge als Kommissar und Walter wurde nicht müde, seine Ermittlungsdetails zum Besten zu geben. Drei Altenpfleger hatten sich bereiterklärt, die Katzen auf Leiterwagen ins Herzensgut zurückzuholen. Zwei von den weiblichen Angestellten besuchten die Katzenbesitzer:innen der Gegend, um sie für den übernächsten Tag ins Herzensgut einzuladen.

Dann war der große Tag gekommen. Gespannt warteten die Katzenbesitzer:innen auf das, was auf sie zukommen sollte, als sich die Tür zum großen Saal öffnete und die drei Pfleger mit den verschiedenen Katzen auf den Leiterwagen durch die Eingangspforte schritten. Es war ein Bild wie beim Kapitänsdinner in der Traumschiffserie. Nina stimmte mit ihrer Gesangsgruppe den Katzensong an, den sie schon wenige Tage zuvor bei Waltraud Friebel gesungen hatten. Jetzt sprangen die Katzen von ihren Wagen, liefen zu ihren Besitzer:innen und umkreisten deren Beine. Tränen der Rührung liefen allen über die Wangen, als Elfriede nun mit ihrer Gruppe mehrere Katzengedichte vortrug. Und dann präsentierte Hans Waltraud Friebel gekonnt als die Katzenretterin. Dreißig Minuten später waren alle Tische zu einer großen Tafel zusammengestellt. Hätte die Aktion draußen unter Bäumen im Sonnenschein stattgefunden, so hätte man denken können, bei einer italienischen Großfamilie in der sonnigen Toskana zu sein, so laut war das Geschnatter. Aus dem bis vor Kurzem noch so ruhigen Herzensgut schien ein Kommunikationszentrum geworden zu sein. Eine der Katzenbesitzerinnen, Anna Dombrowsky, setzte sich nun zu Waltraud Friebel.

»Meine Katze Susi bekommt bald Junge, Frau Friebel.

Wenn Sie möchten, würde ich Ihnen gerne zwei schenken. Bei Ihnen sind sie gut aufgehoben.« Waltraud Friebel liefen vor Glück die Tränen aus beiden Augen. Sie umarmte Anna Dombrowsky so fest, dass die sich nach einer halben Minute wegen Atemnot aus der Umklammerung löste. Jetzt strahlten sich beide an.

Am Ende des Nachmittags beschlossen alle zusammen, jetzt vierzehntäglich einen solchen Treff im Herzensgut zu veranstalten. Überall sah man nur noch strahlende Gesichter. Am nächsten Tag stellten sich drei Mitglieder der *Sokocat* vor die anderen Residenzbewohner:innen.

»Das war jetzt so ein schönes Erlebnis, das sollte man nicht einschlafen lassen. In uns allen steckt doch noch so viel drin. Wir schlagen vor, dass wir die verschiedenen Gruppen beibehalten: die Ermittlergruppe für zukünftige Kriminalfälle, die Songgruppe und unsere Poesie- und Prosagruppe.« Hans blickte auf. »Wo ist eigentlich Elfriede?« Gerade kam sie den Gang entlang, eine Zeitung unter dem Arm. Hans fuhr fort. »Für weitere Gruppen kann man natürlich auch noch Vorschläge machen.« Applaus erfüllte den Raum.

»Ich würde eine Vorlesegruppe vorschlagen«, hörten sie jetzt vom Tisch mit der grünen Decke rechts neben der Eingangstür zum Speisesaal.

»Bei mir kann man sich zur Einkaufsgruppe melden«, schlug Walter vor. »Natürlich bleibe ich aber auch in der *Sokocat*. Und außerdem schlage ich vor, das *Herzensgut* jetzt in *Kommunikationszentrum Herzensgut aktiv* umzubenennen.« Wieder brandete Applaus auf. Die Zustimmung war phänomenal. Man einigte sich, gleich ein neues großes Türschild zu schreiben und Nina wollte für ein peppiges Banner am Haupteingang sorgen.

»Elfriede, warum kommst du denn so spät?«, wollte Walter wissen und wandte sich Elfriede zu. »Ich habe was in der Zeitung gelesen. Da gibt es so eine Betrügergruppe, die wohl mit dem Enkeltrick Senior:innen das Geld aus der Tasche zieht. Ich denke da sollten wir mal…!«

Fünf Minuten später saß die *Sokocat* wieder zusammen und diskutierte. Aber auch an den anderen Tischen hatte die Kommunikation die Stille verdrängt. Leben war in das neue *Kommunikationszentrum Herzensgut aktiv* zurückgekehrt.

#Lachen

»Lachen bedeutet loslassen.«

COCO

Nehmen Sie sich bitte einen kurzen Moment Zeit und denken an eine Situation, als Sie das letzte Mal so richtig herzhaft gelacht, sich vor Lachen gekugelt oder gar einen »Lachflash« gehabt und sich den Bauch gehalten haben.

Haben Sie eine? Sehr schön! Wenn nicht, *gibt es vielleicht einen Lieblingswitz, der Sie immer wieder von Neuem zum Lachen bringt? Oder etwas anderes, worüber Sie immer wieder lachen können?*

Wunderbar. Dann geht's weiter im Text.

Was nehmen Sie an sich wahr, wenn Sie an diese vergangene Situation denken? Verändert sich innerlich oder äußerlich etwas?

Das Wunderbare am Lachen ist, dass es uns Menschen in die Wiege gelegt ist. Der Lachreflex ist ein Geschenk, das seine emotionale Wirkung vor allem in der Gemeinschaft mit anderen Menschen voll und ganz entfalten kann. Dabei unterscheidet sich das Lachen sicht- und hörbar von einem bloßen Lächeln. Stimmt's?

Übrigens gibt es drei unterschiedliche Lacharten:

Das *Bekundungslachen,* das willkürlich und ohne Vorwarnung aus uns herausplatzt, das *Interaktionslachen*, mit dem wir uns bewusst mit anderen Menschen verbinden und das *Resonanzlachen*, das wir alle kennen, wenn wir zum Beispiel einen Film anschauen, der uns zum Lachen bringt.

Dabei kann Lachen eine Reaktion auf unterschiedliche Situationen sein. Man kann bei etwas Komischem oder Lustigem lachen, kann es als Abwehrmechanismus vor Angstzuständen nutzen oder man lacht nach einer gefährlichen Situation, um angestaute Emotionen zu entladen. Sie sehen, Lachen hat mehrere Ursachen und wird auf verschiedenen Ebenen unterschiedlichst motiviert.

Aber eins ist Fakt:

Lachen stärkt die soziale Beziehung auf großartige Art und Weise und ist die beste Medizin. Kostet nichts und trägt zum körperlichen und seelischen Wohlbefinden bei. Klinische Untersuchungen haben gezeigt, dass intensives und häufiges Lachen sich positiv auf das Herz-Kreislauf-System auswirkt. Der Körper produziert beim Lachen Glückshormone und reduziert Stresshormone. Zudem wirkt ein herzhaftes Lachen äußerst ansteckend, ist kommunikativ und trägt zu sozialer Bindung bei.

Das alles sollte Grund genug sein, öfter als 15 mal am Tag zu lachen. Egal worüber. Denn laut einer Studie lachen Kinder 400 mal am Tag, wohingegen Erwachsene nur 15 mal am Tag lachen. Doch es gibt auch Tage, an denen wir nichts zu lachen haben. Jetzt könnten wir den ganzen Tag eine Schnute ziehen oder mit einem grimmigen Gesicht herumlaufen und warten, bis der Tag endlich zu Ende ist. Doch bringt uns das wirklich weiter? Welche Auswirkungen hat das auf unseren Körper und unser Leben?

In solchen Situationen kann es helfen, sich an etwas Schönes oder Witziges, wie anfangs beschrieben, zu erinnern oder Sie stellen sich mutig vor den Spiegel, ziehen Ihre Mundwinkel nach oben und schauen sich selbst an. Irgendwann werden Sie an den Punkt kommen, an dem sich Ihr Gemüt ein wenig verändert. Und vielleicht huscht Ihnen ein sanftes Lächeln übers Gesicht. Ein Lächeln tut auch schon gut und ist der kleine Bruder oder die kleine Schwester des Lachens.

In diesem Sinne wünsche ich Ihnen viele »Lacher« und heitere Momente, die Ihren Tag versüßen.

Lachen

»Kannst du Markus bitte im Kindergarten abholen, ich habe noch so viel zu tun?! Das wäre jetzt eine richtige Hilfe und Erleichterung für mich.« Monika blickte ihren Ehemann Holger flehentlich an, der tief versunken in seinen PC schien.

»Mmh? Was?« Er schien sie überhaupt nicht zu hören.

»Holger! Hast du mich verstanden?«

»Ja. Ja. Alles okay.«

»In 20 Minuten ist der Kindergarten aus.«

»Ja! Nerv mich nicht.« Holger hörte seiner Frau überhaupt nicht zu. Er war vollkommen vertieft in seine Arbeit. Seitdem er wegen der Corona-Pandemie zu 90 Prozent im Homeoffice arbeitete, saß er nur noch vor dem PC. Monika verzweifelte langsam an ihrem Mann. Das war doch vor zwei Jahren alles noch einfacher gewesen. Da war er morgens um 7.30 Uhr zur Arbeit gefahren und gegen 17 Uhr wieder zurückgekommen. Dann hatte er sich meistens Zeit für sie und ihren Markus genommen. Aber jetzt!? Jetzt saß er in der Regel mit Jogginghose, T-Shirt, unrasiert den ganzen Tag am PC. Monika wusste gar nicht, ob er irgendwelche Computerspiele machte oder tatsächlich arbeitete.

»Ich muss gerade noch den Auftrag mit Plastro-Müller abwickeln«, antwortete er ihr. »Dann gehe ich. Mach dir keine Gedanken.« Er fuhr sich mit der linken Hand durch sein allmählich schütter werdendes Haar und starrte gebannt auf den Bildschirm.

»Holger, was ist? Gehst du oder muss ich das machen?«

»Nein! Nein! Ich gehe.« Drei Minuten später stand Holger in der Haustür. Jogginghose, verkleckertes T-Shirt, Badelatschen.« »Also Monika, ich gehe dann mal.«

»Holger, so kannst du doch nicht durchs Dorf.«

Zwei Minuten später verließ er in Jeans, Kapuzenpulli und seinen Halbschuhen das Haus. »Bis gleich!« »Bis gleich!«

Auf dem Weg zum Kindergarten ging Holger noch einmal den Auftrag mit Plastro–Müller durch. »Wenn ich denen das jetzt vorschlage, dann können die gar nicht anders. Dann müssen sie eigentlich…« Er fingerte sein Handy aus der rechten Hosentasche, googelte Plastro-Müller. Er war total in Gedanken und seine Arbeit versunken. Wie in Trance erreichte er den Kindergarten. Er war der Erste. Holger blickte auf seine Uhr. Zehn Minuten zu früh. Warum hatte seine Frau ihn so hetzen müssen? Die zehn Minuten hätte er sich locker sparen können.

»Kommen Sie doch noch herein! Sie können gerne zuschauen. Wir haben gerade eine Kasperletheatervorführung und Ihr Sohn amüsiert sich prächtig.«

»Naja. Bevor ich hier draußen nur herumstehe, komme ich besser rein.« Leicht gelangweilt betrat Holger den Kindergarten und setzte sich auf einen kleinen Kindergartenstuhl hinter die rund 28 Kinder, die gebannt die Vorführung in sich aufsaugten. Helles Kinderlachen erfüllte durchgängig den Raum. Er beobachtete seinen Sohn in der Mitte der Kinderschar. Markus freute sich unbändig. Die blonden Haare fielen ihm über die Stirn. Die Hände waren übereinandergeschlagen und die Füße zappelten im Takt der Vorführung mit. Sein Sohn war vollkommen gefangen von der Geschichte. Als das Krokodil die Oma gerade fassen wollte, herrschte absolute Ruhe und Anspannung. Doch dann kam der Kasper mit seiner Klatsche und vertrieb das Ungeheuer, was zu einem befreiten Lachen auf allen Kindergesichtern führte. Fünf Minuten später war das Theater beendet. Markus blickte seinen Vater an und flog ihm in die Arme.

»Kasper hat das Krokodil erledigt. Alle sind gerettet. Was gibt es heute zum Mittagessen?«

»Weiß nicht genau. Aber Mama wollte, glaube ich, Makkaroni mit Tomatensoße machen.«

»Oh super! Die kann man sich so richtig schön reinziehen.« Markus strahlte über das ganze Gesicht. »Papa, das war richtig lustig mit dem Kasper. Ich habe die ganze Zeit nur gelacht.«

Holger blickte seinen Sohn an, den er nun an der rechten Hand hatte und mit dem er vor der Ampelanlage stand. Rot. Jetzt sprang die Fußgängerampel auf Grün. »Papa, wir können gehen! Ist Grün!« Gemeinsam gingen sie über die Straße. Immer wieder blickte Holger seinen Sohn an, der unentwegt vom Kasperletheater schwärmte und lachte. Plastro-Müller ging ihm durch den Kopf. Das musste er heute unbedingt noch fertig machen. Dann blickte er wieder auf seinen Sohn an der Hand, der vor lauter Freude neben ihm ganz aufgeregt hin und her sprang und lachte. Holger kam immer mehr ins Grübeln.

»Papa, der Kasper war klasse. Wie der das Krokodil verscheucht hat.«

Das kindliche Lachen hatte etwas, dachte sich Holger, als er seinen Sohn betrachtete. Das war doch das wirkliche Leben. Fünf Minuten später kamen sie zu Hause an.

»Die Makkaroni sind fertig. Setzt Euch!« Alle drei saßen um den Küchentisch und freuten sich an dem leckeren Nudelgericht. Die Tomatensoße spritzte rechts und links. Holger und Markus hielten sich den Bauch vor Lachen. Marion blickte die beiden mit einem entsetzten Blick an. »Ihr macht ganz fürchterliche Flecken. Könnt ihr nicht...?« Markus und Holger lachten, als gäbe es kein Morgen. »Lässt sich waschen. Hab dich doch nicht so. Hauptsache Spaß. Es gibt so viel Schlimmeres in der Welt. Da machen die paar Flecken doch nichts aus. Sie machen das Leben einfach bunter.« Marion runzelte die Stirn. Dann entspannte sie sich und zog eine Makkaroni geräuschvoll ein. Die Tomatensoße spritzte nach links und rechts. Die Tischdecke wurde von Minute zu Minute mehr und mehr mit roten Punkten verziert. Alle drei lachten und hatten einen riesigen Spaß an dem Mittagessen.

»Was hast du heute Nachmittag noch zu tun, Holger?«

»Plastro-Müller, aber das kriege ich auch noch hin.« Holger lachte. Das Kasperletheater hatte ihn etwas zum Umdenken gebracht.

#Mond

»Der Mond ist die Sonne der Nacht.«

KURT WOLFGANG RINGEL

Der allgegenwärtige Mond ist neben der Sonne der Himmelsköper in unserem Sonnensystem, der am auffälligsten ist. Denken Sie einmal an eine sternenklare Nacht, wenn der Mond in seiner vollen Größe am Firmament leuchtet und strahlt. Pure Faszination erleben wir vor allem bei einer totalen Mondfinsternis, bei der der Mond komplett in den Schatten unserer Erde wandert und sich als »Blutmond« präsentiert. Dann werden Teleskope ausgefahren, Handys und Fotoapparate gezückt, um diesen besonderen Moment festzuhalten. Würden wir zu diesem Zeitpunkt auf dem Mond verweilen, könnten wir von dieser Perspektive aus eine ringförmige Sonnenfinsternis beobachten.

Der Mond mit seinen Mondphasen spielt seit Anbeginn der Menschheit eine bedeutende Rolle und wird in vielen Kulturen mit der Eigenschaft der Fruchtbarkeit in Verbindung gebracht. Er hat auch Auswirkungen auf unsere Erde. Belegt sind die Einflüsse seiner Gravitation auf die Gezeiten, Ebbe und Flut, mit der er ganze Ozeane in Bewegung bringt. Zugvögel und einige nachtaktive Insekten nutzen ebenfalls die Bewegung des Mondes, um die Himmelsrichtungen zu bestimmen. Auch gibt es einige Krabben und Fische, bei denen das Fortpflanzungsverhalten im Zusammenhang mit den Mondphasen steht. Allerdings gibt es keine wissenschaftlich fundierten Hinweise, dass der Mond zum Beispiel Einfluss auf unser Schlafverhalten oder unsere Psyche hat – und dennoch nehmen die Menschen es individuell unterschiedlich wahr, was ja auch okay und berechtigt ist. Es gibt Menschen, die sich beim Haareschneiden, Blumenpflanzen oder anderen Dingen nach den Mondphasen richten, die in Mondkalendern aufgelistet werden. Aus eigener Erfahrung kann ich sagen, dass die Haare langsamer wachsen, wenn ich sie bei abnehmendem Mond schneiden lasse.

Vielleicht haben Sie so etwas auch schon festgestellt?

Der Mond ist neben der Erde der einzige Himmelskörper, der bis heute von einem Menschen betreten wurde. Am 21. Juli 1969 betrat Neil Armstrong als erster Mensch den Mond und schrieb Raumfahrtgeschichte mit seinem berühmten Satz: »Dies ist ein kleiner Schritt für einen Menschen, aber ein riesiger Sprung für die Menschheit.«

Der Mond wird wohl auch noch viele weitere Jahrzehnte Forschungsobjekt bleiben und uns immer wieder mit seinem Schauspiel und seinen Phänomenen faszinieren und begeistern.

Und vielleicht gibt es den Mann im Mond ja wirklich? Dann können wir ihm das nächste Mal zuwinken und mit ihm den Refrain des Liedes *Mann im Mond* von Gus Backus singen: »Manchmal wird der Mann im Mond für seinen treuen Dienst belohnt und wenn du ihn ganz lieb anschaust, dann holt er die Laterne raus.«

Schöne Grüße an den Mann im Mond!

Mond

Äußerst gut gelaunt packte Christopher an diesem Tag seinen Rucksack. Er blickte durch das Küchenfenster nach draußen zum Himmel, der sich ihm in einem strahlenden Blau präsentierte. Die Sonne stand schon hoch. Die Tanne, die gegenüber seines Hauses genau in seinem Blickfeld lag, bewegte sich leicht im lauen Wind. Jetzt kam die rotbraune Katze, die seit Jahren ein neues Zuhause beim Nachbarn am Ende der Straße gefunden hatte, unter dem alten blauen BMW hervorgeschlichen. Christopher verfolgte sie mit seinen Augen, aber mit seinen Gedanken war er längst einige Stunden weiter.

Heute stand die letzte große Wanderung vor seiner lang geplanten Alpenüberquerung an. 35 Kilometer hatte er sich für diesen Tag vorgenommen. Es sollte seine letzte harte Trainingseinheit werden, bevor er zu seiner großen Tour von Pfronten im Allgäu nach Venedig aufbrechen wollte. Heute noch einmal sich alles abverlangen, noch einmal seinen Körper richtig fordern. Dann würde er wissen, ob er wirklich für diese anstrengende Tour gerüstet war. Der Tee in der Warmhaltekanne fand nun neben den Landjägern und den Müsliriegeln Platz. Für genügend Verpflegung war auf jeden Fall gesorgt. Jetzt noch eine Packung Blasenpflaster in das andere Fach. Fertig. Christopher strich mit der rechten Hand über seinen graublauen Rucksack. Er blickte auf sein linkes Handgelenk. 15 Uhr. Er hatte sich bewusst für diesen späten Startzeitpunkt entschieden, damit er heute mal testen konnte, ob und wie er sich auch bei einbrechender Dunkelheit orientieren konnte. Sieben Stunden wollte er heute wandern. Etwa für 22 Uhr hatte er seine Rückkehr geplant. Die Länge seiner Wanderstrecke machte ihm nichts aus. Aber das Laufen in die Nacht hinein, das hatte er bis zum heutigen Tag noch nicht trainiert. Ein letzter Schluck Kaffee. Er stellte die Tasse in die Spülmaschine und trat vor das Haus. Christopher drückte auf seine Funktionsuhr, mit der er die Kilometer festhalten wollte, und schaltete auch die Running App auf seinem Smartphone ein. Alles perfekt. Bald hatte er die Straße verlassen und marschierte auf dem aus dem Dorf herausführenden Weg in Richtung des großen Waldgebietes. Hier kannte er sich bestens aus. Ein laues Lüftchen wehte ihm von hinten in den Rücken. Ab und zu begegnete er Wanderern, die ihre Tagestour beendeten und nach Hause strebten. »Willst du noch weit heute?«, wurde er von einem Entgegenkommenden gefragt. »An deiner Stelle wäre ich vorsichtig. Da braut sich heute noch etwas zusammen. Wenn ich du wäre, würde ich lieber umdrehen. Denke, dass da hinten ein Gewitter aufzieht.«

Christopher blickte ihn lachend an. »Nach meiner App müsste es weit an uns vorbeiziehen. Und außerdem will ich heute mal eine längere Tour machen. Will demnächst über die Alpen. Und da wird bestimmt nicht jeder

Tag nur mit schönem Wetter verlaufen.« Sein Gegenüber blickte ihn mit einem Stirnrunzeln an. »Naja! Du musst es ja nicht unbedingt herausfinden. Ich würde umdrehen.« Er zeigte auf die von Westen immer dunkler werdenden heranziehenden Wolken. »Ach was, das packe ich schon. Kenne mich hier einigermaßen aus.« »Du musst es wissen. Ich sehe auf jeden Fall zu, dass ich nach Hause komme. Dann alles Gute.«

»Danke! Noch einen schönen Tag.« Christopher marschierte weiter. Der Wind nahm immer mehr zu. Die Wipfel der Bäume begannen sich zunehmend in den Luftströmungen zu biegen. Christopher blickte nach oben. Es sah schon bedrohlich aus, aber er wollte sich nicht von seinem Vorhaben abbringen lassen. »Denk dir einfach, dass die Bäume eine La-Ola-Welle für dich zelebrieren. Die La-Ola-Welle auf der Zielgeraden.«

Er blickte auf seine Uhr. Nach seiner Berechnung müssten es noch höchstens acht oder neun Kilometer sein. Er drückte auf den Knopf links, um an seiner Uhr das Licht einzuschalten. Dunkelheit und Nacht brachen nun doch schneller herein als an anderen Tagen. Er spürte erste Regentropfen auf seinem Körper. Sie waren noch klein. Doch jetzt gewannen sie an Größe und das Nass, das vom Himmel prasselte, nahm von Sekunde zu Sekunde zu. Christopher lief zu der auf der rechten Seite etwas weiter im Wald entfernt stehenden Hütte. Im Schutz der Holzabdeckung zog er sich seine Regenjacke und Regenhose über. »Naja, ein paar Minuten kann ich mich hier ja unterstellen. Wird gleich schon wieder besser werden.«

Der Wind hatte sich mittlerweile zu einem kleinen

Sturm entwickelt. In zehn Metern Entfernung brach ein Ast von einem Baum und krachte auf den Waldboden. Blätter und kleine Zweige wurden von den stärker werdenden Luftströmungen an ihm vorbeigetrieben. Die Verankerung des hölzernen Fensterladens wurde vom Sturm losgerissen. Jetzt klapperte dieser ständig an die Außenwand der Hütte. Christopher kam es vor, als höre er die Trommelschläge des Einpeitschers einer alten Galeere.

Der Mond, der bis vor wenigen Minuten noch mit seinem fahlen Licht die ganze Szenerie ein wenig erleuchtet hatte, war mittlerweile gänzlich hinter der dunklen Wolkenwand verschwunden. Der Wald war vollkommen in Schwarz getaucht. Angst fuhr in seinen Körper. Christopher fühlte, wie ein kaltes Kribbeln in ihm, an den Füßen beginnend, hochstieg. Es war als würden Hunderte von Ameisen und Spinnen seine Beine hochklettern. Jetzt waren sie schon am Bauch und an seiner Brust. Mit beiden Händen klopfte er seinen Körper ab. Aber das Gefühl, dieses eklige Gefühl, ließ nicht nach. Christopher wurde es immer kälter. Erneut brach ein Ast von dem links neben ihm befindlichen Baum ab. Jetzt verringerte der Sturm seine Geschwindigkeit. Christopher ging zur Tür der Hütte. Er tastete nach dem Türgriff. Geschlossen. Seine Hände fuhren über das Türblatt. Ein großer Eisenriegel, der von links nach rechts angebracht war, versperrte den Zugang zum Inneren. Mit seiner rechten Hand zog er sein Handy aus der Tasche und wollte mit der Taschenlampe die Dunkelheit durchbrechen. Seine Finger zitterten, als würden sie sich in einer Steckdose befinden. Er versuchte sein Smartphone festzuhalten, den Knopf für das Licht zu finden. »Platsch!« Der rechts neben ihm stehende und mittlerweile mit Wasser gefüllte Eimer fing sein Telefon auf. Schnell bückte er sich. Er tastete die Umrandung des hölzernen Gefäßes ab und suchte mit beiden Händen auf dem Boden. Glücklich zog er es aus dem Wasser. Taschenlampenknopf drücken. Dunkel. Nichts regte sich. Schwarz. Die letzte Möglichkeit, Licht in das Dunkel zu bringen, war vergeben.

Christopher kauerte sich auf den Boden. Er konnte doch nicht die ganze Nacht hier hocken. Jetzt hörte er links oben über sich den Schrei eines Uhus oder eine Eule. Was es genau war, wusste er nicht. Ein Gefühl von Ohnmacht überfiel seinen Körper erneut. Hin und wieder knackte es im Unterholz. Er hörte, wie ein Rudel Tiere, wahrscheinlich Rehe, nur wenige Meter an ihm vorbeisprang. Und immer wieder das Rufen des Uhus oder der Eule. Christopher versuchte, seine Augen an die Dunkelheit anzupassen, doch es gelang ihm nur ansatzweise. Mit beiden Händen fuhr er noch einmal die Fassade der Holztür ab. Er wusste nicht, wie lange er jetzt schon hier kauerte. Sein Handy hatte er zwar aus dem Wassereimer gefischt, aber jetzt war es unbrauchbar. Auch die Beleuchtung seiner Fitnessuhr funktionierte nicht mehr. Als er bei der Hütte Schutz gesucht hatte, war es ungefähr 20.30 Uhr gewesen. Er versuchte, sich die Zeitspanne seitdem zu vergegenwärtigen und zu rekapitulieren. Vielleicht war es jetzt 21 oder 21.30 Uhr.

Er musste hier weg. Aber wohin? Wohin bloß? Er hatte vollkommen die Orientierung verloren. Aber hier bleiben bis es hell würde, das war unmöglich. Die ganzen Tiere um ihn herum. Die konnten sich bestimmt orientieren. Die waren es gewohnt. Aber er? Sein Blick ging wieder zum Himmel. Eine dicke Wolkendecke lag über den Bäumen. Von da oben konnte er kein Licht erwarten. Christopher streckte beide Arme aus und tastete sich vorwärts. Zentimeter für Zentimeter. Mal hielt er sich an einem Fichtenzweig mit der Hand fest, Sekunden später wischte ihm etwas Undefinierbares durch das Gesicht. Aber er gab nicht auf. Irgendwo musste der Weg doch sein. So weit weg war er doch gar nicht. Jetzt, jetzt glaubte er, die richtige Richtung eingeschlagen zu haben. Er tastete sich zügiger voran, die Augen in der Dunkelheit weit aufgerissen.

»Verdammter Mist! Verdammte Sch...!« Christopher brüllte so laut er konnte in den Wald hinein. Seinen ganzen Frust legte er in diesen Schrei. Über ihm erhoben sich einige Vögel in die Luft, kreischten. Ihre Flügelschläge waren überdeutlich über ihm zu hören.

»Verdammt! Bin im Kreis gelaufen.« Seine Hände ertasteten erneut den Verschlussriegel vor der Tür der Waldhütte. Christopher, auf dem Boden hockend, lehnte sich mit dem Rücken an die Holztür. Er war doch wahrscheinlich nur noch sieben Kilometer von zu Hause entfernt. Ernüchtert und mutlos legte er den Kopf auf seine Unterarme, die er auf seinen Knien platziert hatte. Es würde ihm nichts anderes übrig bleiben, als hier auszuharren, bis der Morgen anbrach. Jetzt fing er an zu frösteln. Ein Zittern lief durch seinen Körper. So verharrte er zwei bis drei Minuten. Dann hob er seinen Kopf. Was war das? Jetzt konnte er die Konturen der Bäume viel besser erkennen als noch vor ein paar Minuten. Sollte es doch noch ein Wunder geben? Christopher rieb sich die Augen. Dann wanderten seine Blicke wieder nach oben. Durch die Wipfel der Bäume sah er, wie die große dunkle Wolkendecke sich verzog und den Blick auf den Mond frei gab. Jetzt war schon die Hälfte des gelben Himmelgestirns zu sehen. Es war ein gespenstisches Licht. Aber es war Licht. Christopher richtete sich langsam auf. Wenn das so weitergeht, dann müsste der Mond bald vollkommen freigelegt sein.

»Los, verzieh dich, du blöde Wolke! Hau ab!«, brüllte er das dunkle Wolkengebilde über sich am Himmel an. Und es schien ihn zu erhören. Zentimeter für Zentimeter wanderte die Wolkenschicht weiter und legte den Mond frei. Das alte Kinderlied fiel ihm ein: »Sonne, Mond und Sterne...« Auch Drafi Deutscher hatte vor Jahrzehnten mal einen Schlager rausgebracht. Wie hieß der noch? Ja genau! *Ich hab den Mond in meiner Tasche.«*

»Wenn ich jetzt den Mond über mir habe, dann finde ich hier auch wieder raus.« Fünf Minuten später lagen die Bäume im fahlen Mondschein vor ihm. Jetzt glaubte er auch wieder die Richtung zu erahnen, aus der er gekommen war. Christopher zog noch einmal die Tragegurte seines Rucksacks stramm, sodass dieser straff an seinem Rücken anlag. Jetzt hörte er ein Grunzen und ein Scharren im Waldboden, gar nicht weit entfernt von ihm. Wildschweine! Noch konnte er nicht los. Die mussten erst vorbeigezogen sein. Er traute sich kaum noch zu atmen, rückte keinen Meter von der Stelle. Dann kehrte Ruhe ein. Christopher blickte dankbar nach oben. Noch immer sandte der Mond sein Licht auf die Erde und gab ihm jetzt und hier Orientierung. Vorsichtig, damit er nicht umknickte, fand er nun wieder den Weg aus dem Baumgewirr und stand Minuten später auf dem Waldweg. Er blickte sich nach allen Seiten um. Da hinten beschien der Mond eine Häuseransammlung. Da war ein kleines Dorf. Er schätzte die Entfernung auf etwa 1,5 Kilometer. Der hoch aufragende Kirchturm war angestrahlt und wurde zusätzlich von seinem leuchtenden Wegweiser am Himmel über ihm in ein fahles Licht getaucht.

»Wo eine Kirche ist, ist auch eine Kneipe«, wusste Christopher. »Da laufe ich jetzt hin.« Immer wieder blickte er zum Himmel. Aber die Wolken hatten sich verzogen und gaben dem Mond freie Bahn, sein Licht auf die Erde zu senden. Zwanzig Minuten später hatte er das Gasthaus erreicht. Ermattet ließ er sich auf dem Stuhl neben dem Stammtisch nieder, an dem sich fünf ältere Einwohner gerade über die Versteigerung der Abholzflächen unterhielten. Christopher trank einen heißen Grog, um wieder Wärme in seinen Körper fließen zu lassen. Dann bestellte er sich ein Taxi und ließ sich die restlichen fünf Kilometer nach Hause fahren. Nach einer heißen Dusche stand er im wohlig warmen Jogginganzug an seinem Küchenfenster. In seiner rechten Hand hielt er ein Glas funkelnden Rotwein. Er setzte es an seine Lippen, nahm einen Schluck und ließ den Rebensaft langsam über seine Zunge gleiten. »Herrlich!«

Schräg über ihm schien der Mond in seiner vollen Pracht. Christopher suchte in seiner Schallplattensammlung. Bald hatte er die alte Scheibe von Drafi Deutscher gefunden: *Ich hab den Mond in meiner Tasche.* Wenig später lief der Uraltschlager mit einem gehörigen Knistern. Christopher genoss es. In Zukunft würde er solche Abenteuer nicht mehr planlos angehen. Dann würde er mehr auf Sonne, Mond und Sterne achten. Die waren nicht ganz so anfällig wie sein Smartphone.

#Natur

Was verstehen Sie ganz persönlich unter Natur?
Welche Gedanken kommen Ihnen als erste dabei in den Sinn?
Was verbindet Sie mit der Natur?

Die Natur ist einfach wundervoll und vielfältig. Und
manchmal fehlen uns sogar die Worte, wenn wir etwas
Großartiges sehen und erleben und es uns sprichwörtlich
den Atem raubt. Selbst schon ein strahlend blauer Himmel und Sonne pur können faszinieren – oder ein Regenbo-
gen, der den Himmel mit seinem Farbspektrum verzaubert,
wenn die Sonne nach einem verzogenen Gewitter wieder
die Oberhand gewinnt. Oder denken Sie einmal an das Gefühl, wenn Sie nachts in den klaren Sternenhimmel blicken.

Das ist Natur pur! Von sanft bis gewaltig, eintönig bis
farbenfroh, still bis auch mal laut und tosend. Sie ist nicht
von Menschenhand geschaffen, sondern ein Erdenge-
schenk. Das Zusammenspiel von Flora und Fauna ist unglaublich facettenreich. Pflanzen, Pilze, Tiere, Steine, Erde,

Sand, Wind und Wetter. Es ist wunderbar, dass wir in unseren Breitengraden noch diesen natürlichen Kreislauf der Jahreszeiten erleben dürfen – von still, kalt und trist bis hin zu laut, heiß und farbenfroh.

Im Frühling erwachen Flora und Fauna zum Leben. Die Saat beginnt zu keimen und zu sprießen. Die Kräuter wachsen und gedeihen und laden zu einer »Energiemahlzeit« ein. Die Blätter der Bäume beginnen zu wachsen, die Knospen gehen allmählich auf. Die Erde erwacht aus ihrem Winterschlaf und jeder Tag wird etwas länger.

Im Sommer steht die Natur in voller Pracht. Die Obstbäume und Sträucher tragen Früchte, die Blumen blühen in ihren schönsten Farben, und es summt und brummt im Garten, auf den bunten Wiesen und im grünen oder schwarzen Wald.

Der Herbst ist die Zeit der Ernte. Obst und Gemüse laden auch hier zu einer köstlichen Mahlzeit ein. Dann ist aber auch Loslassen angesagt. Die Blätter tanzen im Herbststurm durch die Lüfte, es wird allmählich kühler und die Farben des goldenen Oktobers verblassen. Jetzt bereitet sich die Natur auf den Rückzug vor. Die Tiere machen sich für den Winterschlaf bereit, futtern sich noch eine Extraportion Speck an und füllen ihre Vorräte auf. Die Tage werden kürzer, es wird stiller und kälter. Alles kommt zur Ruhe... bevor die Natur im nächsten Frühling ganz von selbst in ihrem eigenen Tempo zu neuem Leben erwacht.

In jeder Jahreszeit können wir die Natur auf ihre besondere Weise erleben. Mit all unseren Sinnen entdecken, begreifen, fühlen, spüren, riechen, schmecken.

Im Winter sind wir in der frischen und eisigen Luft warm

eingepackt, wir können über die wunderbaren vom Himmel fallenden Schneekristalle staunen, wobei keines dem anderen gleicht. Kinder toben bei einer Schneeballschlacht oder bauen gemeinsam einen Schneemann.

Im Frühling freuen wir uns über die Schneeglöckchen und Frühblüher. Spüren die ersten wärmenden Sonnenstrahlen auf unserer Haut. Es riecht förmlich nach Erwachen. Im Sommer lassen wir uns die leckeren Früchte aus dem Garten schmecken, erfrischen uns im kühlen Nass und ein saftiger Salat mit Kräutern schenkt uns pure Energie aus der Natur. Der goldene Herbst, der kräftige Wind, die Drachen, die sich hoch in die Lüfte erheben.

Doch Natur ist auch ein kostbares Gut, das es zu schützen gilt. Der Mensch greift täglich in die Natur ein, was einen hohen Preis kostet. Wälder werden gerodet, um Ackerflächen für Nutztiere und für den Anbau von Futtermitteln zu generieren. Doch es werden auch Gebiete für Menschen geschaffen, die ihnen Erholung ermöglichen.

Was tragen Sie zum Erhalt unserer Natur bei?

Nun bleibt mir nur noch ein Herzensrat. Lassen Sie sich von der Natur inspirieren und folgen Sie ihrem Beispiel. Denn alles, was natürlich ist, tut Körper, Geist und Seele gut.

Natur

»Herr Haller! In fünf Minuten beginnt Ihr Meeting. Ich habe die Mappe bei mir auf dem Tisch liegen. Points: Erhöhung des Umsatzes – Abstoß der Firma Abele – Entlassung in der Entwicklung – Ausbau der Produktion – Aktienanalyse.« »Bin gerade noch im Gespräch. Komme in drei Minuten vor. Danke, Frau Strobel!« Rainer Haller drückte auf den Knopf der Telefonanlage. »So, Herr Lamottke. Habe noch eine Minute. Wir haben, denke ich, alles besprochen. Okay, schicken Sie mir Ihre Unterlagen. Melde mich bei Ihnen. Danke. Bis dann! Ja! Schöne Grüße an Ihre Gattin.« Raimund Haller schaute in den Spiegel gegenüber seines Schreibtisches. Alles okay! So müsste es passen. Er stand auf, nahm noch einen Schluck des teuren Mineralwassers und ging mit schnellen Schritten ins Vorzimmer. Frau Strobel hielt ihm schon die Mappe mit den Unterlagen hin. »Augenblick, Herr Haller.« Er blieb stehen. Sie rückte ihm die beiden Kragenspitzen seines Hemdes zurecht. »So passt's! Sehen Sie zu, dass Sie in einer Stunde durch sind. Um 13 Uhr sollten Sie oben beim Meeting mit den Chefs von Meinberg Süd, Lingen Nord und Meiningen Thüringen sein. Die müssen alle spätestens 14.30 Uhr wieder den Zug bekommen.«

»Schaffe ich.« Er griff sich die rote Besprechungsmappe und eilte an seiner Sekretärin vorbei. »Danke! Wenn ich Sie nicht hätte!« Beim Hinausgehen warf er einen kurzen Blick auf seinen im Hof stehenden Tesla. Neuestes Modell. Firmenwagen. Darin konnte er sich sehen lassen.

149

Rainer Haller eilte in den Konferenzraum. Nach einer kurzen Begrüßung ging er sofort in medias res.

»Wir werden uns von der Firma Abele trennen. Sie fährt nur Verluste ein. Herr Uhlenbrauck, kümmern Sie sich bitte darum. Vollzug bitte bei mir bis Mittwochvormittag. Alles klar?« Klaus Uhlenbrauck nickte.

»In der Entwicklung müssen wir Arbeitskräfte einsparen. Frau Kiefer, Sie machen mir bitte bis Dienstag fünf Vorschläge. Namen, Abfindungen et cetera.«

Verena Kiefer blies die Backen auf. Wie sollte sie das schaffen? Sie wusste, welche Schicksale dranhingen. Alles Familienväter. »Fragen, Frau Kiefer?« Verena Kiefer schüttelte den Kopf.

»Wir müssen die Umsätze steigern. Vorschläge von Ihnen, Herr Schulz?«

»Wir könnten die Bänder etwas schneller laufen lassen. Ich habe das schon mal berechnet.« Ralf Herber meldete sich zu Wort. »Das müsste klappen.« »Okay. Lassen Sie mir Ihre Pläne zukommen. Geht das bis Dienstag?« »Ja, denke schon!«

»Oehrle, wie sieht die Aktienlage aus?« »Gut! Wir sind gut im Geschäft. Bis in drei Wochen müssten wir im grünen Bereich sein.« »Danke. Übersicht bitte an mein Sekretariat. Haben Sie sonst noch etwas? Nicht. Dann danke ich Ihnen für Ihre Aufmerksamkeit und Kooperation.«

Rainer Haller erhob sich, nahm seine rote Mappe und verschwand mit schnellen Schritten aus dem Raum. Die Zurückgebliebenen schauten sich vielsagend an. »Es dauert nicht mehr lange, dann sitzt ein Neuer da vorne und Haller liegt tot irgendwo hier in der Firma«, bemerkte

Herr Oehrle. Klaus Uhlenbrauck schüttelte zustimmend den Kopf. »Das überlebt keiner«, fügte Verena Kiefer hinzu. Rainer Haller stürmte durch sein Vorzimmer.

»Herr Haller, hier die Mappe für das Meeting mit den Chefs. Ihr Freund Klaus Lipps hat angerufen. Er holt Sie um 14.45 Uhr zu Ihrem verlängerten Radwochenende ab. Ihr Rad bringt er mit. Ihre Radkleidung liegt im Büro.« »Radtour?« »Ja, hatten Sie vor einem Monat ausgemacht.« »Verdammt! Hätte ich fast vergessen. Okay! Bekomme ich aber hin. Danke, Frau Strobel.« Mit der linken Hand griff er den neuen Ordner, den ihm seine Sekretärin hinhielt. Nach einer Stunde hatte er auch dieses Meeting in der von ihm gewohnten Weise – schnell und dominierend – erfolgreich gestaltet. »Zeit ist Geld. Diskutieren ist teuer. Unnütze Gespräche sollte man gleich im Keim ersticken.«

Nach diesen Grundsätzen lebte er. Zurück im Büro fand er drei Telefonnummern auf seinem Schreibtisch vor. Er wählte und stellte den Lautsprecher an. Während er die Gespräche nacheinander abwickelte, zog er sich um. Jetzt hatte er sein Radoutfit an. In weiser Voraussicht hatte er seine beiden Gepäcktaschen schon vor vier Tagen gepackt. Er hatte es schon wieder vergessen gehabt. Es musste alles drin sein. Er blickte auf seine Uhr. 14.40 Uhr. Noch fünf Minuten. Auf dem Hof fuhr Klaus vor. Hinten auf dem Fahrradständer befanden sich zwei E-Bikes. Gut, dass Klaus dafür gesorgt hatte. Der war nicht so eingespannt wie er. Er eilte die Treppe hinunter. Um exakt 14.45 Uhr stand er im Hof.

»Hallo Rainer, schön dass es endlich mal klappt. Wir haben ja schon so lange nichts mehr zusammen gemacht.«

»Ja, finde ich auch. Also dann mal los. Wir wollen doch keine Zeit verlieren.«

»Augenblick, Rainer. Wir wollen eine Radtour machen und nicht ein Verfolgungsrennen bestreiten und wir sind auch nicht auf der Flucht. Also mal ganz langsam und gemach.« Klaus zog eine Radkarte heraus und breitete sie auf seinem Auto aus. »Guck mal hier. Die Strecke ist wunderschön. Ich habe gedacht, dass wir einen großen Teil am Fluss abseits der Bundesstraße entlangfahren. Da sind wir ganz in der Natur, können uns einfach treiben lassen und die Landschaft genießen. Bis Heidelberg sollten wir es bis spätestens übermorgen schaffen. Ich habe auch schon nach Übernachtungsmöglichkeiten gesucht. Und dann schauen wir uns Heidelberg an. Wird bestimmt super.«

Rainer Haller zog die Stirn in Falten. Warum hatte er sich bloß darauf eingelassen? Wie viel Zeit das jetzt wieder brauchen würde.

»Ich habe mir die Strecke auch auf mein Handy geladen. Geht ganz einfach.«

»Okay. Dann lass uns mal losfahren.« Rainer stieg auf sein Rad und stürmte los. »Halt, Rainer«, hörte er von hinten. »Da vorne müssen wir rechts. Wir müssen schon zusammenbleiben. Ich habe die Strecke genau vor mir.«

Klaus war vollkommen entspannt. Hoffentlich würde Rainer nicht die ganze Zeit so angespannt sein. Irgendwie musste er ihn doch mal von seinem Stresspegel herunterbekommen. Nach zwanzig Kilometern fuhren sie an einem wunderschönen Biotop vorbei. »Rainer, lass uns doch mal kurz Pause machen! Das ist einfach ein ganz toller und ruhiger Ort.« Klaus hielt sein Rad hinter einer Bank an, die etwa drei Meter vor der Wasserfläche des Biotops stand. Rainer tat es ihm gleich. Gemeinsam schauten sie auf das Wasser und die wunderschönen Seerosen, die sich in ihrer vollen Pracht entfaltet hatten. Es wäre ein absoluter Ort der Stille gewesen, wenn da nicht das leise Quaken unzähliger Frösche gewesen wäre. Aber diese Laute passten einfach zu dem Naturerlebnis, das sie hier vorfanden. Über ihnen zogen einige dünne Wolken am Himmel dahin, während die Sonne die grünen Nadelbäume rund um das Biotop in ein goldenes Licht kleidete. Es war, als ob ihnen die ganze Welt gehören würde. Keine Menschenseele außer ihnen hatte sich um diese Uhrzeit hierhin verirrt. Am Wochenende würde das ganz anders aussehen.

»Rainer, setzen wir uns?« Rainer blickte auf seine Uhr. Er fühlte sich noch fit. Warum sollte er schon jetzt eine Pause machen? »Wird uns guttun.« Klaus reichte ihm einen Müsliriegel. »Bevor wir weiterfahren, sollten wir noch einmal um den Teich laufen. Es ist wirklich wunderschön hier. Unser erstes Naturhighlight.« Nebeneinander gingen sie mit gemütlichen Schritten um das in der Sonne glitzernde Wasser, hörten und schauten den Fröschen zu, die von einem Blatt auf das andere sprangen. Rainer biss die Lippen aufeinander. Wenn er sich nicht alles vermiesen wollte, musste er sich jetzt wohl oder übel auf Klaus einlassen. Gott sei Dank hatte er heute Vormittag schon alles Anstehende erledigt. Jetzt hörten sie einen Specht, der irgendwo rechts von ihnen im Wald an einem Baumstamm hämmerte.

»Hörst du das, Rainer? Da rechts irgendwo.« Rainer blickte auf. »Ja, aber sehen kann ich nichts.« »Wirst du wohl auch nicht. Aber du hast ja auch noch andere Sinne, oder? Hör doch einfach mal hin!«

Das Quaken der Frösche und das Hämmern des Spechts vereinigten sich mit dem lauen Wehen des Windes zu einer harmonischen Melodie. Nachdem sie wieder bei ihren Rädern angekommen waren, setzten sie ihre Fahrt fort. Einen Kilometer weiter bogen sie auf einen asphaltierten Weg ein, an dem auf der rechten Seite ein großes Holzkreuz in die Höhe ragte. Am gegenüberliegenden Waldrand verschwanden zwei ausgewachsene Rehe mit ihren beiden Kitzen zwischen den Fichten. Die Tiere hatten sie wohl gerade kommen gesehen und suchten nun Schutz zwischen den Bäumen.

»Hast du die Rehe gesehen, Rainer?« Rainer blickte auf. »Nein! Wo denn?« »Da hinten am Wald. Du musst dich einfach umschauen. Die ganze Gegend ist doch voll mit so vielen tollen Naturerlebnissen: Tiere, Felder, Flüsse, Wälder und so weiter. Schau einfach hin, dann wirst du es schon sehen.« »Mache ich.«

Kurze Zeit später fuhren sie an einem riesigen Rapsfeld vorbei. Die gelbe Pracht schien überhaupt kein Ende zu nehmen. Rainer hielt an, stellte sein Rad ab. Nun nahm er sein Handy und machte drei Aufnahmen. »So etwas habe ich noch nie gesehen. Das ist ja pures Gold. Und wie toll das riecht.« Überwältigt standen Rainer und Klaus nebeneinander. »Was macht man daraus?« »Hauptsächlich Rapsöl. Das heißt, du kannst es auch hier in der Gegend kaufen. Du musst nicht im Supermarkt stehen und dem zurzeit fehlenden Sonnenblumenöl nachweinen!« »Mmh! Mmh!«, grummelte Rainer leise vor sich hin. »Sieht toll aus. Ist mir wirklich noch nie aufgefallen und das mit dem Öl habe ich auch nicht gewusst.«

Sie setzten ihre Tour fort und sahen auf der rechten Seite vier Störche, die auf einem abgemähten Feld standen. Rainer zeigte mit der rechten Hand auf die Tiere. Klaus beobachtete, dass sein Freund etwas ruhiger zu werden begann. Die nächsten drei Kilometer führten sie an bunten Blumenwiesen vorbei. Gelb, weiß, violett, grün, rot. Es war ein wahres Farbenmeer, das sie durchquerten. Eine Landschaft wie gemalt. Eine Stunde später hatten sie den Radweg entlang des Neckars erreicht. Rainer und Klaus schauten nach oben, wo jetzt zwei Graureiher über den Fluss dahinzogen. Sie blickten kurz nach vorne. Kein Gegenverkehr. Jetzt konnten sie die Räder langsamer rollen lassen und die beiden Vögel besser beobachten. Nach drei Stunden Fahrt durch die herrliche Flusslandschaft hatten sie ihr erstes Zwischenziel erreicht. Für ihr Abendessen suchten sie sich eine kleine Gartenwirtschaft direkt am Flussufer aus und bekamen den Tisch nahe der Wasserlinie. Sie stießen mit ihrem Weizenbier an.

»Prost, Rainer.« »Prost, Klaus.« »Und wie gefällt dir jetzt unsere Tour, Rainer?« Rainer blickte auf den langsam dahinziehenden Fluss. Das Schilfgras bewegte sich leicht im Wind und auf dem Wasser ließ sich eine Entenfamilie im abendlichen Sonnenlicht treiben, während sich am anderen Ufer drei Schwäne gemütlich platziert hatten.

»Fantastisch. Ich merke, wie ich richtig ruhig werde und schon jetzt auf dem ersten Teil unserer Tour Dinge sehe und aufnehme, die mir vorher gar nicht bewusst waren. Aber ich habe ja auch so viel im Geschäft zu tun.«

»Meinst du nicht, dass es auch mal ohne dich oder anders geht? So wie du arbeitest, überlebst du das nicht lange.«

»Ach was. Geht schon.« Aber Klaus hörte Anflüge erster Zweifel in der Stimme seines Freundes. Irgendetwas nagte an ihm. Am nächsten Vormittag setzten sie ihre Fahrradtour nach einem ausgiebigen Frühstück fort.

Die Naturerlebnisse wechselten sich in regelmäßiger Reihenfolge ab. Mal fuhren sie an Pferde- oder Rinderherden vorbei, dann thronten Burgen über den Flussufern und an den Hängen traten die Farben der Bäume in Wettstreit mit dem Grün und Gelb der Felder, unterbrochen bisweilen von den weißen Blüten der Obstbäume. Jetzt standen Schafe und Ziegen unter Bäumen, um Schatten zu suchen.

»Deutschland ist einfach schön. Ich habe nicht gewusst, dass wir so eine herrliche Natur haben. Das ist ja, als ob wir durch einen Bildband fahren«, ließ sich Rainer am Nachmittag des zweiten Tages zu einer nie erwarteten Äußerung hinreißen. Klaus schmunzelte und boxte ihm freundschaftlich mit der linken Faust an die rechte Schulter. »Sag ich doch. Man muss es nur sehen und dann auch genießen können.« Während der Fahrt nach Heidelberg vollzog sich mit jedem Kilometer, den sie radelten, eine Veränderung in dem Firmenchef. Am Sonntagabend verabschiedeten sich die beiden Freunde im Hof von Rainers Bürogebäude voneinander.

»Ich hoffe, dass ich dir nicht allzu viel von deiner kostbaren Zeit gestohlen habe, sondern dass es dir auch Spaß gemacht hat.«

»Du hast mir nichts gestohlen. Ich habe nur gewonnen. Ich habe die Natur um mich herum noch nie so wahrgenommen. Danke!«

»Hast du eigentlich noch einen CD-Player?« »Ja.« »Ich habe da was für dich. Hör sie dir mal an.« Klaus drückte ihm eine CD in die Hand. *Natural Moments.* »Danke!«

Rainer ging in sein Büro, um sich umzuziehen. Jetzt stand er an seinem großen Fenster und blickte auf den teuren Firmenwagen im Hof hinunter. Die Tage mit seinem Freund Klaus liefen erneut vor seinem geistigen Auge ab. Noch einmal fuhr er die Strecke ab. »Das hätte ich da unten in meinem Auto gar nicht alles gesehen.« Er wanderte in seinem Zimmer auf und ab. In ihm reifte ein Entschluss. In Großbuchstaben schrieb er auf ein DIN-A4-Blatt **N A T U R** . Er betrachtete das Wort: **N**ur – **a**rbeiten – **t**ötet – **u**nermesslichen – **R**eichtum. Die Wortspielerei machte ihm Spaß und langsam fing er an umzudenken. Er zog sich um und ging zu Fuß nach Hause. Pünktlich um 7.30 Uhr traf er am Montag wieder in der Firma ein. Zu Fuß. Frau Strobel blickte ihn mit großen Augen an. »Ist etwas passiert, Herr Haller?«

Rainer Haller nickte. »Ich glaube ja. Lassen Sie bitte die Abteilungsleiter Uhlenbrauck, Kiefer, Oehrle, Schulz und Herber um 9 Uhr im Konferenzraum zusammenkommen.« Als alle pünktlich eingetroffen waren, begrüßte er sie mit einem strahlenden Lächeln. Frau Kiefer wollte ihm mit aufeinandergepressten Lippen die Namensliste der zu Entlassenden überreichen. Auch Ralf Herber hatte eine Mappe mit Plänen vor sich liegen.

»Frau Kiefer, liebe Kollegen, sind Sie schon weitergekommen mit dem, was wir letzte Woche besprochen haben?« Herr Oehrle nickte. »Ich habe eine Bitte: Vergessen Sie es!«

Ungläubiges Erstaunen war in den Augen der Kolleg:innen zu sehen. Was war denn in ihren Chef gefahren? So kannten sie ihn gar nicht. Was ließ ihn derart anders denken?

Rainer Haller nahm einen grünen Edding und schrieb die Buchstaben **N A T U R** groß auf das Flipchart. »Fällt Ihnen was zu den Buchstaben ein?« Haller konstatierte nur Fragezeichen in den Augen. Herr Uhlenbrauck zuckte mit den Schultern, Frau Kiefer versuchte für jeden Buchstaben ein Wort zu finden, scheiterte aber.

»Lassen Sie es. Ich habe schon darüber nachgedacht. **N A T U R** . Die Buchstaben stehen für: Nur arbeiten tötet unermesslichen Reichtum. Liebe Kollegin, liebe Kollegen, ich habe in den letzten Tagen erfahren dürfen, in welch herrlicher Gegend wir leben. Wir haben einen so unermesslichen Schatz an Natur um uns herum, den möglichst alle genießen sollten.« Er erzählte begeistert von seinem Radausflug. »Vergessen Sie meine Anweisungen der letzten Woche. Ich würde Sie stattdessen bitten, sich mal Gedanken darüber zu machen, wie wir dies unseren Mitarbeiter:innen eventuell auch zugänglich machen können. Es müssen keine ausgearbeiteten Konzepte sein. Aber lassen Sie uns im Laufe der Woche mal Stichworte und Gedankengänge sammeln: Brainstorming. Und am Freitagvormittag um 11 Uhr treffen wir uns wieder hier, um dann erste Schritte zu planen. Es muss doch möglich sein, dass wir Naturerlebnisse und Arbeit miteinander kombinieren können. Ich verspreche mir davon unter anderem mehr Ausgeglichenheit, Wohlbefinden am Arbeitsplatz, Verbesserung der Atmosphäre und vielleicht, ja vielleicht lassen sich damit auch eventuelle Probleme im täglichen Arbeitsalltag lösen. Ich danke Ihnen. Ich freue mich auf Freitag.«

#Original

»Das Original erkennt man an seinen Brüchen,
die Fälschung an deren Fehlen.«

PETER RUDL

Wer kennt sie nicht, die vielversprechenden Slogans beispielsweise aus der Werbe- und Filmbranche: originalver-
packt, echt originale Kuckucksuhr aus dem Schwarzwald,
Originalverfilmung und vieles mehr. Der Alltag ist vollge-
packt damit. Doch was bedeutet original tatsächlich?

Ein Original zu sein bedeutet, unverfälscht und echt in
Beschaffenheit, Herkunft und Ursprung zu sein. Das, was
für Produkte aller Art gilt, gilt besonders auch für uns Menschen. Ja, wir alle sind original. Originale. Jeden einzelnen
Menschen gibt es nur ein einziges Mal, genau so wie er oder
sie ist. Ist dieser Gedanke nicht wundervoll? *Sie* gibt es nur
ein einziges Mal auf dieser Welt unter allen Erdenbürgern.
Sie sind ein Unikat! Haben Sie sich schon einmal folgende
Fragen gestellt?

*Bin ich ein menschliches Wesen, das spirituelle Erfahrungen
macht oder bin ich ein spirituelles Wesen, das menschliche Erfahrungen macht?*

Was ist Ihre ganz persönliche Meinung?

Wir kommen auf die Welt und beginnen, uns darin zurechtzufinden. Im Laufe unseres Lebens kann es geschehen, dass wir ein Stück weit die Verbindung zu unserem Ursprung vergessen oder verlieren. Warum geschieht das?

Wir wachsen bei unseren Eltern auf, werden von deren Verhalten und Sichtweisen geprägt und mit diesem Hintergrund erzogen. In Kindergarten, Schule und Gesellschaft kommen weitere Menschen dazu, die uns auf unserem Weg begleiten. Verbunden mit schönen, aber auch teilweise mit schmerzhaften Erfahrungen. Als Kinder und Jugendliche vertrauen wir diesen Menschen und glauben, dass alles so richtig ist. Wir hinterfragen manchmal zu wenig.

Und weil wir Menschen soziale Wesen sind, die sich nichts sehnlicher wünschen als Liebe, Anerkennung und Wertschätzung in der Gemeinschaft, passen wir uns entsprechend an, imitieren andere und lassen uns auch mal in Muster und Formen zwängen, um gesehen, geliebt und wertgeschätzt zu werden. In diesem Anpassungsprozess gelangen wir manchmal immer weiter weg vom individuellen Pfad unseres Selbst. Doch das muss nicht immer so weitergehen. Als Erwachsene haben wir es selbst in der Hand, unser Leben zu gestalten. Es sei denn, wir geben die Verantwortung an andere Menschen oder Situationen ab. Dann leben wir im »Opferland« und finden immer wieder eine Ausrede und eine Entschuldigung. Das Leben gibt uns oftmals Gelegenheiten, Erfahrungen zu sammeln, die uns dabei unterstützen, immer wieder von neuem die Eigenverantwortung für unser Leben zu übernehmen.

Wie kann es uns gelingen, wieder originaler zu werden

und zu sein? Authentisch und echt, so wie wir am Anfang unseres Lebens waren! Ich lade Sie zu einer entscheidenden Frage ein:

Bin und tue ich all das, was mir entspricht – oder ist etwas dabei, was ich von anderen übernommen habe und nur für diese Menschen oder diesen Zweck mache?

Was macht mich aus? Was sind meine Stärken oder wo liegt noch unentdecktes Potenzial? Wo komme ich her und wie bin ich geprägt? Was sind meine Werte? Solche Fragen können uns dabei unterstützen.

Wenn wir in stillen Momenten unserer Herzensstimme lauschen und uns diesen Fragen stellen, machen wir uns bereit, bewusst auf die Suche nach unserem Original zu gehen. Sie werden staunen, wie unverfälscht und echt Sie sein können. Manche gehen dabei in die Stille, manche wagen etwas Mutiges, erfüllen sich einen langersehnten Kindheitstraum oder was auch immer. Doch eine Gemeinsamkeit gibt es: Sie machen sich auf die Suche nach sich selbst und nehmen Kontakt zu sich selbst auf. Dieser Kontakt ist nicht im Außen zu finden, sondern nur im tiefsten Inneren. Das Außen ist lediglich der Wegbereiter und Initiator für das Innen.

In diesen Antworten liegt die Essenz verborgen. Angenommen, es gibt eine Quelle allen Seins – Gott, Schöpfer, universelle Energie oder wie auch immer Sie es nennen mögen – dann gibt es auch einen Weg, sich zurück zu verbinden und wieder Ihrem Original zu begegnen. Es ist die Reise zu sich selbst.

Mögen Sie viele stille und vor allem originale Momente mit sich selbst erleben, die Sie fühlen lassen, wie schön und wertvoll es ist, authentisch all das zu leben, was Ihnen entspricht und was sich stimmig anfühlt.

Original

Judith und Manuel freuten sich riesig auf diesen Tag mit ihren beiden Enkeln Ronja und Christopher. Zu ihrem Geburtstag hatten sie den Zwillingen einen Besuch im Freizeitpark geschenkt. Es war der größte Wunsch der Kinder gewesen, einmal einen solchen Park zu besuchen. Viele ihrer Klassenkamerad:innen hatten ihnen schon von solchen Besuchen erzählt: riesige Achterbahnen, Wasserrutschen, Karussells, überdimensionale Figuren, die durch den Park wanderten, Artistenshows in künstlich aufgebauten Arenen, Motorradrennen und so weiter und so fort. Es gab dort alles, was das Kinderherz begehrte. Ronja und Christopher hatten sich natürlich im Internet schon schlau gemacht. Besonders die Hauptattraktion, die Achterbahn Silverstar, hatte es Christopher angetan, aber auch Poseidon wollte er unbedingt fahren.

»Guck mal hier, Ronja.« Christopher zeigte seiner Schwester das Bild auf seinem Smartphone. Das ist der Blue Fire Megacoaster, der macht Loopings und dreht sich wie ein Korkenzieher. Und da steht, dass er in 2,5 Sekunden auf 100 km/h beschleunigt.« Ronja beugte sich zu ihrem Bruder und blickte ebenfalls fasziniert auf das Display.

»Traust du dich da wirklich mitzufahren?«

»Klaro! Du etwa nicht? Das wird mega übermorgen!«

Ronja schaute Christopher stirnrunzelnd an. Irgendwie hatte sie schon ein mulmiges Gefühl im Magen. Es kribbelte und fitzelte. Eine Mischung aus Vorfreude, Unsicherheit, Erlebnishunger. Alles drehte sich in ihrem Bauch, als ihr Christopher nun ein Video zeigte.

»Kann man da nicht auch rausfallen?«

»Ach Quatsch. Da passiert doch nichts. Mach dir mal nicht in die Hose.«

»Mache ich nicht. Und wenn ich dann aber doch Angst habe?«

»Dann kannst du auch was ganz anderes machen. Guck mal hier, da gibt es Kinos. Und dann...« Christopher zitterte vor Freude.

»Dann gibt es da noch verschiedene Vorführungen. Guck da! Die spanische Arena. Festspiele werden da drin gezeigt. Mit Papa haben wir doch auch schon mal solche Ritterfilme gesehen. Aber jetzt können wir uns das mal in echt, im Original, ansehen.«

Ihr Opa Manuel beugte sich über die beiden und sah ihnen über die Schultern. »Na, freut ihr euch schon auf übermorgen?«

»Opa, das war ein Megageschenk von euch. Ich freue mich so riesig. Noch zweimal schlafen, dann geht es endlich los.« Christopher zappelte auf seinem Stuhl hin und her. Er war wie elektrisiert, während Ronja ruhiger blieb. Ob sie sich wirklich trauen würde? Judith legte ihrer Enkelin die rechte Hand auf die Schulter.

»Oma, fährst du dann auch mit mir Achterbahn oder Wasserrutsche? Gehen wir zusammen zu den Festspielen?«

»Natürlich Ronja. Wir freuen uns doch auch auf den Tag.«

Jetzt lief ein Strahlen über Ronjas Gesicht und ihre Augen funkelten.

»Oma, Opa, um wie viel Uhr fahren wir denn los?«

»Ich denke, dass wir um 7 Uhr los sollten. Dann sind wir zur Parköffnung da und haben den ganzen Tag Zeit.«

»Yippie!« Christopher sprang vom Stuhl und rannte voller Freude durch das Wohnzimmer, um aber immer wieder zu seinem Handy zurückzukehren und sich die Parkattraktionen anzuschauen.

Dann war endlich der heiß ersehnte Tag gekommen. Pünktlich zur Parkeröffnung standen die vier vor der Kasse. Jetzt brauchten sie bestimmt nicht lange bei den einzelnen Fahrgeschäften zu warten.

»Was wollt ihr denn zuerst fahren?«

»Silverstar! Silverstar!«, rief Christopher voller Freude.

»Und du, Ronja?«

»Ich weiß nicht.«

»Na kommt mit, dann sehen wir uns das mal an.« Gemeinsam gingen sie zu der riesigen Achterbahn, die schon bald in ihr Blickfeld kam. Sofort stürmte Christopher los. »Auf! Los, kommt!« Während Christopher das Strahlen und die Freude aus dem Gesicht zu springen schienen, war Ronja zurückhaltender als sie die ersten dahinrasenden Achterbahngefährte sah und das Geschrei der Mitfahrer:innen hörte. Sie drückte die Hand ihrer Oma Judith. »Fährst du auch mit?« Judith hätte am liebsten auf der Stelle umgedreht. Aber sie wollte sich nichts anmerken lassen und nickte ihrer Enkelin aufmunternd zu.

»Na klar, Ronja. Das machen wir alle zusammen!« Ihr Gesichtsausdruck drückte allerdings etwas anderes aus.

Und dann ging die Fahrt los. Christopher brüllte vor Begeisterung in höchsten Tönen. Ronja erstarrte zunehmend, wenn die Bahn in die Tiefe raste. Sie klammerte sich an den Haltegriffen fest. Auch Manuels Körperhaltung versteifte sich mit zunehmender Fahrdauer. Judith sah sich auf direktem Weg in den Himmel katapultiert. »Wenn wir hier nur lebend wieder herauskommen.« Das würde ihre erste und letzte Fahrt in einem solchen Höllengeschoss gewesen sein. Dann war es endlich vorbei und sie stiegen aus. Manuel versuchte Haltung zu bewahren. Judith schwankte. Sie wusste, dass sie in den nächsten zwei Stunden nichts mehr zu essen brauchen würde und auch der Wunsch nach einem Kaffee oder Tee war ihr vergangen. Ronja drückte ihre Hand fester. »Können wir auch was anderes machen, Oma?« Judith nickte ihr dankbar zu. »Natürlich. Wir können in die spanische Arena gehen und bei den Festspielen zuschauen. Ins Kino können wir gehen. Karussell fahren. Wie du willst. Es gibt hier so viele Sachen.«

»Opa, fährst du mit mir die Wasserrutsche?« Christopher war nicht mehr zu bremsen. Manuel lachte seinen Enkel an. »Natürlich!« Irgendwie würde er den Tag schon überleben. »Wir können uns ja trennen, Judith. Dann machst du mit Ronja, was euch gefällt, und um 12 Uhr treffen wir uns beim Mittagessen im Food Loop.«

»Klasse Oma, dann möchte ich jetzt in die spanische Arena und danach vielleicht in den Island-Themenpark.« Judith und Ronja marschierten los. Wenige Minuten später saßen sie genau in der Mitte der Arena und schauten den Festspielen zu. Ronja war vollkommen fasziniert, während Judith den Klängen der spanischen Musik lauschte. Spanien! Da war sie noch nie. Das hörte sich richtig gut an. Diese feurige Musik. Das war doch richtiges südländisches Flair. »Ach, wie gerne würde ich mir das Land mal im Original ansehen.«

Sie kam nicht mehr dazu weiter nachzudenken, denn bald wünschte sich Ronja den Besuch des Island-Themenparks. Wasserfälle rauschten herab. Geysire schossen ihre Wasserfontänen in die Luft. Ein herrliches Spektakel. Und erneut geriet Judith ins Schwärmen. Vor kurzem hatten sie einen Film über Island im Fernsehen gesehen. Wunderbare und traumhafte Aufnahmen. Aber das war alles so weit weg. Da würde sie wohl nie hinkommen. Ihre am weitesten entfernten Urlaubsziele waren mal die Nordsee und der Bodensee gewesen. »Aber warum sollen wir uns das alles nicht mal im Original ansehen? So alt sind Manuel und ich schließlich auch noch nicht!« Im Klang der aufsteigenden Geysire nahmen ihre Wünsche immer konkretere Formen an. Spanien! Island! Frankreich! Italien! Ganz Europa stand ihnen doch offen. »Das machen wir.«

Judith freute sich an Ronjas verzücktem Lachen und unternahm noch eine Karussellfahrt mit ihr im British Carousel. Da klingelte schon ihr Handy.

»Hallo Judith, wir sind schon im Restaurant Food Loop. Kommt ihr auch?«

»Okay, wir sind gleich da!« Sieben Minuten später waren sie alle wieder beisammen.

»Hey Ronja, wir sind die Wasserrutsche gefahren. Das

war richtig mega. Und dann waren wir noch im… und im…« – Christopher überschlug sich schier vor Begeisterung. Dann berichtete Ronja von dem, was sie erlebt hatte. Die beiden Kinder tauschten sich voller Freude aus. Manuel und Judith schauten sich über ihre Köpfe hinweg an. Sie verstanden sich ohne Worte. Hauptsache die Kinder hatten ihren Spaß an den Achterbahnen und anderen Attraktionen. Je weiter die Zeit voranschritt, desto lauter wurde es im Restaurant. Geschirr klapperte, Kinder schrien durcheinander. Ab und zu fiel ein Tablett scheppernd zu Boden. Der Geräuschpegel schwoll immer mehr an.

»Und wie war es in euren Themenbereichen?«, wollte Manuel jetzt wissen.

»Schön! Aber Manuel, ich habe mir da auch mal so meine Gedanken gemacht. Das ist ja alles so künstlich hier. Nachgestellt! Wir sind doch immer nur in Deutschland im Urlaub gewesen.«

»Ja und? Vermisst du etwas?«

»Wie wäre es denn, wenn wir uns das, was hier künstlich errichtet worden ist, mal im Original ansehen würden? Ich meine ja nur. Wir könnten doch mal…«

»Was könnten wir mal?«

»Könnten wir nicht auch mal nach Spanien, Island oder Frankreich fahren, und uns das Ganze mal im Original anschauen? Ich würde so gerne noch etwas von der Welt sehen.«

Manuel schaute Judith mit einem liebevollen Blick an und Judith sah, dass er angebissen hatte. Den Nachmittag gestalteten sie zu ihrer aller Zufriedenheit. Auf der Rückfahrt schliefen beide Kinder gleichzeitig auf den Rücksitzen ein. Sie waren total erledigt.

»Und wo möchtest du zuerst hin, Judith?«

»Ich glaube Spanien. Das hat mich besonders angesprochen. Diese Musik, die Wärme. Vielleicht ans Meer.«

»Dann lass uns dort mal anfangen. Ab morgen starten wir mit unseren konkreten Planungen.«

Am nächsten Nachmittag saßen sie über der Landkarte von Spanien.

»Costa Brava! Das muss wunderschön sein.« Manuel holte seinen Laptop. Gemeinsam betrachteten sie die traumhaften Bilder der herrlichen Küsten.

»Guck mal da. Da kann man super wandern. Sieht fantastisch aus.«

»Komm! Dann lass es uns doch machen. Wir planen das jetzt einfach mal etwas detaillierter.« Von nun an erhielt ihre freie Zeit zu Hause eine andere Gestaltung. Sie setzten sich intensiv mit ihrer Urlaubsplanung auseinander, erfuhren über die Reiseziele schon im Vorfeld viel mehr als sonst.

Zwei Monate später wanderten ihre Blicke über das blaue Meer unter ihnen an der grünen Küste der Costa Brava. Jetzt in der Nachsaison waren kaum noch Tourist:innen vor Ort. Sie hatten den Eindruck, dass ihnen die Küstenabschnitte fast ganz alleine gehörten. Mit strahlenden Augen gingen sie durch die herrliche Landschaft. Als sie nach zwei Stunden Wanderung eine Rast einlegten und über sattgrüne Pinien und Zedern auf das blaue Wasser in der Bucht hinunterblickten, schweiften Judiths Gedanken zurück zum Tag im Freizeitpark.

»Manuel, irgendwie war mir das damals im Freizeitpark alles zu laut und zu hektisch. Aber es war auch der Auftakt zu einer Wende in unserem Leben. Im Original lässt es sich doch viel besser und unmittelbarer erleben. So eine herrliche Landschaft kann man einfach nicht nachstellen. Ich bin, glaube ich, viel lieber an den wirklichen Originalschauplätzen.«

Unter sich hörten sie das Meer rauschen. Möwen hatten sich auf der Wasseroberfläche niedergelassen oder hockten auf einem in das Meer ragenden Felsvorsprung, während über allem die strahlende wärmende Sonne thronte. Die Komposition aus Wasser, Tieren, Sonne und faszinierender Landschaft war nicht mehr zu überbieten. Sie fühlten sich wie ein Teil eines Bildbandes. Nur empfanden sie es als tausendmal schöner, denn sie waren mittendrin. Und das würde ab jetzt öfter der Fall sein.

#Pause

»Nichts bringt uns auf unserem Weg besser voran als eine Pause.«

ELIZABETH BARRETT BROWNING

Einfach mal die Pause-Taste drücken. Jetzt sofort. Stoppen, anhalten, ausruhen!

Kennen Sie diesen Gedanken und dieses Gefühl?

Gerade dann, wenn es viel zu tun gibt, Sie den Horizont vor lauter Bergen nicht mehr sehen und kein Ende in Sicht ist.

Was machen Sie in diesen Momenten? Gönnen Sie sich tatsächlich eine Pause oder übergehen Sie die Signale?

Um wirklich etwas von seiner Pause zu haben, ist es wichtig, sich einmal bewusst folgende Fragen zu stellen:

Welchen Nutzen habe ich von einer Pause und wie lange hält dieser an?

Wie sähe meine perfekte Pause aus?

Was mache ich in dieser Zeit und wie lange brauche ich Pause, um wieder mit voller Energie und neuem Elan weiterzumachen?

Die Pausengestaltung ist wohl so vielfältig und individuell wie der Mensch selbst, der sie sich gerade gönnt. Pausen sind wichtig, um sich wieder zu sammeln, Ruhe zu spüren, Klarheit zu bekommen und mit neuem Schwung an die Arbeit zu gehen. Wir legen sozusagen etwas auf die Gegenschale der Waage, um uns auszugleichen. Denn nehme ich immer nur von der einen Seite der Waage etwas herunter und lege nichts auf die andere Seite als Ausgleich, werde ich von Tag zu Tag erschöpfter und energieloser.

Wie viele Pausen legen Sie in Ihrem Alltag ein? Wann genau?

Eine Pause ist genau genommen eine Phase, in der sich Körper und Geist erholen und auftanken. Pause muss nicht zwangsläufig bedeuten, die Beine hochzulegen. Manche gehen in ihrer Pause spazieren oder treiben Sport und tanken auf diese Art und Weise wieder auf. Wichtig ist vor allem die bewusste Entscheidung für eine Pause – und dass diese dann optimal auf ganz individuelle Weise genutzt wird.

Wir Menschen machen sehr unterschiedliche Arten von Pausen, die uns unterstützen. Nach einem langen Arbeitstag im Büro tut mir vielleicht ein Spaziergang durch den Wald gut. Wenn ich aber den ganzen Tag körperlich aktiv war, brauche ich abends vielleicht eher eine Couch oder ein warmes Bad. Je nachdem, wie mein Tag war, wird sich die Pause gestalten.

Seien Sie kreativ, spüren Sie in sich rein und überlegen Sie sich, wie Ihre ideale Pause aussehen könnte, um in dieser Zeit des Auftankens wieder neue Energie zu schöpfen – körperlich wie geistig.

Und wenn Ihnen mal wieder alles zu viel wird, drücken Sie einfach gedanklich Ihre persönliche »P-AUS-E«-Taste, steigen Sie für einen kurzen Moment AUS und gönnen Sie sich ein paar tiefe Atemzüge. Denn die Atmung wirkt belebend und ausgleichend und ist die schnellste und effektivste Art und Weise, Pause zu machen. Und zwar genau da, wo Sie jetzt gerade sind. Hier, in diesem Moment.

Und jetzt mach ich erst mal Pause.

Pause

Bruno schaute durch die etwas vergilbten Gardinen aus seinem kleinen Fenster auf die gegenüberliegende Hauswand. Seine Blicke nahmen nichts wahr. Er sah zwar die rote Blume, einen Weihnachtsstern, auf einem kleinen Kiefernschrank und die beiden Stoffbären, die mit dem Rücken an das Fenster gelehnt waren. Aber die Bilder drangen nicht in sein Inneres. Links davon, auf seiner Augenhöhe, befand sich die Küche der Nachbarn. Die Gardinen waren aufgezogen. Unten im Parterre hing ein weißes Holzhuhn mit einem roten Kamm an einem Faden im Fenster. Die ehemals weiße Fassade des Hauses hatte sich mehr und mehr in ein Grau verwandelt und die Schlieren, die von oben nach unten verliefen, deuteten darauf hin, dass wohl schon Nässe in die Hausfassade eingezogen war. Aber Brunos Blick stierte ins Leere. Würde man ihn fragen, was er auf der gegenüberliegenden Seite gesehen habe, so hätte er keine Antwort gewusst. Die Frage nach den Leuten, die dort wohnten, wäre für ihn eine noch größere Herausforderung gewesen.

Bruno war nur noch mit sich und der Vorbereitung auf seine mündliche und schriftliche Prüfung an der Technischen Hochschule im Fach Informatik konzentriert. Ein Durchfallen konnte er sich nicht erlauben. Nein, er musste bestehen. Am besten nicht nur ebenso bestehen, sondern wenn, dann auch mit einer guten Note. Bruno konnte kaum noch an etwas anderes denken. Diese Prüfung musste gemeistert werden. Morgens stand er um 5 Uhr auf. Schnell eine Tasse Kaffee aus der Kaffeemaschine gelassen. Schwarz und sehr stark. Das weckt die Lebensgeister. Eine kleine Katzenwäsche und dann ran an den PC. Ab 5.30 Uhr startete er seinen Lerntag. Bloß keine Minute verschenken. Lektion für Lektion übte und wiederholte er.

Die einzigen Unterbrechungen, die er sich bis zur Mittagszeit gönnte, waren die Gänge zum Kaffeeautomaten, die sich mit Kurzaufenthalten auf dem WC abwechselten, denn irgendwo musste das durchgelaufene Aufputschgetränk ja hin. Um 11 Uhr merkte er, dass er die Aufschriebe und Buchtexte gar nicht mehr aufnehmen konnte. Er sah zwar alles vor sich, aber nichts drang mehr in sein Hirn. Bruno wischte sich über die Augen, warf eine Hallo-Wach-Pille ein. Jetzt ging es wieder. Angespannt bis in die Haarspitzen kämpfte sich Bruno durch den Tag, versuchte sich so viel wie möglich einzutrichtern und zu behalten. 12 Uhr: ein kleines Fertiggericht in die Mikrowelle geschoben. 12.20 Uhr: weiter im Stoff. 19 Uhr noch eine Schnitte Brot. Um 21.30 Uhr sank sein Kopf auf die Schreibtischplatte. Beim Aufstehen wankte er leicht. »Ich bin hundemüde! Kaputt! Egal. Noch 30 Minuten!«

Seine Schultern waren total verspannt und verkrampft. Sein Po schmerzte vom vielen Sitzen. Die Augen brannten und machten einen todmüden Eindruck. Der Blick verschwommen. Er konnte kaum noch etwas richtig wahrnehmen. Bruno war innerlich ausgelaugt. Immer wieder fielen ihm die Augen zu. »Ich schaffe das! Ich kriege das hin!« »Du musst nur wollen«, hatte sein Vater ihm immer gesagt. »Nur wollen.« Er hatte ihn bei den Schultern genommen und geschüttelt. Bruno wollte ja, aber mit jedem Tag schwanden ihm immer mehr die Kräfte. Wenn er in den Spiegel schaute, hatte er das Gefühl, dass ihm dort ein Gespenst entgegenstarrte. Am folgenden Tag spielte sich ein ähnliches Prozedere ab. Tag für Tag das Gleiche.

10 Uhr: Brunos Handy klingelte. Wer um Gottes willen störte ihn denn jetzt? Leicht abwesend griff er zum Smartphone. »Lukas«, leuchtete es auf dem Display. »Ja Lukas, was ist?«

»Bruno, ich habe dich schon ewig nicht mehr getroffen. Und da dachte ich mir, wir könnten doch heute Abend mal das Handball-Länderspiel gemeinsam ansehen. Wird live übertragen. Hättest du nicht Lust, zu mir zu kommen? Du schaust doch so gern Handball, hast doch selber bis vor Kurzem gespielt.«

»Lukas, das geht nicht. Ich muss lernen. Du weißt doch, die Prüfung.«

»Bruno, das ist heute Abend um 18 Uhr. Du musst doch auch mal 'ne Pause machen. Komm doch zu mir, dann siehst du mal was anderes als dein Zimmer und deinen PC.«

»Nein, nein, das geht nicht. Ich…«

»Pass auf Bruno, dann mache ich folgenden Vorschlag: Ich komme um kurz vor 18 Uhr zu dir. Dann sparst du dir den Hin- und Rückweg. Gewinnst Zeit. Aber dann hast du einfach mal eine Abwechslung und bekommst den Kopf wieder frei.« Nach weiteren 5 Minuten mit Lukas' Überredungskünsten willigte Bruno ein. »Okay, dann komm halt.«

Um 17.55 Uhr klingelte es. Lukas stand mit einem Sixpack Bier vor der Tür. »Ich habe uns was zum Trinken mitgebracht.« Lukas hob das Sixpack in die Höhe und lächelte Bruno an. Rechtzeitig zum Anpfiff saßen sie, jeder mit einer Flasche Bier in der Hand, vor dem Fernseher. Das Spiel wogte hin und her. Mal führte das deutsche Team, dann lag es wieder mit zwei bis drei Toren im Hintertreffen. Jetzt, zehn Minuten vor Ende der ersten Halbzeit, lagen sie mit drei Toren im Rückstand. Der Kommentar des Reporters klang alles andere als zuversichtlich: »Das deutsche Team ist viel zu verkrampft. Sie versuchen es jetzt mit der Brechstange. Wir können nur noch die Pause herbeisehnen und hoffen, dass es in Abschnitt zwei besser wird. Trainer Alfred Gislasson wird in der Halbzeitpause schon die richtigen Worte finden. Aber der Schalter muss umgelegt werden.«

Halbzeitpfiff. Drei Tore Rückstand. Mit gesenkten Köpfen schlichen die deutschen Handballer in ihren weißen Trikots aus der Halle in die Kabine. Zwölf Minuten später stand der Teammanager der deutschen Mannschaft dem Fernsehreporter kurz Rede und Antwort. »Was wollen Sie in der zweiten Halbzeit jetzt anders machen, Herr Kromer?« »Wir werden versuchen, mit mehr Lockerheit ins

Spiel zu gehen. Wir müssen die Sache wieder mit Spaß angehen. Nicht so verkrampft sein. Wir sind sicher, dass wir das Spiel so noch drehen werden.« Bruno hatte die Sätze nur nebenher vernommen, denn mit der linken Hand hatte er geistesabwesend schon wieder in seinen Unterlagen geblättert.

Anpfiff zur zweiten Halbzeit. Anwurf Deutschland. Der Ball lief ohne Fehler hin und her. Anschlusstreffer! Plötzlich stand da eine ganz andere Mannschaft auf dem Spielfeld. Die Körpersprache der Spieler hatte sich gegenüber der ersten Halbzeit vollkommen verändert. Die muskulösen Oberkörper waren aufgerichtet, die Blicke konzentriert auf den Gegner fokussiert. Die Arme und Hände jedes einzelnen Spielers konnten jedem Angreifer schon Furcht einflößen. Die Seitwärtsbewegungen in der Abwehr hatten ein ganz anderes Tempo als in der ersten Halbzeit. Jetzt half jeder dem anderen viel konsequenter aus. Da stand ein Bollwerk und im Angriff nahmen die Fehler rapide ab. Kein einziger Ball wurde mehr verloren gegeben. Jeder einzelne holte alles aus sich heraus. Auf der Bank standen die Einwechselspieler auf und ballten die Fäuste, beklatschten jede Aktion. Das war geballte Kraft pur. Es war deutlich zu erkennen, dass die veränderte Körperhaltung nun die Emotionen und Hormone steuerten und veränderten.

Tor für Tor holten sie auf. Ein Spielzug nach dem anderen ging auf und klappte. Das neu gewonnene Selbstbewusstsein war jedem Spieler anzusehen. Die Blicke strotzten nur so vor Selbstbewusstsein. Wer in den Augen der Spieler lesen konnte, der sah die Aussagen deutlich: »Hier wird nur eine Mannschaft als Gewinner vom Platz gehen. Wir! Ihr könnt jetzt versuchen, was ihr wollt. Am Ende gewinnen wir!« Fünf Minuten vor Ende führte die deutsche Handballmannschaft mit 32:27. Der Sieg war ihnen nicht mehr zu nehmen. Schlusspfiff. 34:29. Gewonnen. Als der Spielführer anschließend gefragt wurde, was der Grund für den Aufschwung in der zweiten Halbzeit gewesen sei, kam die Antwort prompt: »Wir haben uns in der Kabine ausgetauscht und bewusst den Pausenknopf gedrückt. Aus! Die erste Halbzeit ist aus und vorbei. Jetzt beginnt es wieder neu. Man kann in jedem Moment entscheiden, etwas zu verändern und muss nicht warten bis der nächste Tag beginnt. Wir wollten das Spiel gewinnen. Wir wollten jetzt auch den Spielern, die fast durchgespielt hatten, ab und zu eine Pause gönnen. Das strukturierte Wechseln zwischen voller Fokussierung auf dem Feld und kleiner Pause draußen auf der Bank war letztendlich der Garant für den Sieg.« »Danke, dann weiterhin viel Erfolg im nächsten Spiel.«

Lukas schaute Bruno an, der schon wieder zu seinem PC schielte. »Bruno, du solltest dir ein Beispiel daran nehmen. Du musst an deinem Lernverhalten etwas ändern. Mach doch einfach mehr Pausen. Kurze Pausen. Ein paar Minuten an die frische Luft, tief ein- und ausatmen und dann hast du wieder genügend Energie. Die Pausen werden wie eine Frischzellenkur für dich sein. Guck dich mal im Spiegel an. Du siehst ja aus wie ausgespuckt. So richtig kaputt. Wenn du in der Prüfung volle Leistung bringen willst, musst du frisch und erholt sein. Selbstbewusst!«

»Ja, aber ich muss doch. Ich habe doch nicht mehr viel...«

»Ich weiß, dass es nicht mehr lange ist. Aber nutze diese Zeit doch sinnvoll. Strukturiere dir doch deinen Tag ein wenig. Plane zwischen den Lernphasen einfach ein paar Pausen. Lege ein paar Minuten die Füße hoch. Mach deine Augen zu. Gehe einmal um den Block. Höre dir eine Mentalcoaching-CD an. Das wirkt Wunder. Der Kopf wird freier werden.«

»Ach Lukas, das verstehst du einfach nicht.«

»Doch, ich verstehe es. Ich kann dir sagen, es hilft. Und abends hörst du dann auf und machst mal Sport. Gehst laufen, Fahrradfahren oder komm doch einfach mal wieder mit mir zum Handballtraining. Das ordnet deine Gedanken im Kopf. Du wirst sehen. Dann geht auch wieder mehr rein. Trinken wir noch ein Bier? Ist für jeden noch eins da.« Lukas wartete die Antwort nicht ab, öffnete die letzten beiden Flaschen. Sie stießen miteinander an. »Jetzt mal noch an die frische Luft und morgen früh gehst du mit neuer Struktur und frischem Wind wieder ans Lernen. Nur etwas anders.« Die beiden Freunde verließen die Wohnung und gingen durch den Stadtpark, in dem sich jetzt nur noch wenige Menschen befanden. Die Nacht war schon hereingebrochen und der Mond tauchte die nun ruhig daliegende Parklandschaft in ein sanftes Licht. Eine halbe Stunde später verabschiedeten sich die beiden vor Brunos Haustür.

»Danke, Lukas! Ich versuch's.« In der Nacht schlief Bruno das erste Mal wieder durch und fühlte sich am anderen Morgen viel erholter. Auf einem DIN-A4-Blatt hatte er sich rechts neben dem Laptop eine Tagesstruktur zurechtgelegt. Das Wort *Pause* tauchte darauf häufiger auf. Am Abend war er zwar erledigt, aber viel erfüllter als an den anderen Tagen und Wochen zuvor. Das Lernen war ihm spürbar leichter gefallen und er hatte den Eindruck, dass er besser im Stoff vorangekommen war.

Dreizehn Tage später schaute Lukas auf sein Handy. Nachricht von Bruno. »Komme gerade aus der mündlichen Prüfung. 1,5. Danke! Was hältst du von ein bis zwei Pausenbierchen? Halbe Stunde unten am See?«

»Glückwunsch! Bin gleich da.«

#Quasselstrippe

»Manche Quasselstrippen sind Menschen,
die mit leeren Wortgeschossen verheerender sind
als alle Armeen der Welt.«

CHRISTA SCHYBOLL

Vielleicht haben Sie sich schon beim Lesen der Überschrift bewusst oder unbewusst mit dem Wort *Quasselstrippe* beschäftigt und sind gespannt, was es über die Quasselstrippe zu erzählen gibt!

In unserer Gesellschaft gibt es Begriffe, die schon ihren angestammten Schubladenplatz gefunden haben. Aus gutem Grund oder eher doch nicht?

Kommt Ihnen beim Begriff Quasselstrippe eine Person oder eher etwas Allgemeines in den Sinn?

Was verbinden Sie damit und welche Gefühle werden in Ihnen aktiviert?

Als Quasselstrippe wird eine Person bezeichnet, die unentwegt redet. Ob Sie das Wort Quasselstrippe mit etwas Positivem verbinden, hängt wohl auch davon ab, welcher Typ Mensch Sie sind und welche Erfahrungen Sie mit Quasselstrippen aller Art gemacht haben.

Für Menschen, die sich weniger in den Vordergrund stellen, eher die Stille lieben und ungern in großer Gesellschaft sind, könnten Quasselstrippen möglicherweise anstrengend sein! Aber sie könnten auch bereichernd sein, weil Quasselstrippen ihr Gegenüber vielleicht mit Eigenschaften konfrontieren, die diese Menschen eher weniger ausleben.

Noch ein spannender Gedanke:

Was passiert denn, wenn zwei Quasselstrippen aufeinandertreffen und sich gegenseitig *zutexten*? Vielleicht haben Sie in nächster Zeit die Möglichkeit, es herauszufinden.

Es ist erstaunlich, welche Gedanken und Impulse entstehen, wenn man sich intensiver mit einem Wort beschäftigt. Da hat meine innere Quasselstrippe wirklich gute Arbeit geleistet! Und wenn das mit einem Wort wie Quasselstrippe geht, geht das auch mit anderen Dingen, Menschen, Situationen, Gedanken und Gefühlen. Denn was gibt es Schöneres, als das auszusprechen, was einen im Innersten bewegt, beschäftigt, berührt, bedrückt, erfreut... – andere daran teilhaben zu lassen und gemeinsam darüber zu reden.

In diesem Sinne... »Gut, dass wir darüber gequasselt haben!«

Quasselstrippe

»Und dann muss ich dir unbedingt noch erzählen, dass ich ja gestern Klaus in der Stadt getroffen habe und weißt du was, der ist jetzt mit der Cornelia zusammen! Du weißt schon, die Cornelia aus der Parallelklasse. Die

Blonde, die immer in Mathe so gut ist, aber keinen deutschen Satz auf die Reihe bringt. Ja und jetzt ist die …«. Die 14-jährige Svenja holte kurz Luft, um dann in ihrem Redeschwall fortzufahren. »Hör mal zu, kannst du dir vorstellen, dass …?«

»Cornelia, ja die kenne …«, war aus dem Smartphone zu hören. Svenja hatte ihr Handy auf laut gestellt und auf dem Tisch abgelegt, während sie in ihrem Zimmer auf- und abging, um in ihrer Sporttasche und ihrem Rucksack nach ihrem Schlüsselbund zu suchen. »Und weißt du Judith, was Klaus gesagt hat? Die Cornelia ist die Liebe meines …!«

Svenjas 12-jähriger Bruder Simon, der gerade auf dem Flur an ihrem geöffneten Zimmertür vorbei kam, verdrehte theatralisch die Augen und ließ einen hörbaren und tiefen Stoßseufzer zwischen seinen Lippen entweichen. Kurz blickte er in das Zimmer seiner Schwester, steckte ihr die Zunge heraus und hielt sich beide Ohren zu. Svenja redete ununterbrochen, ohne Punkt und Komma, während sie in der Schublade ihres Schreibtisches suchte. Als sie ihren Bruder sah, schlug sie ihm die Tür vor der Nase zu. Simon drehte genervt ab. Er war das genaue Gegenteil seiner Schwester. Eher ruhig, wortkarg und verschüchtert. »Mein Gott, muss man dir eigentlich alles aus der Nase ziehen?« Diese Frage war eine der häufigsten, die er sich anhören musste, gefolgt von dem Satz: »Jetzt mach doch einfach mal deine Zähne auseinander!« Simon liebte seine Schwester über alles, doch ihr ständiger Redeschwall ging ihm auf die Nerven. Nicht ohne Grund hatte sie ihren Spitznamen *Quasselstrippe* in der Schule schon weg. Simon ging in die Küche, in der seine Mutter gerade den Abwasch erledigte.

»Wo ist denn Svenja?«, fragte sie ihren Jüngsten. Simon zuckte mit den Schultern. Mit den Augen deutete er nach oben zur Decke. »Na, wo schon. Oben in ihrem Zimmer, am Telefon. Sie quasselt wie immer mit einer ihrer Freundinnen.« Er äffte seine Schwester nach, indem er seinen Mund immer wieder in rasender Geschwindigkeit auf und zu machte.

»Jetzt lass sie doch! Mädchen reden nun einmal mehr als Jungs. Das ist eben so. Übrigens, Papa und ich wollen uns heute Abend mit Claudia und Chris treffen. Du hast doch nichts dagegen, wenn du und Svenja heute Abend mal alleine bleibt? Ihr könnt euch ja beschäftigen, oder?« Simon fingerte drei Salzstangen aus der Tüte, die noch auf der Küchenzeile lag. Er biss die Hälfte ab und murmelte etwas wie: »Nö, ist okay. Passt.«

»Also ihr beiden, wir sind gegen 22 Uhr wieder zu Hause. Und macht keinen Blödsinn«, verabschiedeten sich ihre Eltern von den beiden Geschwistern, als sie um kurz nach 18 Uhr das Haus verließen.

An diesem kühlen und nassen Novemberabend hatte sich die Dunkelheit schon über die Siedlung gelegt. Die Häuser hingen unter einer Wolkendecke und Nebelschwaden waberten durch die Straße. Simon hatte sich auf sein Zimmer verzogen, spielte auf seinem PC sein Lieblingscomputerspiel, während nebenan in Svenjas Zimmer die Töne irgendeiner Fernsehsoap erklangen. Die ersten dicken Regentropfen prasselten auf das Dach des Einfamilienhauses, und in der Ferne war ein erstes Donnergrollen zu hören. Simon schreckte auf. Hatte er da nicht etwas gehört? Irgendein Knirschen oder Knacken unten im Wohnzimmer? »Nein! Ach was. Ist bestimmt nur der Wind«, beruhigte er sich. Er schaute aus seinem Zimmerfenster in die bereits schwarze Nacht. »Krack!« Da war doch etwas. Jetzt hatte er es wieder gehört. Simon ging zur Zimmertür. Öffnete sie. Jetzt hörte er es deutlicher. Da war doch irgendjemand an der Terrassentür. Sein Atem ging schneller. Seine Hände zitterten. Eiskalt fuhr es ihm durch den ganzen Körper. »Einbrecher!« Zentimeter um Zentimeter öffnete er weiter die Tür und schlich sich auf seinen Socken leise zum Zimmer seiner Schwester. Er öffnete die Tür, hielt sich den rechten Zeigefinger über beide Lippen, um ihr anzudeuten, dass sie ruhig sein sollte.

»Svenja, wir haben Einbrecher im Haus. Ich habe sie gehört. Ich denke, sie sind an der Terrassentür zum Wohnzimmer«, flüsterte er kaum hörbar. Svenja kam ihm entgegen, zog ihren Bruder ins Zimmer und lauschte. Ja, jetzt hörte sie es auch. Unten musste jemand im Haus sein. Irgendjemand war über die Terrassentür ins Haus eingebrochen. In ihrer rechten Hand hielt sie ihr Smartphone, weil sie gerade in einem längeren Gespräch mit ihrer besten Freundin war. Simon deutete mit der linken Hand an, dass sie lauter sprechen solle, indem er mit den Fingern beider Hände laute Sprechbewegungen andeutete und auch den Mund permanent auf und zu machte.

»Quassel irgendetwas. Aber laut«, flüsterte er seiner Schwester zu, die ihn mit großen Augen irritiert anstarrte. »Vielleicht verschwindet er dann.«

»Also Sabrina, das muss ich dir unbedingt noch sagen.

Morgen ist ja die Party bei Selina und du kommst doch bestimmt auch. Ich habe schon eine Geschenkidee. Liegt unten im Wohnzimmer. Würdest du dich daran beteiligen? Pass mal auf, ich gehe mal eben nach unten.« Svenjas Stimme wurde immer lauter. Jetzt stand sie schon oben auf der zweiten Treppenstufe. »Was du nicht sagst. Aber wir können nachher weiter telefonieren. Meine Eltern wollten eigentlich schon vor 10 Minuten zurück sein. Ich glaube, da höre ich sie auch. Unten wird ein Schlüssel in der Tür gedreht. Lass uns später noch einmal miteinander telefonieren. Jetzt kommen sie.«

Unten im Haus war es urplötzlich still geworden. Svenja deutete Simon an, dass er sie auf ihrem Handy anrufen solle. »Mach schon! Ruf mich an!« Simon drückte auf den Button, auf dem er Svenja gespeichert hatte. Laut ertönte das Klingelsignal. »Hallo, wer ist da? Polizei? Ja und was will nun die Polizei von mir? Meinen Sie das ehrlich? Einbrecher bei uns in der Siedlung. Wie soll man sich denn da verhalten? Ach, Sie kommen gleich mit einem Streifenwagen vorbei. Sie sind schon bei uns in der Straße? Das ist ja super. Am besten kommen Sie bei uns über die Terrasse. Dann muss ich hier nicht von oben nach unten laufen.« Unten im Untergeschoss hörte man, wie die Terrassentür aufgerissen wurde und sich hastig Schritte entfernten.

»Jetzt ruf die 110 an! Schnell!« Svenja war sofort wieder in ihr Zimmer zurückgeeilt, in dem Simon noch immer leicht zitternd stand. Mit dem linken Zeigefinger hatte er sofort die 110 eingetippt. Svenja nahm ihm das Smartphone aus der Hand. »Hier ist Svenja Schulz. Wir haben gerade Einbrecher im Haus. Drostenhof 5. Bitte kommen Sie sofort. Er oder sie sind wahrscheinlich geflohen.«

Fünf Minuten später standen zwei Streifenbeamte im Wohnzimmer und befragten Svenja und Simon. Svenja hatte sofort ihre Eltern angerufen, die Minuten später voller Aufregung ins Haus stürmten.

»Svenja, Simon ist alles in Ordnung? Ist euch etwas passiert?« Ihre Mutter drückte die beiden fest an sich.

»Herr und Frau Schulz?«, erkundigte sich einer der beiden Polizeibeamten. Die beiden Gefragten nickten.

»Also, Sie hatten einen oder mehrere Einbrecher im Haus. Sie sind über die Terrassentür gekommen. Sie sollten sich irgendwann mal eine Türsicherung einbauen.« Der Blick der beiden ging durch das Wohnzimmer. Sie suchten alles ab. »Fällt Ihnen auf, ob irgendetwas fehlt?«, wollte einer der beiden Beamten wissen.

»Auf den ersten Blick nicht«, antwortete ihm Frau Schulz. Jetzt ging sie zur geöffneten Schublade am Wohnzimmerschrank. »Nein! Es ist, glaube ich, noch alles da.«

»Herr und Frau Schulz, Ihre beiden Kinder haben alles richtig gemacht und toll reagiert. Ihre Tochter hat durch das laute Sprechen, entschuldige Svenja, wenn ich das jetzt etwas flapsig sage, durch dein Gequassel, den oder die Einbrecher in die Flucht geschlagen.« Er blickte Svenja an. »Sehr gut gemacht. Den oder die Einbrecher bekommen wir schon.«

Svenja nahm Simon liebevoll in den Arm. »Siehst du, manchmal hat auch eine Quasselstrippe etwas Gutes.«

#Rollator

»Wir werden die erste Generation sein,
die eine Handyhalterung am Rollator hat,
hach!«

WWW.MADEMYDAY.CC

Wussten Sie, dass der erste Rollator schon 1916 erfunden wurde? Bekannt wurde er jedoch erst 1978 durch die Schwedin Aina Wilfak, die an Kinderlähmung litt und den Rollator als Gehhilfe für sich selbst entwarf – und das ist auch schon wieder einige Zeit her. Laut Internet ist der Rollator wohl Schwedens drittgrößter Exportschlager nach IKEA und Absolut-Wodka.

Meiner Meinung nach sind Rollatoren eine großartige Erfindung, die älteren oder körperlich beeinträchtigten Menschen eine Mobilitätsgarantie schenken, die sie ohne die »rollenden Gehstöcke« nicht hätten. Praktische Alltagshelfer und Wegbegleiter. Mittlerweile ist der Markt für Rollatoren sichtlich gewachsen, was wohl mitunter auch auf den demografischen Wandel zurückzuführen sein könnte. Denn laut Statistischen Bundesamtes ist die Anzahl der Personen im Alter ab 70 Jahren in den letzten 30 Jahren von 8 auf

13 Millionen gestiegen. Und in Zukunft wird es wohl auch deutlich mehr Menschen geben, die die Altersgrenze ab 80 Jahren überschreiten.

Zur Standardausstattung gehören: Höhenverstellbarkeit, Einkaufstasche, Korb, Sitzfläche, Gurt, Stockhalter, Reflektoren und eine Bremse. Doch es gibt, wie bei allen fahrbaren Untersätzen, große Unterschiede in der Ausstattung oder bei den Modellen, die heutzutage für alle körperlichen Einschränkungen und persönlichen Bedürfnisse angeboten werden. Vom Standardrollator als robustes Einsteigermodell über den Leichtgewichtrollator, der als wendiger Alltagsbegleiter fungiert, weiter über klapp- und faltbare Rollatoren, die maximale Flexibilität bieten, darüber hinaus die Outdoor-Variante, die vor allem Sicherheit gewährleistet, bis hin zur Indoor-Variante, bei der es auf die Wendigkeit ankommt. Und natürlich gibt es, wie überall auch, Sonderanfertigungen, die persönlich und bedürfnisorientiert angefertigt werden können. Im Zuge der Elektromobilität gibt es auch E-Rollatoren, die eine zusätzliche Unterstützung bieten und den Alltag noch umfassender erleichtern.

Rollatoren schenken ein Stück Bewegungsfreiheit und Mobilität, draußen oder drinnen unterwegs sein zu können. Sie fördern die Eigen- und Selbstständigkeit, um mobil zu bleiben und am gesellschaftlichen Leben teilnehmen zu können. Auch gemeinsam mit anderen Menschen unterwegs zu sein, bleibt damit möglich. Eine wunderbare Erfindung von Menschen für Menschen.

Doch manchmal kostet es auch ein wenig Mut, sich einen Rollator anzuschaffen und es anzunehmen, diesen nun zu

»brauchen«. Mögen die oben geschriebenen Vorteile Grund und Motivation genug sein, sich solch einen Alltagshelfer anzuschaffen, um lange und mobil am Leben teilzunehmen.

Die Rollator-Rallye

»Closed!« Erna rüttelte an der Tür ihres Stammcafés. Zu. Sie versuchte, einen Blick in das vertraute Innere zu werfen, schirmte mit der rechten Hand ihre Augen ab, um durch das spiegelnde Glas zu sehen, während sie sich links am Rollator festhielt.

»Bist du jetzt schon so schwach, dass du die Tür nicht mehr aufbekommst?« feixte Henriette, die vor rund 40 Jahren aus Norddeutschland auf die Alb gezogen war. Sie und die Ur-Engstingerin Elfriede standen einen Meter hinter Erna. Auch sie hatten sich mühsam mit ihren Rollatoren bis zum Café geschleppt. Zum Witwentreff. Alle in Schwarz.

»Da steht klo-set.«

»Ich war doch extra noch zu Hause auf dem Klo«, warf Elfriede ein. Hinter ihnen kam die 28-jährige Selina vorbei. Sie kam mit ihrer jungen Tochter, die friedlich im Kinderwagen schlief, gerade vom Kinderarzt. Selina blickte auf die gebeugten Rücken der drei Damen.

»Was ist denn mit euch los?« sprach sie die drei freundlich an.

»Selina. Ich krieg die Tür nicht auf. Da steht klo-set. Was heißt das: klo-set?«

»Heute ist doch wieder unser Kaffeetreff.«

»Ja habt ihr das denn nicht gewusst?«

»Was?«

»Dass wegen Corona jetzt wieder alle Gaststätten und Cafés geschlossen sind. Lockdown light nennen sie das.«

»Doch, gehört haben wir das schon«, erwiderte Henriette. »Aber doch nicht hier im Dorf. Wir haben doch nichts mehr außer unserem Kaffeetreff.«

Selina blickte die Damen mitfühlend an.

»Das tut mir echt richtig leid. Wenn ich könnte, würde ich euch gerne zu mir einladen, aber ich muss kochen. Holen wir nach. Versprochen!«

»Und was machen wir jetzt?« Erna blickte ihre Freundinnen ratlos, fragend und mit den Schultern zuckend an.

»Wenn das Café geschlossen hat, dann gehen wir zu mir. Ich hab wenigstens noch etwas vom Hefezopf.«

Wenig später sah Selina die Seniorinnenrollatorgruppe in Richtung Ernas Haus wackeln. Bei jedem Bürgersteig zuckte sie zusammen, immer in Sorge, dass eine der Damen stürzen und sich einen der osteoporotischen Knochen brechen könnte. »Sieht aus wie eine Gruppe heimkehrender, niedergeschlagener Kriegsveteranen«, kam es ihr in den Sinn. Blödes Corona. Jetzt brechen für die Damen alle Kontakte weg.

Derweil saßen Erna, Henriette und Elfriede um den Wohnzimmertisch und tunkten jede ein Stück des trockenen Hefezopfes in ihren Kaffee, in der Hoffnung, diesen irgendwie genießbar zu machen, ohne dabei die dritten Zähne im Zopf stecken zu haben.

»Und was machen wir jetzt?« Henriette blickte auf

den Fernseher, der im Hintergrund lief. Auch Erna folgte ihren Blicken. Ein älteres Ehepaar pries gerade eine Salbe namens *Sorge* an, welche die Befreiung von allen Gelenkschmerzen versprach. Eine Computeranimation zeigte die Wirkung bei den betroffenen Gliedmaßen. Sekunden später griff das Ehepaar zu den Rollatoren und schob diese fröhlich lachend der Sonne entgegen. »Nehmen Sie *Sorge* und bleiben Sie bis ins hohe Alter beweglich und mobil!« Gebannt hörten die Damen den Slogan der Werbung.

»Habt ihr das gesehen? Das ist doch etwas. Wir lassen uns nicht unterkriegen. Wir haben schon ganz andere Sachen überstanden.«

Erna schaute auf ihre drei Rollatoren und ihre Augen leuchteten dabei auf.

»Corona kann uns mal. Mit uns nicht.« Henriette und Elfriede starrten sie an. »Was hast du vor? Deine Augen strahlen auf einmal so. Ist da was im Zopf? Von wann ist denn der?« Henriette legte ihr angebissenes Stück langsam und bedächtig wieder auf ihren Teller zurück. In Elfriedes Augen blinkten Fragezeichen. »Blödsinn. Habt ihr gesehen, wie die gesprungen sind?« Erna registrierte unverständliche Blicke. »Ihr habt doch schon mal von der Rollator-Tanzgruppe in Metzingen gehört, oder?«

»Ja, ich hab da mal was gelesen«, pflichtete ihr Henriette bei. »Und du willst jetzt zum Rollator-Tango?«

»Nein, aber ich hab da gerade eine Idee gehabt. Mein Enkel Finn hat im Herbst beim Stadtradeln mitgemacht. Da sollte man so viele Kilometer wie möglich mit dem Fahrrad fahren.«

»Fahrradfahren?« Henriette und Elfriede stand die Panik in den Augen.

»Kein Fahrrad, da kommen wir nicht mehr drauf. Aber mit unseren drei Cabrios können wir doch mal eine Rollator-Ausfahrt machen, so etwas wie ein Rollator-Radeln. Guckt mal raus. Das Wetter ist gut. Und unsere Rollatoren sind doch wie Cabrios. Das Verdeck nach oben ist immer offen. Das probieren wir mal. Wir versuchen jetzt mal bis zur Turnhalle zu kommen. Kurze Pause und dann geht's zurück. Und danach gibt's als Belohnung noch mal Kaffee und ein Stück Hefezopf mit Nutella.« Zweifel machte sich sowohl auf Elfriedes als auch auf Henriettes Stirn breit.

»Los, auf! Mobil bleiben auch in Corona-Zeiten.« Langsam aber stetig zog das Rollator-Trio wenige Minuten später, freundlich von Dorfbewohnern gegrüßt, durch die Trochtelfinger Straße. Die drei lächelten sich an, um dann nach wenigen Hundert Metern vor vollendete Tatsachen gestellt zu werden. Ungläubig standen sie am Weg zur Turnhalle. Hinter ihnen fuhr die Schwäbische Albbahn mit zwei wie fast immer leeren Waggons Richtung Gammertingen. Die Griffe der Rollatoren fest in den abgeschafften Händen, wanderten ihre Augen den leichten Anstieg hinauf. Ihre Blicke kreuzten sich und die Lippen pressten sich enttäuscht aufeinander.

»Aus! Ende! Zu steil. Das geht nicht.«

»Bis hierher haben wir es geschafft. Wir drehen um, aber den Buckel kriegen wir noch hin.« Sie vollführten eine Kehrtwendung und zogen wie ein Profi-Fahrrad-Team hintereinander die Straße zurück zu Ernas Wohnung.

»Früher, als es die Zahnradbahn noch gegeben hat, sind wir doch immer die Honauer Steige mit der Bahn raufgefahren.«

»Willst du jetzt Schienen zur Halle legen lassen?«

»Blödsinn! Nein, aber der Hans, der hat doch ein Auto, der könnte uns doch mindestens...«. Die drei steckten die Köpfe zusammen und fingen bereits an, erste Pläne zu schmieden.

Am anderen Tag stand Hans mit seinem alten Mercedes an der Tür, während Henriette, Elfriede und Erna ihn mit ihren Rollator-Cabrios erwarteten. In den Körben hatten sie ihre Handtaschen platziert.

»Dann auf.« Hans half Erna als Erstes in den Wagen und verlud den Rollator im Kofferraum. »Pass auf Hans. Meine Handtasche! Da ist doch unser Eierlikör drin.« »Eierlikör?« »Du kriegst auch etwas, wenn wir nachher Pause machen.«

In 5-Minuten-Abständen holte Hans die Damen und fuhr sie den steilen Weg bis zur Wendelinuskapelle, von wo aus der Weg ebener verlief. »Ich fahre mal bis zum Waldspielplatz vor. Das ist jetzt ungefähr ein Kilometer. Ich komme euch zu Fuß entgegen, und falls was sein sollte, kann ich euch jederzeit wieder abholen.« »So machst du das, Hans.« »Los geht's!«

Erna drückte auf ihre Stoppuhr, die sie sich von ihrem Enkel ausgeliehen hatte. »Die Zeit läuft. Eierlikör gibt es nachher beim Waldspielplatz.« Die Feder an Ernas Hütchen bewegte sich leicht im lauen Alblüftchen, während Henriette und Elfriede eine Miene aufgesetzt hatten, die Marathonläufern am Start ebenfalls gut zu Gesicht gestanden hätte. Nach knapp hundert Minuten hatten sie es geschafft und saßen wieder bei Erna im Wohnzimmer. Der Boden der Eierlikörflasche war nur noch mit einem letzten klebrigen Rest bedeckt.

»Mädels, ich hab da mal eine Idee. Wir sind doch nicht die einzigen hier im Ort mit Rollator.«

»Nee: Wilhelmine, Gertrud, Maria, Franziska.« Die Namen der Freundinnen und Bekannten schwirrten durch den Raum.

»Und was ist mit Trochtelfingen? Steinhilben? Kohlstetten?«

»Natürlich.« Ein Wort ergab das andere.

»Sportliches Outfit! Zeitung! Musik!«

»Du Erna, der Kretschmann war doch jetzt in den USA: Silicon Valley oder wie das heißt.«

»Jetzt hör aber auf, Henriette. Nein! Ich lass mich nicht mit Silikon aufpeppen und liften.«

»Nix liften, aber wir könnten doch so etwas Neues gründen. Der Kretschmann hat gesagt, dass die da ganz erfinderisch sind in diesem Silicon Valley. Lasst uns eine Rollatorgruppe gründen: Rollatorseniorinnen. Gruppe: Rollator-Rallye.«

»Ihr habt doch das mit dem Stadtradeln mitbekommen. Da konnten doch auch Mannschaften so viele Kilometer wie möglich sammeln. Und Engstingen lag ziemlich vorne. Wenn da jetzt auch noch Gruppen aus anderen Dörfern mitmachen würden?!« Strahlend schmierten sie sich Nutella auf den trockenen Zopf. Wortfetzen schwirrten durch das Wohnzimmer.

Nach mehreren Trainingseinheiten war ein gewisses

Fitnesslevel in der größer gewordenen Gruppe auszumachen. Neben Hans hatten sich inzwischen weitere Rentner des Dorfes als Fahrer zur Verfügung gestellt. Inspiriert von der Idee bildeten sich auch in nahe gelegenen Albdörfern in kurzer Zeit einzelne Rollatoren-Teams.

Dann war der große Tag gekommen. An der Kapelle war ein großes Start-Ziel-Banner über die Straße gespannt. Wie bei einem Verfolgungsrennen starteten die einzelnen Rollatoren-Mannschaften in zeitlichem Abstand hintereinander. Es waren drei Teilnehmerinnen pro Team zugelassen, die jeweils mit einem seitlichen Abstand von 1,5 Metern nebeneinander liefen. Das nächstfolgende Team musste eine Minute bis zum nächsten Start warten. Der Bürgermeister schlug die Startklappe und der Tross der Seniorinnen zog in sportlichen Outfits Richtung Golfplatz. Irgendwie hatten sie es geschafft, sich als Teams mit identischen Trainingsanzügen zu kleiden, auch wenn sie in allen Farben des Regenbogens leuchteten. Neunzig Minuten später zogen die Senioren-Mannschaften wieder in das Albdorf ein. An den Fenstern hingen Fahnen und es wurden Plakate gezeigt, auf denen stand: *Erna, Henriette, Elfriede: Go for gold!* oder *Ihr seid die Besten!* Manche hatten ihre Lautsprecherboxen aufgestellt, aus denen altbekannte Lieder erklangen: *Muss I denn zum Städtele hinaus*, *Aus grauer Städte Mauern* und *Das Wandern ist des Müllers Lust.*

Eine Heerschar von Journalist:innen, Radio- und Fernsehreporter:innen hatte sich in Engstingen eingefunden, als die immer noch brav die 1,5 Meter Abstand haltenden Seniorinnen in das Dorf einliefen. Hans fuhr als letzter auf dem Schlossplatz ein. Sein Besenwagen für Fußlahme war nicht gebraucht worden.

Am Abend saßen Erna, Henriette und Elfriede strahlend und mit stolzem Lächeln vor dem Fernseher, als der Bericht in der Landesschau angesagt wurde: »Engstinger Seniorinnen trotzen der Immobilität und der Coronakrise. Sie gründeten eine Seniorinnengruppe: Rollator-Rallye. Die erste Veranstaltung fand heute unter dem Motto »Immer schön mobil bleiben« statt. Aus Engstingen berichtet unser Reporter Karl Müller.«

#Sicherheit

»Wer einmal sich selbst gefunden hat,
kann nichts auf dieser Welt mehr verlieren.«

STEFAN ZWEIG

Sicherheiten gibt es viele. Die soziale, politische, militärische, ökonomische, ökologische, rechtliche, kulturelle, technische …

Auch gibt es für so ziemlich alle Lebensbereiche eine Versicherung, die einem Sicherheit vermitteln soll.

Was gibt Ihnen ganz persönlich Sicherheit?

Sicherheit ist ein sehr wichtiges menschliches Grundbedürfnis. Und wenn ein Grundbedürfnis erfüllt ist, geht es dem Menschen gut und er fühlt sich wohl. Dieses Bedürfnis nach Sicherheit ist ein Relikt des steinzeitlichen Gehirns. Bei unseren Vorvorfahren gab es immer ein Feuer. Warum?

Zum einen, um sich vor wilden Tieren zu schützen und sich damit sicherer zu fühlen, zum anderen schenkte das Feuer Geborgenheit und Wärme und eine Möglichkeit für warme Mahlzeiten.

Zum Glück leben wir nicht mehr in der Steinzeit und müssen uns vor wilden Tieren schützen. Dennoch gibt es

Situationen in unserem Leben, in denen wir uns unsicher fühlen – weniger im Außen, vielmehr im Inneren.

Somit unterscheiden wir eine innere, psychologische Sicherheit und eine äußere, physische Sicherheit. Oftmals ergänzen beziehungsweise bedingen sie sich gegenseitig. Nehmen wir mal an, Sie leben in einem unsicheren und gefährlichen Land, in dem Gewalt, Raub oder andere Dinge auf der Tagesordnung stehen. Hier ist die äußere Sicherheit kaum gewährleistet.

Wie würden Sie sich innerlich fühlen?

Wahrscheinlich wenig bis gar nicht sicher. Das wiederum hätte zur Folge, dass Ihr Körper mit Angst reagiert, Stresshormone ausschüttet und Sie ständig auf der Hut wären, was wohl an der nächsten Ecke lauern könnte.

Wie würden Sie mit einem tief verankerten, inneren Gefühl der Sicherheit Ihr Umfeld wahrnehmen?

Vielleicht anders als ohne, oder? Warum? Weil Angst und Sorge uns hemmen und unser Körper dadurch weniger reaktionsfähig ist.

Eine weitere Frage könnte sein, wie denn das Gefühl von innerer Sicherheit in uns und aus uns heraus entstehen kann. Eine Antwort darauf wäre, sich vor Augen zu führen, wie das Leben Sie an vielen Tagen Ihres bisherigen Lebens an die Hand genommen und gut für Sie gesorgt hat. Das hat Ihnen Vertrauen geschenkt. Natürlich gibt oder gab es Tage oder Abschnitte, in denen Sie auch mal im Tal gewandert sind. Aber nach jedem Tief kommt auch wieder ein Hoch. Auf diesem Boden der Gewissheit kann der Same der Sicherheit Stück für Stück wachsen, gedeihen und Wurzeln schlagen.

An dieser Stelle wünsche ich Ihnen vor allem die innere Sicherheit, Schritt für Schritt durch Ihren Alltag zu gehen und sicheren Boden unter den Füßen zu spüren. Seien Sie am besten Ihre eigene »Lebensver-SICHER-ung«, indem Sie bewusst Ihr Leben selbst in die Hand nehmen, auf Ihre Gefühle vertrauen und sich von Ihrer Intuition führen lassen.

Sicherheit

Wie ein Tiger in einem Zookäfig wanderte Leon den langen Gang im Universitätsgebäude von links nach rechts, von rechts nach links entlang. Seine Fersen schleiften bei jedem Schritt auf dem Boden. Die leisen Sohlengeräusche drangen durch den Flur und untermalten die eintönige, ansonsten ruhige Atmosphäre. Beide Schultern waren nach vorne gefallen, der Kopf nach unten gerichtet. Seine Blicke nahmen nur noch die auf dem Parkettfußboden dahinschleifenden Füße wahr. Er schlurfte an dem Holztisch und den zwei danebenstehenden Seminarstühlen vorbei, ohne diese allerdings groß zu beachten.

Draußen schien die Sonne und erhellte den Flur. Leon registrierte es nicht. Jetzt griff er mit seiner Rechten in die rechte Gesäßtasche seiner Hose, holte zwei Karteikarten hervor. Er überflog sie noch einmal und las seine Aufschriebe. Leons Blicke wanderten zur Decke. Der Zeigefinger seiner linken Hand rutschte zwischen seine Zahnreihen. Die Zähne kauten auf den Fingernägeln. Jetzt wanderten seine Augen erneut nach oben, während er sich den Inhalt seiner Aufschriebe noch einmal verinnerlichte. Sein Atem ging stoßweise. Leon blickte auf die Uhr. Noch sieben Minuten, dann war er dran. Mündliche Prüfung in Psychologie. Vor ihm öffnete sich nun die Tür des Prüfungsraums und seine Kommilitonin Susi trat heraus. Sie streckte den Daumen ihrer rechten Hand in die Höhe und ein Strahlen hatte sich auf ihrem gesamten Gesicht breitgemacht.

»Wie war es?«, fragte er mit leicht zitternder Stimme.

»Prima gelaufen. Alles easy. Das schaffst du auch.«

»Freut mich! Glaubst du wirklich?«

»Na klar. Zeig es ihnen! Du machst das schon.«

Jetzt wurde Susi wieder hereingerufen, um drei Minuten später erneut freudestrahlend aus dem Raum herauszukommen. »1,5!« »Glückwunsch!«

Die Tür wurde wieder geöffnet. Prof. Dr. Linne schaute heraus. Er suchte nach Leon, der sich in diesem Moment am hinteren Ende des Ganges bewegte. »Herr Kraft, dürfte ich Sie dann bitten?« Leon packte die Karteikarten wieder in seine Gesäßtasche, wischte sich erneut die schweißnassen Hände an seinen Hosenbeinen ab. In seinem Magen grummelte es. Susi zeigte ihm ihre gedrückten Daumen. »Du schaffst das, Leon. Glaub an dich!«

Im Prüfungsraum nahm er auf dem ihm zugewiesenen Stuhl Platz und setzte sich auf seine beiden Hände, um dem Prüfungsteam das offensichtliche Zittern nicht zu zeigen. Seine innere Anspannung war enorm. Bei der ersten Frage schob er seine Unterlippe zwischen seine Zähne. Jetzt fuhr er sich mit dem Zeige- und Mittelfinger der rechten Hand durch seine Haare, während er sich mit dem Fingernagel seines Daumens an der rechten Wange kratzte. Seine Körpersprache war geprägt von Nervosität und Unsicherheit. Er war das personifizierte Nervenbündel. Die Prüfer:innen versuchten ihn behutsam zu beruhigen, wechselten ihre Prüfungsfragen. Die Strategie war von mittlerem Erfolg gekrönt. Leon blickte auf seine Uhr. Noch zwei Minuten, dann würde es überstanden sein.

»Das war es, Herr Kraft. Wenn Sie dann bitte kurz draußen warten würden. Wir rufen Sie dann wieder herein.«

Leon verließ den Raum. Unter seinen Achseln hatte sich Schweiß gebildet und am liebsten hätte er gleich fluchtartig das Gebäude verlassen. Kurz darauf wurde er wieder in den Prüfungsraum gerufen.

»Herr Kraft, setzen Sie sich doch bitte noch einmal. Wir haben Ihre Prüfung heute mit der Note 3,5 bewertet. Sie haben also bestanden. Darüber können Sie sich freuen. Das mal als Erstes. Aber jetzt sagen Sie uns bitte, warum Sie so nervös und unsicher sind. Sie haben doch gar keinen Grund dazu. Sie gehören zu den besten unserer Studierenden. Sie sind strukturiert, intelligent, sportlich. Sie brauchen doch gar keine Prüfungsangst zu haben.«

Leon nickte, aber er wollte jetzt eigentlich nur raus. »Ja, ich weiß. Aber irgendwie überkommt es mich in einer solchen Situation einfach.«

»Herr Kraft. Das sollten Sie bis zur nächsten Prüfung vielleicht mal ablegen. Sie sollten nicht an Ihren Kenntnissen arbeiten, denn die sind da. Sie sollten etwas für Ihre Selbstsicherheit tun!« Prof. Dr. Linne gab ihm die Hand. »Alles Gute, Herr Kraft.«

Leon verließ den Raum. Er blies seinen Atem hörbar aus. »Bestanden.« Langsam ging Leon an den Fluss und spazierte mit gemächlichen Schritten am Ufer entlang. Er ließ sich die Worte seines Professors noch einmal durch den Kopf gehen. »Sie gehören zu unseren besten Studierenden, sind klar strukturiert, intelligent, sportlich… Arbeiten Sie an Ihrer Selbstsicherheit.« Seine Gedanken kreisten.

Das langsame Dahinfließen des Flusses machte ihn ruhiger. Er betrachtete das Wasser. Wasser hatte bei ihm schon immer dafür gesorgt, dass er sich entspannen konnte. Irgendwie war er am Wasser immer zur Ruhe gekommen. Er dachte an die Aufenthalte und Urlaube am Meer, an die Fahrradfahrten an Flüssen entlang. In Leons Kopf arbeitete es weiter. Wie hatte der Professor gesagt: »Sie gehören zu den besten Studierenden.« Ja! Das stimmte. Er prahlte zwar nie damit, aber er wusste, dass er einen enormen Wissensschatz in sich trug. Leon bückte sich, nahm mit seiner rechten Hand einen flachen Kieselstein auf und ließ ihn mit kräftigem Schwung in gebückter Haltung über das Wasser springen. Wie oft würde er springen? Leon zählte. Dreimal. Erneut griff er einen Stein und warf. Fünfmal. Wird doch! Er betrachtete den dritten Stein.

»Mensch, ich kann es doch! Ich kann doch mein Wissen, so wie die Steine hier, immer wieder aufblitzen lassen. Ich habe es selbst in der Hand.« Er betrachtete den Stein in seiner Rechten. Der kommt mit und zwei andere auch. So viel Power und Wissen habe ich in mir. Ich muss es einfach nur ans Tageslicht bringen und mein gelerntes Wissen immer wieder sichtbar machen.« Jetzt kam er langsam auf eine andere innere Bahn. Leon blickte nach oben zu den Bäumen. Auf den Ästen hatten sich vier Vögel platziert. Jetzt erhoben sie sich und schwangen sich in die Luft. Über ihm zog ein Milan seine Kreise. »Das sieht alles so schön leicht aus«, fuhr es Leon durch den Kopf. Ich sollte mir diese Leichtigkeit als Beispiel nehmen. Dann wird der Druck verfliegen. Es ist doch nicht anders als beim Sport. Das, was ich mir antrainiert habe, das ist doch in mir drin. Ich muss es nur noch ans Licht holen. Ich stelle mir die Prüfungssituation einfach als Training vor. Spiele sie vorher öfter mal gedanklich durch. Bereite mich auf mögliche Fragen vor. Und dann mit Leichtigkeit und weniger mit Angst!«

Als er nach einem Kilometer über die Brücke auf die andere Seite des Flusses wechselte, passierte er eine Gruppe Jugendlicher, die am Ufer saß und bei lauter Après-Ski-Musik den Nachmittag genoss. Es putschte ihn auf. »Das machen wir doch vor dem Spiel in der Kabine auch immer. Das feuert uns total an. Gibt uns den ultimativen Kick. Beim Laufen geht es mir mit Musik auch besser. Ich stelle mir eine Best-of-Liste zusammen!« Leon spürte, wie er immer mehr Selbstbewusstsein tankte. Er war auf dem richtigen Weg. »Genauso *sollte* es gehen. Nein! Genauso *geht's*!«

Jetzt verklang die Musik in seinem Rücken. Ein älteres Ehepaar auf ihren E-Bikes kam ihm entgegen. Leon trat zur Seite und grüßte freundlich. Zwei Kinder spielten unten am Fluss und ließen, wie *er* vorhin, Steine über das Wasser hüpfen. Jetzt kam eine Familie in sein Blickfeld, die es sich auf einer Picknickdecke bequem gemacht hatte. In ihren Boxen und Dosen hatten sie viel Obst und Gemüse und genossen die Frische der gesunden Lebensmittel. Leon konstatierte: Er musste weg von seinem Fastfood, nur weil ihm die Zeit immer zu schade war, um sich hochwertige Lebensmittel zu kaufen und sie selbst zuzubereiten. Er würde sich auch dafür mal ein paar Ruhepausen gönnen müssen und nahm auf einer schönen Bank am Ufer Platz. Leon betrachtete seinen Rucksack, den er nach dem Abnehmen neben sich gestellt hatte. Er schaute auf die Uhr. Eine Dreiviertelstunde war er bis jetzt am Fluss entlang gegangen und so viele positive Ideen und Gedanken hatte er schon gesammelt. Er zog den Reißverschluss des großen leeren Faches auf und sofort kam ihm der nächste Gedanke. »Ich muss diese Erkenntnisse nur in den Rucksack stecken. Das sind doch allesamt positive Dinge und in der Prüfungssituation packe ich sie dann zur Unterstützung aus. Außerdem kann ich schon vorher einige andere Methoden anwenden.«

Leon sinnierte und seine Planungen liefen weiter. Er erinnerte sich an einen früheren Freund, der auch ein sportliches Ass war, aber dem im Wettkampf immer wieder die Nerven abhandengekommen waren. Aber als er sich die Ratschläge eines Mentalcoaches zu Herzen genommen hatte, war es besser geworden. Er würde noch ein paar Übungen machen, die es ermöglichten, dass seine beiden Gehirnhälften besser zusammenarbeiten können. Sofort fiel ihm die liegende Acht ein. Mit dem Zeigefinger der rechten Hand malte er eine liegende Acht auf seinen linken Oberschenkel. Dann wiederholte er das Ganze mit der linken Hand auf seinem rechten Oberschenkel. »Das wird jetzt zu meinem ständigen Programm gehören. Und dann hole ich mir noch ein paar weitere Übungen dazu.

Leons Haltung veränderte sich. Sein Oberkörper wurde straffer und sein Blick wurde von Minute zu Minute klarer. Er griff zu den drei Steinen, die er in seiner Jackentasche stecken hatte und legte sie in den Rucksack. »Und all das, was mir jetzt noch durch den Kopf gegangen ist, kommt dazu.« Leon schloss für eine Minute die Augen. Dann führte er immer wieder die rechte Hand von seinem Kopf in den Rucksack. »So! Jetzt sind all die positiven Dinge drin und die hole ich einfach das nächste Mal bei der Prüfung wieder raus, wenn ich sie brauche.«

Zwei Wochen später stand die nächste Prüfung an. Mit seinem Rucksack auf dem Rücken stieg Leon die Stufen in den ersten Stock des Prüfungsgebäudes hoch. Ruhig und gelassen nahm er auf dem Stuhl an dem runden Tisch Platz. Das nervöse Hin- und Herschreiten gehörte der Vergangenheit an.

»Herr Kraft, wenn ich Sie bitten dürfte!« Leon nahm seinen Rucksack und betrat den Prüfungsraum. »Nehmen Sie doch bitte Platz!«

»Ich habe noch eine Frage. Dürfte ich bitte die drei Steine hier aus meinem Rucksack auf den Tisch zwischen uns legen?«

»Kein Problem, solange Sie nicht damit nach uns werfen.« Der Prüfer lachte ihn an.

»Natürlich nicht!« Auch Leon schmunzelte. »Keine Sorge. Wird nicht vorkommen.«

Die erste Frage folgte. Leon griff den rechts von ihm liegenden Stein und legte ihn etwas weiter in die Mitte.

»Sehen Sie hier, wenn ich das mal mit diesem Stein erläutern darf…« Und dann sprudelte sein Wissen nur so aus ihm heraus. »Und wenn ich jetzt den zweiten Stein hier links hinlege, dann kann man die Verbindung zwischen diesen beiden Elementen sehr leicht herstellen.« Leon zog mit dem Zeigefinger seiner linken Hand eine imaginäre Linie zwischen den Steinen.

»Sehr gut, Herr Kraft. Wie erklären Sie sich dann den…?«

Leon ließ den Prüfer den Satz nicht zu Ende sprechen und hakte sofort ein. »Ich weiß, worauf Sie hinauswollen. Er griff den dritten Stein und stellte weitere Verbindungen her.

»Das war's, Herr Kraft«, beendete der Professor nach zwanzig Minuten die Prüfung.

»Wie, schon rum? Ich habe doch noch gar nicht alles gesagt, was ich weiß.«

»Ist schon gut, Herr Kraft. Wenn Sie noch einen Augenblick draußen warten würden!«

Fünf Minuten später saß Leon wieder auf dem Stuhl im Prüfungsraum.

»Herr Kraft, das war eine überzeugende Leistung. Sie haben uns sehr beeindruckt. Sie haben Ihr Wissen mit einer enorm großen Selbstsicherheit vorgetragen. Das war schon sehr beeindruckend. Glatte Eins. Und die Sache mit den Steinen war mehr als gelungen. Herzlichen Glückwunsch!«

Leon strahlte. Er nahm seinen Rucksack und trat vor

die Tür. Draußen am Tisch öffnete er noch einmal den Reißverschluss und schaute hinein. »Und ihr kommt ab jetzt immer mit mir.« Ein zufriedenes und stolzes Lächeln huschte über sein Gesicht. Er hatte seine Sicherheit wieder zurückerlangt.

#Tennis

> »Einer Gesellschaft, die man damit unterhalten
> kann, dass zwei Menschen einen Ball hin- und
> herschlagen, ist alles zuzutrauen.«

MANFRED ROMMEL

Was verbinden Sie mit dem Wort Tennis?

Wahrscheinlich fallen bei der älteren Generation die Namen Boris Becker und Steffi Graf, die den deutschen Tennissport über lange Zeit dominiert und geprägt haben. Die jüngere Generation verbindet Tennis wohl mehr mit Alexander Zverev, Daniil Medvedev, Roger Federer und Rafael Nadal bei den Herren, bei den Damen mit Angelique Kerber, Iga Swiatek, Maria Sakkari oder Ons Jabeur.

Die Geschichte und Entwicklung des Tennis begann schon im Hochmittelalter. In französischen Klöstern entwickelten Mönche eine Art Rückschlagspiel, das vor allem in Frankreich und England beliebt war. Bis in unsere heutige Zeit hat sich der Tennissport zu einer der bedeutendsten Sportarten weltweit entwickelt und ist aus der internationalen Gesellschaft nicht mehr wegzudenken. Die meisten haben die Begriffe ATP-Turnier, Grand-Slam-Turnier, Davis Cup oder Wimbledon sicherlich schon einmal gehört.

»Welche beiden Dinge haben Tennis und Bücher gemeinsam? Mindestens einen Satz und das Aufschlagen!«

Haben Sie schon einmal Tennis gespielt?

Eine technisch herausfordernde Sportart, die einem unterschiedliche Fähigkeiten und Fertigkeiten abverlangt. Von Kraft über Schnelligkeit, Ausdauer, mentale Stärke bis zur Reaktionsfähigkeit. Unterschiedliche Untergründe wie Rasen, Halle oder Sand erfordern wiederum spezifische Anpassungen.

Haben Sie eine Idee, wie man ein Tennisspiel auf das Leben übertragen kann?

Im Grunde genommen ist es ein Reiz-Reaktions-Spiel. Der eine spielt den Ball mit dem Schläger übers Netz, die andere versucht den Ball wieder zurückzuspielen und einen Punkt zu erzielen – getreu dem Motto »Spiel, Satz, Sieg.«

Denken Sie einmal an eine Situation zurück, in der Sie mit jemandem eine hitzige Diskussion im gegenseitigen Wortwechsel führten und die Emotionen allmählich hochkochten.

Gab es einen Gewinner? Gab es ein Unentschieden oder wie ging das Spiel aus?

Dieses Reiz-Reaktions-Modell erleben wir ganz häufig in unserem Alltag. Immer dann, wenn mindestens zwei Menschen aufeinandertreffen und miteinander kommunizieren. Welche Prozesse laufen da innerlich ab?

Anfang der 60er-Jahre begann die Kognitive Psychologie die inneren Abläufe, wie der Mensch über sich und seine Umwelt denkt, zu untersuchen. Unser Gehirn reagiert auf einen Reiz (jede Veränderung in der Umwelt) immer mit einer Reaktion (jegliche Aktivität, die auf einen Reiz folgt). Über unsere fünf Sinne, ob Augen, Ohren, Nase, Mund oder Tastsinn, empfangen wir einen Reiz. Wir nehmen etwas wahr. In unserer »Black Box«, unserem Gehirn, verarbeiten wir diesen Reiz, indem wir ihn mit bisher gemachten Erfahrungen – also Bekanntem – vergleichen. Wir ziehen daraus eine Schlussfolgerung und handeln dementsprechend.

Je öfter man in einer gewissen Situation immer gleich oder ähnlich gehandelt und reagiert hat, umso größer ist die Wahrscheinlichkeit, dass sich dieses Verhaltensmuster festigt, so lange man nichts daran ändert. Klingt logisch, oder?

Doch oft fällt eine Reaktion nicht so aus, wie man es sich im Nachhinein vielleicht gewünscht hätte oder es vielleicht besser gewesen wäre. Zwischen Reiz und Reaktion gibt es eine Lücke. Wenn Sie merken, dass eine Diskussion wieder zu eskalieren droht, kann es helfen, einen kurzen Moment innezuhalten und diese Lücke mit einem tiefen Atemzug zu füllen, um dann *pro-aktiv* statt wie sonst gewohnt in Ihrem alten Verhaltensmuster *re-aktiv* zu handeln, zu reagieren. Denn ein tiefer Atemzug bringt Klarheit und Energie und kann manch hitziger Diskussion förmlich den Wind aus den Segeln nehmen.

Durch diese bewusste Unterbrechung kann ein Gespräch eine erstaunliche Wendung nehmen, indem das Spiel mit einer »Win-win-Situation« endet. Eine:r beginnt mit dem Aufschlag und dann liegt es an jedem Einzelnen, wie das Spiel verläuft und ausgeht.

Ich wünsche Ihnen viel Freude beim Spielen.

Tennis

»Max, wir müssten jetzt mal so langsam vorwärts kommen. So viel Zeit bleibt uns nicht mehr. Wir sollten für die Stelle, die wir so dringend neu besetzen müssen, baldmöglichst jemanden finden. Und für die Finanzierung wäre es nicht schlecht, wenn wir da auch noch 20.000 Euro oder mehr aufs Konto bekämen.« Max schaute seinen Kollegen Oliver an.

»Ja! Ich weiß. Um das anzugehen, haben wir uns ja heute getroffen. Hast du schon eine Idee?«

»Noch nicht konkret. Aber lass uns einfach mal anfangen.« »Am besten gehen wir raus an die frische Luft und unterhalten uns bei einem Spaziergang. In der Bewegung kommen uns doch immer die besten Gedanken.«

Max und Oliver nahmen ihre Jacken vom Kleiderhaken und schauten ihre Mitarbeiterin Judith an, die gerade aus dem Fenster blickte.

»Die könnt ihr mit Sicherheit hängen lassen. Es ist heute so warm, damit kommt ihr höchstens ins Schwitzen.«

»Du hast Recht, Judith. Also bis später.«

»Bis nachher und dann bringt bitte eine praktische Problemlösung mit.«

Max und Oliver bildeten seit Jahrzehnten den Kopf der Sportabteilung. Sie waren ein absolut eingespieltes Duo, das vollkommen auf der gleichen Wellenlänge lag. Sie arbeiteten stets strukturiert, hatten aber auch keinerlei Scheu, unkonventionelle Dinge anzugehen. Ihnen beiden war es unter anderem zu verdanken, dass das Sportangebot für benachteiligte Kinder, Jugendliche und Erwachsene in der Stadt und im Umkreis in den letzten Jahren so enorm gewachsen war. Aber jetzt hatten sie ein Problem. Eine mehr als zuverlässige Mitarbeiterin hatte ihre Stelle aufgeben müssen. Nun war ein riesiges Loch entstanden, das Max und Oliver möglichst schnell stopfen mussten. Sie brauchten dringend eine Nachfolgerin oder einen Nachfolger.

Die beiden spazierten über die Felder und Radwege, die sich nur knapp 150 Meter hinter den Büros der Geschäftsstelle anschlossen. Ein lauer Frühlingswind wehte von hinten und erweckte im Zusammenspiel mit der immer wärmer werdenden Sonne die Natur an diesem Apriltag zu neuem Leben. Auf den Äckern ging langsam die Saat auf und in der Schrebergartenanlage, die sie nun passierten, sahen sie wie die Frühlingsblumen immer mehr aufblühten. Auch an den Bäumen hatte es angefangen zu sprießen. Die Apfel-, Birnen- und Kirschbäume blühten in strahlendem Weiß. Ein Wunderwerk der Natur breitete sich vor ihren Augen aus. Jetzt hörten sie von hinten eine Fahrradklingel. Max und Oliver traten zur Seite und ließen ein älteres Ehepaar auf ihren E-Bikes vorbeirollen. »Danke«, nickten ihnen die beiden zu und waren dann bald hinter der nächsten Wegkreuzung verschwunden.

Olivers Blick fiel auf einen etwa vierzehn Meter hohen Ahorn, der seine Äste und Zweige nach allen Richtungen ausstreckte. »Schau dir mal den Baum da drüben an, Oliver. Der ist mir gerade noch gar nicht aufgefallen. Aber als jetzt die beiden E-Biker vorbei gekommen sind und wir zur Seite treten mussten, ist er mir so richtig ins Blickfeld gerückt.« Oliver schaute in Richtung des Ahorns. »Der streckt sich ja in alle Himmelsrichtungen.«

»Genau. Und so denken wir jetzt weiter. In alle Richtungen. Wir werden jetzt noch zu Querdenkern – im positiven Sinne. Wir lassen erst mal alles zu, was uns in den Kopf kommt. Wir schließen gar nichts aus. Lass uns loslegen!« Max schaute den Ahorn noch einmal genauer an.

»Wir haben doch hier im gesamten Umkreis so viele Ausbildungsstätten um uns herum: Fachschulen für Erziehungswissenschaften, Sportinstitute, die Fachschule für Sozialwesen…«

»Dann die ganzen sozialen Einrichtungen. Da müsste doch was gehen.«

»Fitnessstudios. Damit sind wir hier ja auch reichlich gesegnet. Vielleicht will ja der eine oder die andere sich verändern.«

»Presse. Oliver, du hast doch einen superguten Draht zur Presse. Du kommst doch wirklich gut mit allen aus. Was hältst du davon, wenn du mal mit einigen von ihnen sprichst. Die kommen doch überall rum und kennen sich sowohl im Breiten- als auch im Spitzensport aus. Vielleicht kennen die da irgendjemanden.« »Okay, dann noch Presseartikel.« »Schnuppertermine.«

Max und Oliver gingen langsam weiter. Die Ideen flogen nur so zwischen ihnen hin und her. Auf jeden Einfall folgte prompt eine Ausarbeitung des gerade dargebotenen Lösungsansatzes. Von Minute zu Minute entfachten die beiden Macher ein Feuerwerk an Problemlösungsstrategien. Hätte jemand den beiden zugehört, so hätte man meinen können, dass man sich in einer Neujahrsnacht befände. Einmal angezündet, war das Gedankenfeuerwerk nicht mehr zu stoppen. Sie waren noch kaum eine Stunde unterwegs und die Lösungsideen nahmen von Minute zu Minute mehr Gestalt an.

»Okay! Das haben wir jetzt mal ziemlich ausgeführt. Jetzt sollten wir ans Geld denken«, setzte Max zu einer neuen Runde an. »Ich habe gerade gestern zwei sehr hochpreisige Wettbewerbe ausfindig gemacht. Da könnten wir uns bewerben.«

»Um wie viel Geld geht's denn da?«

»Bei dem einen sind es 75.000 Euro, bei dem anderen 50.000 Euro.«

»Hört sich gut an. Wer schreibt aus?«

»Einmal eine Stiftung mit Sitz in Stuttgart. Ein anderes Mal ein bundesweiter Wettbewerb. Liegt genau auf unserer Linie.«

»Und worum geht es? Sag mal ein paar Stichworte!«

»Inklusion, Teilhabe, Barrierefreiheit, Gleichberechtigung, Kinder/Jugendliche/Erwachsene, Innovation, Sport…«

»Das reicht. Das passt doch genau auf uns.«

»Okay! Das machen wir. Wahrscheinlich können wir nicht beide gewinnen, aber einer müsste doch drin sein. Wir fangen gleich an zu schreiben, wenn wir wieder zurück sind.«

»Wir können es uns ja aufteilen. Jeder nimmt sich einen vor!«

Über ihnen zog ein Schwarm Tauben dahin, ließ sich auf dem rechts abzweigenden Weg nieder, um sich dann

wieder in die Lüfte zu erheben, als zwei weitere Fahrradfahrer auf sie zukamen. Hinten, etwa 300 Meter weiter links von ihnen an der Waldlichtung, ging ein Mann
mit seinem Schäferhund spazieren. Immer wieder warf
er einen langen Holzstock, dem der Hund hinterherjagte,
um ihn erwartungsfroh zurückzubringen. Eine junge
Frau mit Kinderwagen kam ihnen entgegen. Max und Oliver grüßten kurz, waren aber weiter vollkommen in ihren
Themen vertieft.

Plop! Plop! Plop! Plop! Max und Oliver näherten sich
der Tennisanlage des Stadtteils. Die Geräusche der hin
und her fliegenden Tennisbälle gaben der so ruhig dalie-
genden Landschaft eine neue Melodie. Jetzt passierten die
beiden Freunde die Anlage. Sie blieben stehen und schauten dem Spiel auf dem Platz zu. Im rechten Feld stand ein
junger dynamischer Tennislehrer, der der Tennisschüle-
rin immer wieder passgenau die Bälle zuspielte, die diese
retournierte, sodass sich ein harmonisches Zusammenspiel ergab. Der Ball wechselte ständig von einer Seite auf
die andere.

»Wie bei uns«, bemerkte Oliver. »Eine Idee ergibt die
andere. Es ist beim Tennis echt genau wie bei uns. Man
muss seinen Gedanken nur freien Lauf lassen und sich
gegenseitig zuspielen. Sich nicht einkesseln lassen. Gut,
dass unsere Gedanken auf einem Level sind.«

»Oliver, wo wir jetzt gerade hier stehen und beim Tennis zusehen, da kommt mir eine neue Idee. In Stuttgart, in
der Porsche-Arena, findet doch zurzeit das Tennisturnier
um den Porsche-Cup statt. Das ist doch eines der attrak-
tivsten Damen-Tennis-Turniere der Welt. Ich habe schon

mal etwas mit Porsche gemacht. War eine super Zusammenarbeit. Wir haben uns gut ergänzt.«

»Und was hast du jetzt vor? Willst du dich als Frau verkleiden und heute beim Viertelfinale im kurzen Röckchen spielen, um dann ins Halbfinale zu kommen und die dicke Kohle zu kassieren?«

»Nein! Aber wenn es helfen würde, würde ich sogar *das* machen.«

Max holte sein Smartphone aus der rechten Hosentasche und blätterte in seinen Kontakten. »Ich habe hier noch Telefonnummern von Porsche-Mitarbeiter:innen, mit denen ich gut ausgekommen bin.«

»Ja und jetzt?«

»Jetzt rufe ich da mal an. Vielleicht ist ja jemand von denen gerade in der Porsche-Arena. Und wenn wir Glück haben, können wir kommen und unser Konzept vorstellen.«

»Das wäre ja echt der Hammer.«

Max wählte und hatte Erfolg. »Wenn Sie heute kommen, können wir uns gerne unterhalten. Ich bin den ganzen Tag in der Halle.«

»Oliver, wir fahren jetzt sofort nach Stuttgart. Los, auf!« Sie drehten auf dem Absatz um.

Vielleicht sollte das Tennis den Durchbruch bringen. Nachdem sie jeweils eine Karte für die Veranstaltung ergattert hatten, eilten Max und Oliver durch die Gänge der Porsche-Arena. Gerade lief das Match zwischen Laura Sigismund und Ludmilla Samsonowa. Die Bälle wurden hin und her gejagt. Es war ein Spiel auf allerhöchstem Niveau. Max und Oliver schauten begeistert zu. Das war Tennis der Extraklasse. Leider schied Laura Siegesmund nach einem 5:7, 3:6 aus. In einer Spielpause hatte Max seine Kontaktperson, Frau Schön von Porsche, angerufen und kurz nach Spielende saßen sie in deren Loge. Max und Oliver genossen den Blick von hier oben aus dem VIP-Bereich auf den Platz.

»Mein Gott, das ist wirklich Extraklasse, von hier oben aus zuschauen zu können. Es ist ja schon toll, was hier an Spitzensport geboten wird, aber das Ganze dann noch aus dieser Perspektive zu betrachten, ist schon vom Allerfeinsten. Deluxe.«

»Herr Reuter, Herr Römer, darf ich Ihnen etwas zu trinken bringen lassen? Und wenn Sie etwas essen möchten, können Sie sich gerne am Büfett bedienen«, sagte Max' Bekannte aus einem gemeinsamen früheren Projekt freundlich. Oliver blies vor Staunen seine Backen auf. »Nehmen wir gern, Frau Schön«, antwortete Oliver. Wir würden gerne ein Radler trinken.«

»Kommt gleich.« Frau Schön winkte einer Bedienung und bestellte das Gewünschte. »Herr Reuter, Herr Römer, was kann ich für Sie tun? Wie können wir Ihnen helfen?«

Max hob zu seiner Antwort an. »Frau Schön, herzlichen Dank, dass wir so schnell zu Ihnen kommen durften. Das ist ganz große Klasse. Wir haben ja schon mal so gut zusammengearbeitet. Das war sowohl für Sie als auch für uns sehr gewinnbringend.« Frau Schön nickte zustimmend. »Ich bringe es gleich auf den Punkt. Wir brauchen dringend finanzielle Unterstützung.« Und dann berichtete Max von der plötzlich eingetretenen Personalnot, in die sie hineingerutscht waren. Darauf aufbauend erläuterten Oliver und Max äußerst strukturiert und zielführend ihr Konzept, mit denen sie den Sport für benachteiligte Menschen pushen wollten. Unten in der Arena spielten sich gerade zwei weitere Tennisdamen ein. Die Bälle flogen hin und her. Die Schlaggeräusche wurden durch die Logenscheibe gedämpft.

Frau Schön blickte auf die beiden Weltklassespielerinnen unten in der Halle. »Es überzeugt mich total, wie Sie beide vorgehen. Das ist ja so professionell wie hier bei unserem Tennisturnier. Ja, wir geben Ihnen gerne eine finanzielle Unterstützung, wenn Sie unseren Namen immer wieder in der Presse erwähnen.«

»Herzlichen Dank, Frau Schön. Ich habe gewusst, dass ich bei Ihnen an der richtigen Adresse bin«, wandte sich Max ihr zu.

»Schon gut, Herr Reuter. Wir haben ja auch etwas davon. Wenn Sie sich jetzt am Büfett bedienen möchten? Sie sind eingeladen. Und wenn Sie Lust haben, dann schauen Sie auch gerne noch das kommende Spiel von hier aus an.«

Oliver und Max bedankten sich und bedienten sich an der reich gedeckten Tafel. Im zweiten Spiel gewann Paula Badosa aus Spanien gegen Ons Jabeur aus Tunesien mit 7:6, 1:6, 6:3. Begeistert fuhren Oliver und Max am späten Abend zurück. Sie klatschten sich ab. »Hat mal wieder gepasst. Heute angefangen und jetzt haben wir das Problem fast schon vom Tisch.«

Vier Wochen später kamen vier Kinder im Alter zwischen fünf und sechs Jahren in die Gymnastikhalle zur Psychomotorikgruppe gesprungen. Sie setzten sich zu den bereits anwesenden vier Spielgefährten.

»Katja, spielen wir heute wieder Piraten? Darf ich heute der Kapitän sein?«

»Und ich möchte Pirat sein!« Die Kinder strahlten genauso wie die neue Sportlehrerin Katja. Sie fühlte sich pudelwohl, ein so tolles Betriebsklima hatte sie wirklich nicht erwartet. Das war schon fast wie ein Sechser im Lotto und dann noch eine Arbeit, die so viel Spaß machte. Besser konnte es nicht sein.

Zur gleichen Zeit saßen Max und Oliver einen Kilometer entfernt in ihren Büros. Jetzt öffneten sie fast zeitgleich die Türen ihrer Zimmer und standen sich nun auf dem Flur gegenüber. Ein Strahlen ging über ihre beiden Gesichter. Vier Daumen ragten in die Höhe.

»Ich habe es gewusst. Einen Wettbewerb gewinnen wir. Die 50.000 Euro sind sicher.«

»Ich glaube, dass wir häufiger beim Tennisplatz vorbei gehen sollten.«

#Umarmung

»Eine innige Umarmung ist, als zöge man seine inneren Jalousien hoch, um die Sonne in sich reinzulassen.«

PETER E. SCHUMACHER

Eine Umarmung tut sooo gut. Das können Sie sicherlich bestätigen! Dabei spielt es weniger eine Rolle, ob sie von der Partnerin oder dem Partner, den Kindern, anderen Familienangehörigen oder Freunden kommt. Ich weiß nicht, wie es Ihnen während der Corona-Pandemie ergangen ist?

Haben Sie eine Umarmung eher gemieden, sich dennoch umarmen lassen und andere in die Arme geschlossen?

Haben Sie die Umarmungen vermisst?

Wissenschaftliche Studien haben gezeigt, dass sich Berührungen und Umarmungen positiv auf unsere Gesundheit auswirken. Dabei geht es sowohl um unser körperliches Wohlbefinden als auch um unsere seelische Verfassung.

Warum ist das so?

Unsere Haut ist das größte und sensibelste Sinnesorgan, das wir haben, unser Körper schüttet bei einer Umarmung das Hormon Oxytocin aus. Dieses Bindungshormon, das wir schon als kleine Babys von unseren Eltern kennen, reduziert Stress und stärkt die zwischenmenschliche Beziehung, die wir Menschen als soziale Wesen zum Überleben benötigen. Darüber hinaus werden auch die Glückshormone Serotonin und Dopamin ausgeschüttet, die uns glücklicher, zufriedener und resilienter machen. Glück, Zufriedenheit und Widerstandsfähigkeit tragen wiederum zu einem stabilen Immunsystem bei, das uns auf allen Ebenen gesund erhält.

Somit ist klar. Eine Umarmung kostet wenig, ist aber äußerst gesund.

So lade ich Sie heute ein, Ihr Leben mit offenen Armen zu empfangen, zu umarmen und dieses innere Glücksgefühl mit anderen Menschen zu teilen. Gerne auch mit einer herzlichen Umarmung, wenn es sich stimmig für Sie anfühlt.

Wer ist der oder die Nächste, die in den Genuss Ihrer Umarmung kommt?

Umarmung

Mit geschlossenen Augen saß Stefan vor dem Wohnzimmerfenster. Sein Atem ging ruhig. Jetzt öffnete er die Augen und blickte nach draußen in den Garten. Er sah die Büsche mit den roten und schwarzen Johannisbeeren. Genüsslich schob er seine Zunge im Mund von links nach rechts und zurück. Er schmeckte den leicht säuerlichen Beerengeschmack. Vor seinem geistigen Auge tauchten die Bilder aus seiner Kindheit wieder auf. Wie oft waren sie jeden Sommer mit der Mutter und der Oma zum Beeren pflücken gegangen. Ja, das war schön. Der Film lief weiter. Sein Blick blieb an der Schaukel hinten im Garten hängen. Wie hatten sie als Kinder dort häufig gespielt. Er hörte die hellen Kinderstimmen und das Lachen.

Stefan sah sich als kleinen vielleicht sechs- oder siebenjährigen Jungen mit strohblonden Haaren auf der Schaukel sitzen. Er hatte diese kurze Lederhose angehabt, die damals wohl alle Jungen in seinem Alter trugen. Schwarz war sie gewesen. Zwei Hosenträger links und rechts über die Schultern gezogen. Vorne und hinten waren sie an breiten Knöpfen befestigt und in der Mitte über der Brust prangte auf einem Lederstreifen ein röhrender Hirsch. »Schneller! Schneller!« Lautstark hatte er seinen Bruder angefeuert, der hinter ihm stand und ihm immer mehr Schwung gab. Irgendwann war er mit seinen Füßen auf der Höhe des oberen Gestänges angekommen. Dann hatte er ausgeschaukelt und mit seinem Bruder gewechselt.

Jetzt blickte er auf den Weg, der zu ihrem Haus führte. Er war immer noch nicht asphaltiert, sondern war nach wie vor naturbelassen. Als er noch ein Kind war, war dieser noch nicht so verdichtet gewesen wie heute, da er ja mittlerweile mehr als Zufahrt zum Haus genutzt wurde. Damals hatte kaum jemand ein Auto gehabt, und sie spielten als Kinder hier immer wieder Murmeln. Da war es einfach gewesen, sich mit der aufgestellten Ferse auf den Boden zu stellen, sich ein paar Mal im Kreis zu drehen und schon bekamen sie eine Vertiefung, die als Murmelziel diente. Es war eine wunderbare Kindheit. Nein, sie hatten nicht viel Geld gehabt, aber das vermisste er auch nie. Man konnte doch aus allem etwas machen. Ein bisschen Fantasie, ein wenig Kreativität. Hauptsache aktiv sein. Immer in Bewegung. Ja, das war ihm schon in die Wiege gelegt worden. Wieso kam er nun gerade auf diese sentimentalen Gedanken? Warum begab er sich gerade jetzt auf diesen Lebensrückblick? Irgendwie trugen ihn die Schaukel und der Gedanke an das Murmelspiel zurück in die Vergangenheit. Ja, es war wirklich schön gewesen. Jetzt trat seine Frau Christa hinter ihn und legte ihm beide Hände links und rechts auf die Schultern. »An was denkst du gerade, Stefan?«

»Ach, ich habe einfach nur mal daran gedacht, mit wie wenig wir damals als Kinder zufrieden waren. Eine einfache Schaukel, ein paar Murmeln, die meisten waren aus Ton, manchmal hatte man auch ein paar aus Glas. Aber die musste man dann im Spiel gewinnen.«

»Kann man sich heute gar nicht mehr vorstellen. Heute ist doch fast alles vorgefertigt«, antwortete sie ihm.

»Wann hast du eigentlich das letzte Mal Kinder mit Murmeln spielen sehen?«

»Weiß ich nicht. Die gibt es bestimmt nicht mehr. Aber es ist ja auch fast alles asphaltiert.«

Christa umarmte ihn von hinten. »Bevor wir uns beide jetzt ganz der Romantik hingeben, lass uns doch lieber noch eine Runde an die Luft gehen.«

Die Sonne schien durch das Wohnzimmerfenster und flutete den großen Raum in ein goldenes Licht. Stefan nahm seine Frau an die Hand und umarmte sie. »Es kommt mir gerade vor, als wäre es ein goldenes Zeitalter gewesen«, kombinierte Stefan nun seinen Ausflug in die Vergangenheit mit dem Sonneneinfall.«

»Stefan, jetzt fang' nicht auch noch an zu weinen! Das goldene Zeitalter gab es nicht nur in deiner oder in unserer Kindheit. Jede Zeit kann golden sein. Es kommt nur immer darauf an, was man daraus macht. Jetzt aber auf. Solange die Sonne scheint, sollten wir nach draußen gehen.« Sie zogen sich ihre Schuhe und Jacken an und fünf Minuten später waren sie auf dem Weg durch das kleine Dorf zum Meer. Es war nicht weit bis zum Strand. Eine leichte Brise wehte und die See war heute sehr ruhig. Das Sonnenlicht spiegelte sich im Wasser und einige wenige Familien, die mit ihren noch nicht schulpflichtigen Kindern die niedrigen Preise der Nachsaison ausnutzten, bauten am Strand Sandburgen. Fünfzig Meter von ihnen entfernt, versuchte ein vielleicht Fünfjähriger zusammen mit seinem Vater einen Drachen steigen zu lassen. Aber es bedurfte einige Versuche, bis er einigermaßen an Höhe gewann. Dazu war heute der Wind zu schwach. Die Sanderlinge, die kleinen Wattvögel, spielten am Strand und liefen immer wieder vor dem Wasser weg, wenn dieses näher kam. Stefan und Christa gingen Hand in Hand an der Wasserlinie entlang. Aus ihren Gesichtern und ihrer ganzen Körperhaltung strahlte eine innere Zufriedenheit. Jetzt kam ihnen ihr Bekannter Rainer entgegen, den sie von einigen Festen im Nordseedorf und von den sonntäglichen Kirchbesuchen kannten.

»Hallo, Christa und Stefan. Na, nutzt ihr das gute Wetter auch noch ein bisschen aus?«

»Ja! Es ist herrlich heute Nachmittag. Schöner kann

man es ja kaum haben. Da muss man doch an die frische Luft.«

»Stimmt. Wenn ich euch beiden jetzt hier treffe, da habe ich doch gleich mal eine Frage, die mir schon lange auf den Lippen brennt.«

»Ja! Was denn?«, antwortete Stefan.

»Ihr beiden strahlt immer so eine riesige Lebensfreude und Zufriedenheit aus. Woher habt ihr das? Was ist der Grund dafür?«

Christa und Stefan schauten sich fragend an. »Wie kommst du denn darauf, Rainer?«

»Es fällt einfach auf, dass ihr immer so zufrieden seid.«

»Rainer, so genau haben wir darüber noch gar nicht nachgedacht«, schaute Christa ihn erstaunt an. »Wahrscheinlich freuen wir uns einfach immer an dem, was wir haben. Wir brauchen nicht viel. Wir haben ja alles. Wir sind von so viel Schönem umgeben. Hier das Meer, da der Strand, die Vögel, die Sonne. Es ist doch herrlich. Da kann man doch so viel rausziehen.«

»Natürlich, dass wir beide uns auch noch haben und gesund sind, ist auch nicht selbstverständlich. Guck doch mal, wie viele in unserem Alter schon auf dem Friedhof liegen. Bei anderen stapeln sich die Medikamente auf dem Nachttisch. Wir tun eben alles dafür, dass es uns gut geht, aber das kostet nicht viel Geld«, ergänzte Stefan die Ausführungen seiner Frau. Rainer blickte die beiden an. »Da seid ihr aber schon eine Ausnahme, ihr beiden. Ja, vielleicht denke ich mal darüber nach. Danke! Aber jetzt muss ich weiter.« Er zog seine Kappe etwas mehr in die Stirn. »Vielleicht unterhalten wir uns darüber demnächst mal etwas ausführlicher. Finde ich gut eure Einstellung. Also bis dann.« Rainer ging zum Dorf zurück, während Christa und Stefan die andere Richtung einschlugen. Nachdem sie ein Stück weiter am Strand entlanggegangen waren, hielt Christa plötzlich an.

»Lass uns umdrehen Stefan. Ich hätte da mal eine Idee.«

»Was hast du denn vor?«

»Lass dich überraschen. Es wird dir bestimmt gefallen.« Sie nahm ihren Mann in den Arm. »Komm einfach!«

Gemeinsam machten sie sich auf den Rückweg. Rainer konnten sie nur noch als kleinen Punkt wahrnehmen. Zwei Minuten später kamen die beiden am Kinderspielplatz vorbei. Ein kleiner Junge und ein kleines Mädchen saßen auf der Wippe und liefen anschließend zum Klettergerüst, um sich daran entlang zu hangeln.

»Stefan, setz dich mal auf die Schaukel!«

Er blickte sie mit großen, fragenden Augen an. »Und jetzt?«

»Setz dich einfach!«

Stefan setzte sich auf das Holzbrett und Christa gab ihm von hinten Schwung. Immer höher hinauf ging es in die Luft. Stefans Gesicht überfuhr ein strahlendes Lächeln, das unendlich schien. »Das ist genial. Den Moment jetzt hier kann uns niemand mehr nehmen. Das kann man auch mit keinem Geld der Welt bezahlen.« Sein ganzer Körper war voller Adrenalin und Endorphine. Das war pures Glück. Hier in der Sonne schaukeln und dabei auf das Meer blicken. Langsam schaukelte er aus und umarmte seine Frau.

»Christa, war das die Überraschung? Eigentlich macht man sowas ja mit Mitte sechzig nicht mehr.«

»Warum nicht? Wenn wir wollen, können wir das doch bis zu unserem Lebensende tun. Es stört doch keinen.«

Zwei Rentner, die gerade den Spielplatz passierten, blickten sie fragend an, aber Christian und Stefan strahlten nur zurück.

»Jetzt komm, ich habe da noch eine Idee.«

»Ich bin gespannt, aber bei dir ist man ja vor nichts sicher.«

»Keine Angst, wird schon!«

Zu Hause angekommen ging sie an ihre alte Holztruhe, holte einen kleinen Stoffbeutel hervor und zeigte ihm diesen. »Weißt du, was das ist?«

»Murmeln?!« »Ja. Natürlich. Ich habe meine aufbewahrt.« Sie ging nach draußen vors Haus. »Und wo sollen wir jetzt spielen?« Christa deutete auf einen Teil des Weges hinter dem Haus. »Da hinten müsste es gehen. Komm lass es uns versuchen.«

Stefan strahlte. Er war das personifizierte Glück. Seine Augen suchten die Fläche ab. Dann ging er zum hinteren Ende des Weges. »Passt.« Stefan stemmte seine rechte Ferse in den Boden und drehte sich mehrmals um seine eigene Achse. Nach ein paar Sekunden hatte er eine kleine Vertiefung im Boden geschaffen. »Das müsste reichen.« Nebeneinander knieten Christa und Stefan in etwa drei Meter Entfernung von dem Loch und ließen abwechselnd ihre Murmeln in Richtung der kleinen Vertiefung rollen.

»Da guck! Ich habe schon drei drin.«

»Ich zwei. Aber von mir liegen schon vier ganz nah am Loch.«

Sie spielten mit der ungezügelten Begeisterung von Schulkindern. So wie sie es aus der Kindheit kannten. Die Zeit verging im Flug. Lebensfreude pur herrschte hinter dem Haus.

»So, aller guten Dinge sind drei«, hob Christa wieder an. »Was denn jetzt noch?«

»Da sind doch jetzt für ein paar Tage Fahrgeschäfte auf dem Dorfplatz. Lass uns da mal hingehen. Und dann machen wir den Tag perfekt!«

Eine Viertelstunde später saßen sie auf dem Kinderkarussell nebeneinander auf zwei Holzpferden und drehten sich unaufhörlich im Kreis. Passanten, vornehmlich ältere, die an dem Karussell vorbeikamen, schauten sie erstaunt und fragend an. Wahrscheinlich hielten sie die beiden für total verrückt. Ein älteres Ehepaar aber blickte sie an, als wollte es ihnen sagen: »Richtig! Wir würden es ja auch gerne machen, aber wir trauen uns nicht.« Als die dritte Fahrt zu Ende war, stiegen Christa und Stefan von ihren Pferden und schauten sich verliebt an. Sie umarmten sich und sahen sich tief in die Augen.

»Das ist es«, philosophierte Stefan. »Umarme dein Leben! Du hast nur eins. Jetzt umarme ich dich und dann machen wir es weiter so mit unserem Leben. Es bietet uns einfach alles. Wir müssen es uns nur nehmen.«

#Versteck

Welches Kind genießt nicht das Versteckspiel?

Ich erinnere mich noch sehr gerne an meine Kindheit zurück.

Sie auch? Hatten Sie damals ein spezielles Versteck?

Auch jetzt noch spiele ich gerne mit unseren Jungs »Verstecki«.

Zuerst die Frage: »Wer zählt, auf wie viel und wo ist die Grenze?«

Und dann geht's los. Alle schwärmen mit leisen Schritten in unterschiedliche Richtungen aus und suchen sich ein Versteck. Ganz still und leise – in der Hoffnung, als Letzte:r gefunden zu werden.

Haben Sie ein Geheimversteck? Wenn ja, was verbergen Sie darin und warum?

Auf der einen Seite schwingt bei einem Geheimnis ein gewisser Nervenkitzel mit, auf der anderen Seite kann es auch eine Last sein, etwas Geheimes mit sich herumzuschleppen. Eine lange Zeit, das ganze Leben lang, vielleicht sogar bis ins Grab?

Wir Menschen mit unserem ganzen Sein sind wohl auch ein großes »Geheimversteck«, in dem wir Erlebnisse, oder anderes vor unseren Mitmenschen verbergen. Das kann etwas Illegales wie ein Diebstahl sein, eine Sucht, ein Trauma oder eine Abtreibung oder natürlich auch ein weniger schwerwiegendes und belastendes Thema.

Ein Geheimnis trägt man entweder ganz alleine in sich oder man teilt es mit einem kleinen ausgewählten Kreis?

Haben Sie ein oder mehrere Geheimnis(se)? Wenn ja, was ist jeweils der Grund dafür?

Warum verstecken Menschen manche Tatsachen?

Wahrscheinlich, weil sie sich dafür schämen, ihnen etwas peinlich ist, sie den Mut nicht aufbringen können, sich zu outen oder weil sie Angst vor den Konsequenzen haben. Weil es vielleicht wirklich niemanden etwas angeht oder sie ein Versprechen oder gar Gelübde abgelegt haben?

Es gibt zahlreiche Gründe dafür und nur Sie alleine wissen um sie und entscheiden darüber. Nun sind alle bisher beschriebenen Geheimnisse welche, die diesen Menschen selbst bekannt sind.

Doch es gibt auch schöne Geheimnisse, von denen Sie vielleicht noch gar nichts wissen. Verborgene Schätze wie ein unentdecktes Talent für Kreativität aller Art, ein sportliches oder musikalisches Talent, das Talent, gut mit Kindern oder Erwachsenen umzugehen, gut zuzuhören, zu präsentieren oder zu reden… Die mögliche Palette ist riesig.

Dann gibt es die Geheimnisse, die andere (noch) vor Ihnen verbergen, wie zum Beispiel den Heiratsantrag Ihres

Zukünftigen oder Ihrer Zukünftigen, eine anstehende Beförderung, eine Überraschung, die für Sie geplant wird und vieles mehr.

Geheimnisse möchten entweder geheim bleiben oder gelüftet und entdeckt werden. Durch Sie selbst, indem Sie bewusst nach der Schatztruhe Ihrer Geheimisse graben, sich damit auseinandersetzen und das Geheimnis mutig lüften. Oder durch andere, die uns Geheimnisse schenken oder in uns wachküssen. Es ist immer wieder interessant, was sich hinter einem einzigen Wort so alles verstecken kann. So hat sich hinter diesem Impuls das Wort *Geheimnis* versteckt und offenbart.

Ich bin gespannt, was sich in Ihrem Versteck befindet!

Zum Schluss gibt es dieses Mal einen Witz: »Was ist ein Skelett unter der Kellertreppe? Sieger:in beim Versteckspiel.«

Versteck

Voller Verzweiflung raufte sich Corinna mit beiden Händen ihre blonden Haare, die ihr bis knapp über die Schultern hingen. Rund um den Schreibtisch lagen zerknüllte, halb voll geschriebene DIN-A4-Seiten. Auf dem Laptop war eine Datei zu sehen, die aber nur mit ein paar wenigen Zeilen beschrieben war. Das Arbeitszimmer machte einen mehr als chaotischen Eindruck. Corinna wechselte mit hektischen Schritten zwischen ihrem Laptop und dem Fenster des Arbeitszimmers hin und her. Jetzt tippte sie ein paar Worte in ihren PC. Nervös klopfte sie mit dem Kugelschreiber im Stakkato auf die Schreibtischplatte. Tock! Tock! Tock! Jetzt flog der Kugelschreiber an die Wand.

»Verdammt noch mal, verdammt! Ich kriege das nicht hin. Ich schaffe das nicht. Warum? Warum bekomm ich dieses blöde Bewerbungsschreiben nicht hin?« Sie ging erneut zum Fenster, zog die weiße Rollgardine nach oben und blickte in das draußen herrschende trübe Wetter. Im Wind bogen sich die beiden hohen Tannen vor ihrer Wohnung nach links. Regen- und Graupelschauer peitschten durch die Straße. Niemand war zu sehen. Wer ging auch schon bei diesem Wetter auf die Straße?

Corinna starrte angestrengt durch die Glasscheibe, als wollte sie dort in dem Sturm die richtigen Worte für ihr Bewerbungsschreiben finden. So wie das Wetter draußen fühlte es sich in ihrem Inneren an. Eine wohl achtlos oder gar auch mutwillig weggeworfene Plastiktüte wurde von einer Windböe erfasst und wirbelte von links nach rechts. Sie schien einen Tanz mitten in der Luft aufzuführen. Jetzt wurde sie etwas höher getrieben und klatschte gegen die Heckscheibe eines blauen Touran, der auf der gegenüberliegenden Seite parkte. Eine gelb gefleckte, etwas übergewichtige Katze kam auf ihren vier Pfoten aus dem Garten des Nachbargrundstücks geschlichen und suchte Schutz unter dem blauen Wagen. Inzwischen hatte der Regen noch mehr zugenommen, peitschte gegen ihr Fenster, an dem das Wasser jetzt in Schlieren von oben nach unten lief. Corinna schob ihren rechten Mittelfinger zwischen ihre Zähne und begann, daran zu kauen. Ihr Kopf war leer. Jetzt schritt sie in gebückter Haltung zurück zu ihrem Laptop. Das nicht fertig gestellte Bewerbungsschreiben lag ihr wie eine tonnenschwere Last auf den Schultern. Sie schien um Jahre gealtert zu sein. Mit dem linken Zeigefinger fuhr sie über ihre Lippen. So hatte das keinen Wert. Sie brauchte jetzt Hilfe. Nicht irgendwann. Jetzt sofort!

»Ich rufe Holger an. Warum habe ich das nicht schon längst gemacht?« Mit Holger war sie jetzt schon zwei Jahre zusammen. Sie verstanden sich prächtig. Holger wollte, nachdem es zwischen ihnen gefunkt hatte, sofort mit ihr zusammenziehen, aber sie hatte sich noch nicht getraut. Ihre letzte Beziehung mit Max war zwei Monate, nachdem sie sich eine gemeinsame Wohnung genommen hatten, mit einem krachenden Knall an die Wand gefahren. Gemeinsame Wohnung erst mal nicht. Corinna überlegte nicht lange und wählte seine Nummer.

»Corinna, schön, dass du anrufst.«

»Holger, kannst du mir helfen? Ich komme gerade nicht mehr weiter. Mein Bewerbungsschreiben!«

Holger hörte sie schluchzen. Ihre Stimme zitterte. Die Sätze kamen eher gestammelt. »Ich… ich habe eine totale Schreibblockade. Mein Zimmer sieht aus wie eine… ich weiß auch nicht, wie eine Altpapiersammelstelle. Kannst du mir bitte helfen? Holger, ich bekomme es einfach nicht hin. Und bis übermorgen muss ich das Schreiben doch abgeliefert haben.«

Auch wenn er sie gerade nicht sehen konnte, so meinte er ihren verzweifelten Gesichtsausdruck vor sich zu haben.

»Holger, hilfst du mir? Bitte!«

Holger war irritiert und besorgt zugleich. »Wie kann *ich* dir bei deinem Bewerbungsschreiben helfen? Du bist doch diejenige, die immer alles so gut formulieren kann.«

»Ja, aber heute geht gar nichts. Ich bekomme nichts aufs Papier.«

»Aber beschwere dich hinterher nicht bei mir, wenn es nichts mit der Stelle wird.«

»Holger, ich wäre dir so dankbar.«

»Dann sag mir doch bitte mal die wichtigsten Punkte, die in dem Schreiben drinstehen sollten.«

Corinna wollte gerade zu einer langen Rede ausholen, als Holger sie unterbrach. »Bitte beschränke dich auf das Wesentliche. Das ist zu viel.« Dann schrieb er ein paar von ihren Stichworten auf einen Zettel.

»Holger, dir wird bestimmt etwas einfallen.«

»Ich rufe dich zurück, wenn ich soweit bin.«

»Danke. Das ist so lieb von dir. Bis später.«

»Bis dann.«

Holger zog seine Jacke an und ging hinaus. In der Zwischenzeit hatte sich das Wetter gewandelt und die Sonne durchbrach immer mehr die dunklen Wolkenfetzen. In ein paar Minuten würde hier ein ganz anderes Bild vorherrschen. Holger nahm den Weg über die Wiesen und Felder, die unmittelbar an seine Wohnung grenzten, um sich auf einem Spaziergang inspirieren zu lassen. Im Kopf hatte er die Punkte, die Corinna ihm gesagt hatte. Dazu packte er jetzt die Charaktereigenschaften, die er so sehr an ihr schätzte: freundlich, offen, kommunikativ, zuvorkommend, ehrgeizig, zielorientiert, zuverlässig, pünktlich, belastbar… Er ließ alles auf sich wirken und beschäftigte sich anschließend mit dem, was die Firma, an die Corinna ihr Bewerbungsschreiben senden wollte, ausmachte. In seinem Kopf formierte sich immer mehr ein Bild. Als er an einem alten Holzschuppen vorbeikam, sah er oben rechts, genau im Winkel des Holzgebälks, ein feines Spinnennetz, durch das die Sonne ihre Strahlen schickte. Er blieb fasziniert stehen.

»So muss ich es machen. Jetzt muss ich die Fäden in meinem Kopf nur noch zusammenweben. Das müsste doch passen. So mache ich es!« Holger ging noch bis zur nächsten Wegkreuzung und bog dann nach links ab, um auf einem anderen Weg nach Hause zu gehen. Er rief Corinna an.

»Bin jetzt zurück. Ich setze mich jetzt hin und schreibe es mal zusammen.«

»Also hattest du einen Einfall? Bis später, ich bin so gespannt. Danke.«

»Ja, bis nachher.« Kurze Zeit später saß er an seinem Schreibtisch, nahm einen Bleistift zur Hand und fing an zu schreiben. Er musste es zuerst immer handschriftlich aufs Papier bringen, so flossen die Worte und Sätze viel schneller aus ihm heraus, als wenn er es gleich in den PC eingab. Nachher konnte er den Text dann ja diktieren.

Corinna hatte in der Zwischenzeit damit angefangen, ihr Zimmer aufzuräumen. Mit dem, was da auf dem Boden lag, ließ sich ja sowieso nichts mehr anfangen. Das ganze Papier landete im Kasten für die Papiersammlung des Sportvereins. Sie blickte sich erleichtert im Zimmer um. »Also, das sieht doch schon ganz nach einem Neuanfang aus.« Sonnenstrahlen fielen durch ihr Fenster. Sie blickte nach draußen. Ja, das miese Regenwetter hatte sich verzogen. Vielleicht war das ja auch ein äußeres gutes Zeichen. Sie vertraute ihm. 13.25 Uhr. Corinnas Handy klingelte. »Holger? Bist du schon fertig?«

»Ja, ich komme zu dir. Bin gleich da. 10 Minuten.«

»Freue mich total. Bin riesig gespannt.«

Wenig später gab er ihr einen Kuss an ihrer Haustür. »So, jetzt lies mal, ob du damit was anfangen kannst.«

Das Strahlen auf ihrem Gesicht breitete sich von Sekunde zu Sekunde mehr aus, als sie die Seiten las. Corinna schaute ihn mit offenem Mund an. »Holger. Du bist wahnsinnig. Das darf doch nicht wahr sein.«

»Wieso? Was ist denn?«

»Holger, in dir versteckt sich ein wahrer Schriftsteller. Wenn ich den Job jetzt nicht bekomme, dann weiß ich auch nicht.«

Holger strahlte sie an. Eine Stunde später drückte Corinna auf den Button Senden. »Holger, ich habe nicht gewusst, dass so ein verstecktes Talent in dir schlummert. Jetzt bekomme ich die Stelle und dann, dann holen wir deine bisher versteckten Talente und Energien, die da in dir wie in einem Vulkan schlummern, an die Oberfläche!«

Sieben Tage später hatte sie die Einladung zu einem Vorstellungsgespräch. Holger begleitete sie. »Das musst du jetzt aber alleine schaffen. Da kann ich dir jetzt nicht mehr helfen.« Corinna gab ihm einen dicken Kuss.

»Das musst du auch nicht. Die gute Top-Basis ist gelegt. Tausend Dank.«

»Ich bleibe in der Nähe und hole dich dann nachher wieder ab.« Er umarmte sie herzlich. Corinna verschwand hinter der großen Glastür. Sie würde es schon schaffen. Eine Stunde später. Holger stand wieder vor der Tür, als sie freudestrahlend aus dem Gebäude kam. Sie lief ihm entgegen und fiel ihm um den Hals. »Hab sie! Ich habe die Stelle!« Holger wirbelte sie herum und freute sich genauso wie sie. »Komm, lass uns ein bisschen spazieren gehen und dann arbeiten wir mal an deinen versteckten Talenten. Die kannst du doch nicht einfach so verkümmern lassen.«

Hand in Hand gingen sie durch die Wiesen und Felder. »Holger, du hast ein Talent, das nicht so viele Menschen haben. Du kannst mit Worten und Sätzen spielen. Mach doch was daraus. Überall an den Straßenrändern hängt doch diese Werbung: *Schreibe dein eigenes Buch* oder *Mit uns zu deinem Erstlingswerk*. Das klingt doch verlockend. Bei mir im Buchjournal sind auch immer wieder Kurzgeschichtenwettbewerbe ausgeschrieben. Beteilige dich doch mal daran. Kostet doch nichts.« »Meinst du?« »Meine ich nicht nur. Ich bin von deinem Können fest überzeugt.«

Drei Tage später reichte Holger seine erste Kurzgeschichte im ausgeschriebenen Wettbewerb ein. Zwei Monate später erhielt er einen Brief: »Sehr geehrter Herr Wiese, wir freuen uns Ihnen mitteilen zu dürfen, dass Sie bei unserem Schreibwettbewerb *Schwingende Feder* unter den ersten Preisträger:innen sind. Wir würden uns sehr freuen, wenn Sie höchstpersönlich an der Preisverleihung teilnehmen und Ihren Text vortragen würden. Die Reihenfolge der Preisträger:innen wird bei der Veranstaltung bekanntgegeben. Wir freuen uns sehr auf Ihre Antwort.

Mit freundlichen Grüßen...«

Holger lief zu Corinna und zeigte ihr das Schreiben. »Ich habe es gewusst Holger, dass da was in dir schlummert. Es war eben nur versteckt. Aber jeder Mensch hat doch etwas in sich. Man muss es nur rausholen aus dem Versteck. Jetzt haben wir dein riesiges Schreibtalent auch ans Licht gebracht. Erste Teilnahme und dann gleich unter den Preisträger:innen. Und wer weiß, vielleicht geht da noch mehr!?«

#Waage

> »Humor und Ernst sind wie zwei Waagschalen
> einer Waage.
> Man muss immer ein bisschen mehr
> in die Waagschale des Humors werfen,
> dann zeigt das Zünglein auch in die richtige
> Richtung.«

PETER PRATSCH

Eine Waage ist wohl in fast jedem Haushalt zu finden und für viele Menschen eine nicht wegzudenkende Alltagshilfe. Sei es in der Küche, im Bad oder zum Wiegen des Koffers für den nächsten Urlaub. Waagen gibt es beim Bäcker, auf der Post oder im Supermarkt um die Ecke. Auch in vielen Gewerben ist eine Waage ein Muss, wenn es um Gewicht oder Genauigkeit geht. Vielleicht sind Sie ja auch Sternzeichen Waage. Die Waage symbolisiert Ausgeglichenheit und Harmonie und ist nicht zuletzt deswegen Sinnbild für Gerechtigkeit und die Justiz.

Die ersten Waagen, sogenannte Balkenwaagen, wurden schon 5000 Jahre vor Christus in Ägypten verwendet, wie bei Ausgrabungen herausgefunden wurde. Sie wurden seither stetig weiterentwickelt und in ihrer Genauigkeit verbessert. In der Zwischenzeit gibt es wohl mehr elektronische Waagen als herkömmliche Balken-, Laufgewichtswaagen mit Eisengewichten oder Apothekerwaagen mit zwei Waagschalen.

Wortgeschichtlich ist die Waage verwandt mit dem Verb bewegen, denn ursprünglich war die Waage ein sich bewegender und schwingender Gegenstand. Das Sinnbild der Waage auf unser Leben zu übertragen, könnte eventuell so funktionieren: Manchmal legen wir Worte auf die Goldwaage, wollen etwas aufwiegen oder uns selbst oder eine Situation wieder ins Gleichgewicht bringen.

Wo spielt eine Waage in Ihrem Alltag eine Rolle? Inwiefern? In welchen Situationen fühlen Sie sich ausgeglichen?

Ausgeglichenheit und Zufriedenheit sind erstrebenswerte Ziele im Leben. Denn wenn man ausgeglichen und in seiner Mitte ist, geht vieles leichter von der Hand, man ist entspannter und blickt den Dingen gelassener ins Auge.

Als Biathletin stand ich viele Jahre vor der Herausforderung, zwei gegensätzliche Disziplinen im Wechsel unter einen Hut zu bekommen und zu beherrschen. Auf der einen Seite die totale Verausgabung auf der Loipe und auf der anderen Seite die vollkommene Ruhe beim Schießen. Der Wechsel von Anspannung und Entspannung. Und das, was ich als Biathletin erlebt habe, erleben Sie wohl auch in anderer Art und Weise jeden Tag. Es gibt Phasen, in denen Sie Leistung erbringen und voller Power sind und dann gibt es Phasen der Entspannung.

Wie gelingt ein Leben in Ausgeglichenheit?

Indem wir uns immer wieder bewusst gedanklich auf

die »Lebenswaage« stellen und schauen, wo ein Ungleichgewicht herrscht. Sei es auf physischer Ebene, in Gedanken oder auch emotional. Manchmal leichter gesagt als getan. Doch nur im Tun können wir auch etwas verändern und ins Gleichgewicht kommen.

Wie bringen Sie sich ins Gleichgewicht?

Wo fällt es Ihnen noch schwer, ins Gleichgewicht zu kommen?

Was braucht es noch, damit es Ihnen gelingen kann?

Ich wünsche Ihnen an jedem neuen Tag mindestens einen einzigen Moment, in dem Sie sich im Gleichgewicht befinden und zufrieden und dankbar dafür sind.

Und denken Sie daran: »Alles ist gleich(ge)wicht(ig)«.

Waage

Interessiert und mit leuchtenden Blicken stöberte Lukas in den Flohmarktartikeln, die in der alten Scheune links an der Straße, die aus dem Dorf hinausführte, aufgebaut waren. Er griff zu einer hölzernen Kaffeemühle, die er aus Kindertagen kannte. Ein quadratischer Holzklotz, auf dem sich oben eine metallene Kurbel befand. Knapp darunter war eine ebenfalls metallische Schiebevorrichtung zu sehen. Wenn man sie zur Seite schob, konnte man hier die Kaffeebohnen einfüllen, um sie anschließend mit der Kurbel zu mahlen. Erinnerungen an seine Oma kamen ihm jetzt wieder ins Gedächtnis. Sie war schon lange tot. In den 60er-Jahren war das. Lukas war damals zehn oder elf Jahre alt gewesen. Aber manche Bilder und Erlebnisse mit seiner Oma waren ihm einfach im Gedächtnis geblieben, so wie dieses Bild mit der Kaffeemühle. Jeden Morgen hatte sie eine solche Mühle zwischen ihre Knie genommen und den Kaffee gemahlen, der dann als Pulver unten in einem hölzernen Schiebefach wieder herauskam. Der Duft des frischgemahlenen Kaffees stieg ihm unverzüglich in die Nase. Er sah sich wieder in die einfache Küche zurückversetzt. Wie konnte die alte Kaffeemühle nur solche Bilder in ihm hervorrufen?

»Die nehme ich auf jeden Fall mal«, sagte er zu dem Flohmarkthändler. »Was kostet die?« »20 Euro.« »Mein lieber Freund, das ist aber ein bisschen viel. Sagen wir 10?!« »10 geht gar nicht!« Hinter ihnen fuhren gerade zwei Traktoren aus dem Dorf hinaus. Der Lärm, den sie verursachten, ließ das Gespräch verstummen. »Was hast du gesagt?« »10 geht gar nicht.« »Okay, 15!« »15 passt.«

Lukas stellte die Mühle auf der linken Seite des Tisches ab und schaute sich weiter um. Sein Blick blieb an einer alten gusseisernen Waage hängen. Links und rechts befanden sich zwei flache Waagschalen, die genau austariert in vollkommener Balance schaukelten. »Und wie viel willst du dafür?« »Auch 20.« »Mensch, jetzt waren wir doch eben so schön bei 15.« »Also gut. Weil du es bist. 15.«

Lukas nahm die Waage und wollte sich gerade die Kaffeemühle greifen, als eine etwa 50-jährige Frau neben ihn trat. Sie war von der gegenüberliegenden Straßenseite her gekommen. »Was wollen Sie denn mit all dem Plunder? Ist doch alles nur noch wertloses Zeug und man sollte es eher wegwerfen, als damit zu handeln und es irgendwo als Staubfänger hinzustellen. Das, was Sie hier ausgeben, könnten Sie besser für Coronageschädigte oder Ukraine-Flüchtlinge spenden. Dann wäre das Geld gut angelegt. Wissen Sie, das ist alles so deprimierend. Millionen von Menschen sterben an Corona. In der Ukraine liegen die toten Russen und Ukrainer in den Straßen. Menschen fliehen und Sie kaufen so eine dämliche Metallwaage.«

Lukas schaute die Dame fragend an. »Sie scheinen sehr deprimiert zu sein, wenn ich das aus Ihren Bemerkungen richtig heraushöre?!«

»Ja, bin ich auch. Das zieht mich einfach alles nur runter. Eigentlich kann ich schon gar keinen anderen Gedanken mehr fassen. Es ist alles so furchtbar und so schrecklich. Nachrichten schaue ich nur noch sehr selten. Zeitung lesen will ich am liebsten gar nicht mehr. Wo soll das Ganze denn noch hinführen? Am Ende landen wir noch in einem Dritten Weltkrieg oder wir sterben alle an Corona.«

»Gute Frau! Verraten Sie mir Ihren Namen?« »Rembold, Miriam Rembold – und wie heißen Sie?« »Lukas Kern. Frau Rembold, hätten Sie vielleicht ein wenig Zeit? Dann würde ich Ihnen gerne mit dieser Waage etwas zeigen.«

Miriam Rembold schaute auf ihre Uhr. »Ist ja sowieso egal was ich mache. Ist doch eh alles für die Katz.«

»Wenn Sie Zeit haben, Frau Rembold, dann begleiten Sie mich doch zum Biotop da vorne. Das ist nur zweihundert Meter entfernt. Kennen Sie das?«

»Natürlich. Das kennt doch hier jeder.« »Also, dann gehen wir.«

Lukas Kern packte die Kaffeemühle in seinen Rucksack. Die Waage nahm er in die rechte Hand. Als sie die Straße zusammen hochgingen, kamen zwei Traktoren an ihnen vorbei, die ihr Gespräch unterbrachen. Fünf Minuten später hatten sie das Biotop erreicht. Mit seiner absoluten Stille und Einsamkeit gab es ein idyllisches Bild ab. Lukas Kern und Miriam Rembold setzten sich auf eine verwitterte Holzbank, nahe dem kleinen Teich. Das Holz wies schon einige Risse auf, in denen ganz zarte, erste Moosgeflechte wuchsen. Auch etwas Blütenstaub hatte sich an das verblasste Holz gehaftet. Lukas Kern stellte die Waage zwischen sich und Frau Rembold. Jetzt hob er einige kleine Kieselsteine, die vor der Bank lagen, auf und legte sie ebenso zwischen sich und seine Gesprächspartnerin. »Frau Rembold, sehen Sie dieses herrliche Naturschauspiel, in dem wir uns hier befinden?«

»Ja schon, aber was haben wir davon, wenn woanders die Menschen reihenweise sterben?«

»Ich mache Ihnen mal einen Vorschlag. Sehen Sie hier die kleinen Kieselsteine?« »Ja und?! Was wollen Sie jetzt damit machen?« »Passen Sie mal auf. Für alles, was Sie bedrückt, legen Sie einen Stein auf die rechte Waagschale, und ich lege einen Stein für meine Sichtweise auf die linke Waagschale. Okay?« Er blickte sie an und schob ihr ein paar der Kieselsteine zu.

»Ich habe unheimlich Angst vor Corona. Ich will das nicht haben. Es sind schon so viele Menschen daran gestorben.« Frau Rembold nahm einen der Kieselsteine und legte ihn auf die rechte Waagschale, die sich nun senkte.

Lukas Kern ergriff ebenfalls einen Stein, blickte ihn an und nahm ihn dann zwischen Daumen und Zeigefinger seiner rechten Hand.

»Schauen Sie mal da vorne zu den vier Tannen. Ist das nicht ein herrlicher Anblick? Sie wachsen und wachsen, egal was auf der Welt passiert. Die Bäume brauchen die Menschen nicht, sie überleben auch so.«

Lukas Kern legte einen Stein auf seine Seite der Waagschale. Nun war die Waage wieder in der Balance.

»Finden Sie es nicht fürchterlich, was da gerade alles um uns herum passiert, das ist doch vollkommen unmenschlich und schlimm? Das macht mich ganz fertig.« Sie legte einen weiteren Stein auf ihre Seite der Waage, die sich nun erneut senkte.

»Ich stimme Ihnen vollkommen zu, Frau Rembold, aber betrachten Sie doch einmal dieses wundervolle Biotop.« Er deutete auf den vor ihnen liegenden Tümpel, auf dem nun einige kleine Frösche von einer Seerose zur anderen sprangen, sich setzten und ein feines Quaken von sich gaben. »Ist das nicht ein herrliches Bild? Ein wahres Geschenk, was uns hier präsentiert wird. Man muss es nur sehen und schätzen.«

Lukas legte einen weiteren Stein auf seine Seite der Waage. Auf diese Art und Weise verlief das Gespräch in ständigem Wechsel weiter und auf jeder Seite wurden die Kieselsteine nacheinander auf die jeweilige Waagschale gelegt. Nach einiger Zeit gingen Frau Rembold allerdings die Argumente, warum es ihr so schlecht ging, aus - während Lukas Kern immer mehr Steine auf seine Schale legte. Etwas später hatte sich seine Waagschale ganz zur

Seite geneigt und es sich auf dem Holz der Bank gemütlich gemacht.

»Schauen Sie mal, Frau Rembold. Sie haben viele Argumente gebracht, warum es so schlimm ist auf dieser Welt. Ich stimme Ihnen da ja auch zu. Aber letztendlich scheinen doch meine Argumente überwogen zu haben. Gucken Sie doch mal auf die Waage.« Frau Rembold blickte auf die gusseiserne Waage, die zwischen ihnen stand. »Ja, das stimmt schon, aber ...«

»Ich verstehe Sie ja sehr gut. Aber Sie können weder an Corona noch an dem Ukraine-Konflikt etwas ändern. Das sind riesige Probleme. Da stimme ich Ihnen auch zu. Das streite ich gar nicht ab, ganz im Gegenteil. Aber wenn Sie und ich deswegen nur noch den Kopf hängen lassen, dann wird es auch nicht besser. Dann befinden Sie sich in einer ständigen Abwärtsspirale und ziehen sich in einen negativen Sumpf von Gedankenspielen und Gefühlen hinein. Aber Corona und Krieg verhindern Sie dadurch auch nicht.« »Ja, eigentlich haben Sie ja Recht.«

Auf den Baumwipfeln der ihnen gegenüberstehenden Tannen hatten sich mittlerweile zwei Greifvögel niedergelassen, die auf den Froschteich hinunterblickten. »Sehen Sie, Frau Rembold, man muss dem ganzen Negativen auch mal was Positives entgegenstellen. Und manchmal liegt das Positive so nah vor uns. Wir müssen es nur sehen und nehmen. Schauen Sie sich doch mal um.« Frau Rembold nickte. »Ja, Sie haben ja Recht, aber ...!«

»Wissen Sie was? Das Leben ist viel zu kurz, um ein langes Gesicht zu ziehen! Nehmen Sie doch auch einmal die positiven Dinge des Lebens wahr! Sie kosten genau so viel Energie, aber bewirken ein ganz anderes Ergebnis.«

Die beiden blickten auf die Waage, die noch immer auf Lukas' Seite gesenkt war. Er nahm die Steine aus der Waagschale und legte sie neben sich auf die alte Holzbank. »Wissen Sie was, Frau Rembold, ich schenke Ihnen die Waage und wenn Sie mal wieder Zweifel haben und die Gefahr besteht, dass Sie in depressive Phasen verfallen, dann nehmen Sie doch einfach die Steine und wägen mal gegeneinander ab.«

»Danke, Herr Kern. Man wird sehen!« Er drückte ihr die alte Waage in die Hand. »Sehen Sie, so ganz umsonst war der Kauf eben doch nicht. Gemeinsam verließen sie das Biotop und verabschiedeten sich voneinander. Als Lukas Kern in sein Auto stieg, blickte sie ihm noch lange hinterher. Dann sah sie auf die Waage und trat nachdenklich den Heimweg an.

#Xylophon

»Das Xylophon, das Xylophon
kommt niemals ohne Ypsilon,
Das Ypsilon gehört dazu,
wie an die Füße ein Paar Schuh.«

REGINA SCHWARZ

Ein Wort mit X zu finden, das wir im täglichen Gebrauch haben, ist gar nicht so leicht. Xenonlicht vielleicht?! Wir haben das Xylophon gewählt. Ein Instrument, das wir gleich mit Kindergarten oder Grundschule verbinden.

Haben Sie noch Erinnerungen daran? Vielleicht an das Aussehen?

Welche Farbe hatten die hölzernen Klangplatten? Dunkel, hell?

Wie klang es, als Sie darauf gespielt haben?

Welche Melodien kommen Ihnen in den Sinn?

Auf dem Xylophon können wir einfache Rhythmen schlagen, Melodien spielen und dazu mitsingen.

Welches Kinderlied ist Ihnen noch aus dieser Zeit in guter Erinnerung? Wer hat es gespielt und mit wem haben Sie gesungen?

Mit dem Xylophon können Sie auch Ihre ganz persönliche Lebensmelodie spielen. Wenn Sie ein Xylophon besitzen, dann holen Sie es doch einfach raus und komponieren Sie intuitiv Ihre eigene Lebensmelodie!

Viel Freude dabei.

Xylophon

Tief in Gedanken versunken schlenderte Marc durch den Fichtenwald. Nach den hektischen Arbeitstagen musste er jetzt einfach mal abschalten, zur Ruhe kommen. Zig Telefonate, Teambesprechungen, Leitungskonferenzen, Berichte schreiben, Artikel verfassen und, und, und – das Pensum in dieser Woche war enorm gewesen. Kaum einmal eine Minute zum tief Durchatmen. Wenn er am Abend gegen 19 Uhr die Firma verlassen hatte, nahm er sich immer noch ein paar Unterlagen mit nach Hause. Häufig arbeitete er bis weit in die Nacht. Durchschlafen bis zum frühen Morgen war für ihn einfach eine Ausnahme.

Jetzt wollte Marc endlich wieder einmal seinen Kopf frei bekommen. Einfach mal an nichts mehr denken müssen. Die Sonne strahlte. Ihren Zenit hatte sie nun nach der Mittagszeit schon überschritten, als Marc auf die Waldlichtung trat. Die warmen Strahlen wärmten seinen Rücken. Hoch oben in den Bäumen zwitscherten ein paar Vögel, als würden sie sich unterhalten. Ein paar kleine weiße Wolken zogen vorbei und Marc genoss diese ruhige

Atmosphäre. Endlich mal kein Anruf, kein Besprechungs-
termin. Nichts. Sein Handy hatte er bewusst zu Hause gelassen. Heute Nachmittag wollte er wirklich ganz bewusst
bei sich sein. Doch was war das? Klopfte da vielleicht ein
Specht an einen Baumstamm? Marc wendete seinen Kopf
nach links in den angrenzenden Wald. Doch wie sollte er
den Vogel bei den vielen Bäumen dort hinten erspähen
können? Wenn er näher gehen würde, würde der Vogel
verschwinden. Jetzt hörte Marc genauer hin. Nein. Das
war doch kein Vogel. Das Hämmern eines Spechts hörte
sich komplett anders an. Nein, das war doch Musik. Es
klang nach einer Melodie. Marc richtete seinen Fokus erneut aus. Er konzentrierte sich auf die Geräusche.

»So weit kann das doch gar nicht weg sein.« Jetzt vernahm er die Töne konzentrierter. Er hörte die liebliche
Melodie, die genau in diese idyllische Landschaft und die
ruhige Atmosphäre passte. So etwas hatte Marc noch nie
gehört und mitbekommen. Langsam schritt er in Richtung der Musik. Und dann sah er ihn. Circa 30 Meter von
ihm entfernt, saß auf einer alten, schon halb verwitterten Bank, ein vielleicht gerade zehn Jahre alter Junge.
Vor sich hatte er ein Holzinstrument stehen, das er mit
zwei Schlägeln spielte. Marc blieb stehen und lauschte
ganz fasziniert den wunderschönen Tönen, die über die
Lichtung schallten und die ganze Umgebung erfüllten.
Als die letzten Töne verklungen waren, wagte sich Marc
von der Stelle und ging auf den kleinen Musikanten zu.
Blieb dann links von ihm stehen. Der laue Sommerwind
rauschte sacht in den Wipfeln der Bäume. Drei Raben ließen sich auf den Spitzen von zwei Fichten nieder und

schienen ebenfalls den Klängen zu lauschen. Ganz langsam fing Marc an zu klatschen und zu applaudieren. Jetzt hob er beide Daumen, um dem Musikanten sein aufrichtiges Lob zu zollen.

»Fantastisch! Wo hast du gelernt, so wunderbar auf diesem Instrument zu spielen? Ich kann mich nicht erinnern, jemals eine so tolle Xylophonmusik gehört zu haben. Wie heißt du denn?«

»Max.« Max hob den Kopf und schaute Marc mit traurig wirkenden Blicken in die Augen. In der linken Hand hielt er die beiden wattierten Schlägel. Jetzt legte er sie auf dem Xylophon ab. »Wir haben in der Schule jeder mal verschiedene Instrumente ausprobieren dürfen und das Xylophon hat mir davon am besten gefallen. Deshalb habe ich gefragt, ob ich es auch mal mit nach Hause nehmen darf. Und Frau Seifried hat es dann erlaubt.«

»Frau Seifried? Ist das deine Lehrerin?« »Ja, meine Musiklehrerin.«

»Da hast du aber viel bei ihr gelernt. Und warum spielst du jetzt hier im Wald und nicht zu Hause?« Die Augen von Max senkten sich wieder zum Boden. Er schluchzte. Marc sah, wie sich die Lippen des Jungen aufeinanderpressten. »Willst du nicht darüber sprechen?« Marc erhielt zunächst keine Antwort. Max schüttelte den Kopf.

»Du spielst so wunderbar und hast mir damit so viel Freude gemacht. Das ist einfach nur toll. So eine Begabung haben nur ganz wenige Menschen.«

»Ehrlich?«

»Ja, ganz bestimmt. Und warum spielst du dann nicht zu Hause?«

»Mein Papa ist von der Frühschicht nach Hause gekommen und hat sich hingelegt. Er wollte einfach nur schlafen. Als er mich dann spielen gehört hat, hat er nur noch gebrüllt: Hör endlich mit dem Gehämmer auf. Das ist ja furchtbar. Mir platzt der Schädel. Holzhacken kannst du auch im Wald. Pack das blöde Ding ein. Ich will meine Ruhe. Ja und dann bin ich hierher gegangen. Hier hört mich ja keiner und da kann ich ungestört spielen.«

»Ja, aber jetzt habe ich dich gehört und du spielst so fantastisch.« Max blickte ihn an und in seine Augen kam ganz allmählich ein leichtes Lächeln. »Ehrlich?« »Ganz ehrlich! Spielst du noch einmal? Vielleicht nur für mich oder besser für uns beide.« Max nahm die beiden Schlägel und spielte eine neue Melodie. Ohne Noten, ohne Blatt, einfach so. Die Töne hefteten sich einer an den anderen und die Musik erfüllte die gesamte Lichtung.

»Ich sollte jetzt weiter«, sagte Marc und strich Max mit der linken Hand über den blonden Kopf. »Treffen wir uns wieder?« »Wenn du willst. Ja! Jetzt bringe ich das Xylophon wieder in die Schule. Ich kann das beim Hausmeister abgeben. Mein Vater würde es höchstens in den Keller sperren.« »Komm! Ich gehe mit dir. Ist das okay?« »Okay.«

Gemeinsam verließen Marc und Max den Wald und gingen zur nahegelegenen Schule. Herr Maier, der Hausmeister, nahm das Xylophon entgegen. »Herr Maier, könnten Sie mir bitte mal die Telefonnummer von Frau Seifried geben, dass ich sie anrufen kann?« »Das darf ich nicht. Datenschutz. Aber rufen Sie doch morgen einfach mal im Sekretariat an. Die werden Ihnen bestimmt weiterhelfen.«

Marc nickte. In seinem Kopf reifte ein Entschluss heran. Er wollte diesen Jungen glücklich machen. So ein Talent, so eine Begabung, so eine Begeisterung konnte man doch nicht einfach ungenutzt verstreichen lassen. Marc und Max verabschiedeten sich. »Sehen wir uns morgen wieder, Max?« »Wenn du willst, ja. 14 Uhr?« Marc nickte.

Am nächsten Tag saßen Marc und Max wieder zusammen an der Waldlichtung. Max spielte erneut auf dem Xylophon, Marc hörte fasziniert zu. »Ich habe heute mit deiner Lehrerin gesprochen. Sie wäre damit einverstanden, wenn du mal vor dem Eingang unserer Firma spielen würdest. Hättest du Lust dazu? Ich lade dich ein! Wie wäre es nächste Woche Dienstag? Sagen wir von 16 bis 17 Uhr, kurz hinter der Stadthalle, Unter den Linden, da ist meine Firma. Ich würde dich abholen?«

Max strahlte ihn an. »Gerne! Das machen wir!« Max und Marc schlugen die Hände ineinander und strahlten sich beide an. »Das wird gut. Das wird nicht nur gut. Das wird super.« Marc lächelte Max an.

Am Dienstagnachmittag hatte Max ein etwas größeres Xylophon vor der Firma von Marc aufgebaut. Die ersten Töne waren sehr getragen und wurden durch langsame Schläge auf die Holzstäbe hervorgerufen, aber dann steigerte sich Max immer mehr. Die Hände flogen übereinander. Immer mehr Passanten blieben stehen, konnten sich dem Zauber der Musik nicht länger entziehen. Firmenmitarbeiter, die aus dem Haupttor herauskamen, um ihren Heimweg anzutreten, stoppten ihre schnellen Schritte und lauschten dem Xylophonspiel des blonden Jungen. Bald hatten sich über hundert Menschen um

Max versammelt, und als der eine kleine Pause einlegte, erscholl ein tosender Applaus über den großen Freiplatz der Firma.

Marc stand etwas im Hintergrund. Kleine Tränen der Rührung flossen aus seinen Augen. Was hatte er da Wunderbares hinbekommen? Der kleine Junge und dieses herrliche Xylophonspiel hatten es geschafft, dass er über seinen hektischen Arbeitsalltag neu nachgedacht hatte. Er würde etwas verändern. Und zwar sofort. Er blickte über die große Menschenmenge, die zunehmend anwuchs. Vielleicht hatten er und Max jetzt aber auch andere Menschen erreicht. Marc streckte beide Daumen in die Höhe und blinzelte Max zu, als dieser wieder anfing zu spielen. »Und zu deinem Vater gehe ich auch. Den kriege ich noch hin«, sagte er sich. Dann genoss er weiter das wundervolle Xylophonspiel seines jungen Freundes.

 #Yippie

»Ein mit voller Inbrunst und freudig heraus-
gebrülltes Yippie im Ziel lässt innere
Herzensfreude nach außen explodieren.«

MARTIN SOWA

Zu Y fällt mir ganz spontan *Yippie* ein. In unserer heutigen Zeit wohl ein »altbackenes« Wort, das von *Yes, Yeah
und Mega* ersetzt wurde. Ein *Yippie* ist für mich Ausdruck
unglaublicher Freude. Wenn etwas Großartiges passiert ist,
es einen Erfolg zu feiern gibt und damit aller Grund zum Jubel und zur Freude besteht.

*Gibt es in Ihrem Wortschatz das Yippie und wie oft verwen-
den Sie es?*

*Oder wie bringen Sie große Freude und Jubel für sich per-
sönlich zum Ausdruck? Eher still und leise oder mit sichtbarer
Gestik und hörbarer Lautstärke?*

Als ich noch aktive Biathletin war, habe ich mich immer
sehr über all die Menschen im Stadion gefreut. Ihr lauter

Anfeuerungsjubel und ihre sichtbare Begeisterung haben
uns Sportler:innen immer wieder von Neuem motiviert und
beflügelt.

Ich bin mir sicher, dass es einige Menschen gab, die sich so etwas alleine nie getraut hätten, sich aber von der kollektiven Freude der gleichgesinnten Fans im Stadion haben anstecken lassen. Denn wo kann man sich im Alltag einfach so »im Jubel gehen lassen« wie in einem Sportstadion, bei einem Musikkonzert oder einer Großveranstaltung? Stellen Sie sich mal vor, Sie würden nach einer Beförderung im Job lauthals durchs Großraumbüro tanzen, vor Freude jubeln und grölen und sich selbst feiern! Was gäbe es für Reaktionen? Zugegebenermaßen würde es der Anlass sicherlich rechtfertigen. Doch unsere Vernunft hält uns meist davon ab. Schade eigentlich!

Aber allein schon die Vorstellung, bei der nächsten Gelegenheit gedanklich voll abzufeiern und sich in einen *Yippie*-Rausch zu katapultieren, würde in Ihnen ein Feuerwerk von Endorphinen heraufbeschwören, das Sie vielleicht dann doch noch dazu bringt, den Jubelschrei mit der Außenwelt zu teilen. Wer weiß?

Freude mit anderen Menschen zu teilen ist einfach wunderbar, denn geteilte Freude ist bekanntlich doppelte Freude.

Ich wünsche Ihnen viele solcher *Yippie*-Momente in Ihrem Leben.

Yippie

Leicht nach Luft ringend blieb Thomas, 41 Jahre alt, auf dem Treppenabsatz stehen. Er keuchte, hielt sich mit der linken Hand am Geländer fest. Sein Blick ging nach oben. Noch zwei Stockwerke, dann würde er in seinem Büro sein. Verdammt! Warum fiel ihm das jetzt nur so schwer? Er war doch früher ein so guter Sportler gewesen. ›Die Lunge‹ hatten seine Mitspieler vom Fußballverein ihn immer genannt. »Den bekommst du nie kaputt! Der läuft und läuft und läuft!«

Ja, tatsächlich, in seinem Verein hatte er auf der rechten Seite gespielt, als Rechtsaußen, vorne im Sturm. Eigentlich lag sein Betätigungsfeld hauptsächlich zwischen Mittellinie und gegnerischem Strafraum. Kein Dribbling, keine Attacke war ihm zu viel gewesen. Hier von rechts außen hatte er seine gefährlichen Flanken immer wieder in den Strafraum des Gegners geschlagen. Er war der geniale, nimmermüde Vorbereiter. Die gegnerischen Mannschaften fürchteten ihn. Thomas, der Konditionsbolzen auf der rechten Seite. Meistens verschliss er zwei Gegenspieler während der 90-minütigen Spielzeit. Sie kamen einfach nicht mehr hinterher. Nie war er sich zu schade gewesen, auch nach hinten in der Abwehr mit auszuhelfen, sich die Bälle zu holen. »Bleib immer nah an der Lunge dran«, hatten die Trainer der gegnerischen Mannschaften ihren Verteidigern jedes Mal eingebläut. »Bleib ihm auf den Zehen stehen! Lass ihn nicht zum Laufen kommen, sonst ist der weg.« Doch Thomas,

die Lunge, hatte sich immer wieder ab- und durchge-
setzt.

Jetzt, zehn Jahre nachdem er mit dem aktiven Fußball-
sport aufgehört und seine Karriere beendet hatte, war
nicht mehr viel von »der Lunge« zu sehen. Einige junge
Kollegen kamen von oben heruntergerannt, nahmen zwei
oder drei Stufen auf einmal. Wieder andere sprangen,
sich mit der rechten Hand am Geländer haltend, an der
Treppenkante von einem Treppenaufgang zum anderen,
um die Kurve zu nehmen.

»Hey Thomas, was ist mit dir los? Warum gehst du nicht
weiter? Ist dir nicht gut? Timo, 32 Jahre alt, seit drei Jahren
Arbeitskollege von Thomas, kam von unten hoch, immer
zwei Stufen auf einmal unter den Füßen. Timo blieb neben
ihm stehen und blickte seinen Kollegen, mit dem er sich in
letzter Zeit angefreundet hatte, kritisch an. »Hast Du was
am Herzen? Macht die Pumpe nicht mehr mit?«

»Nein! Nein! Alles gut, Timo. Das Handy hat nur gerade
geklingelt und ich hatte es noch in der Hosentasche. Habe
es nicht schnell genug herausbekommen. Dann war der
Anruf schon wieder weg.« Thomas fingerte sein Handy
aus der rechten Tasche.

»Pass auf dich auf, Thomas. Das gefällt mir gar nicht.«

»Alles okay. Mach dir keine Sorgen. Alles gut«, antwortete er, obwohl er wusste, dass gar nichts gut war.

Nachdenklich ging Timo weiter. Irgendetwas stimmte
nicht mit seinem Kollegen. Er würde einfach in Zukunft
ein Auge mehr auf ihn werfen müssen. Derweil blickte
Thomas auf das Display seines Handys. Beim Telefonzei-
chen blinkte nichts auf. Kein Anruf. Thomas steckte es

wieder ein. Ruhig und gemächlich nahm er Stufe für Stufe, um in sein Büro zu kommen. Geschafft! Immerhin hatte er es noch ohne Aufzug erreicht. 10 000 Schritte am Tag! Das hatte er sich vorgenommen.

»Hey Thomas, hättest du nicht Lust, mit Klaus und mir die Fahrradtour mitzumachen? Wir wollen mal Richtung Allgäu und zurück. So etwa 100 Kilometer.« Thomas verzog etwas das Gesicht. Ein ungutes Gefühl machte sich in ihm breit, so als ob er etwas Verdorbenes gegessen hätte. Klaus war doch so eine Sportskanone. Auf der anderen Seite war Fahrradfahren ja leichter. Da konnte er im Sattel sitzen bleiben. Aber wenn nicht? Thomas kämpfte mit sich, wollte sich dennoch keine Blöße geben. Was nur antworten? Das flaue Gefühl im Magen verstärkte sich.

»Wann wollt ihr denn fahren?« »Morgen früh!«

»Morgen? Schön! Ja, ich weiß nicht. Eigentlich wollte ich da...« Thomas blickte aus dem Fenster und starrte über das Nachbargebäude auf den Hausberg der Stadt, der dort in der prallen Sonne lag. »Eigentlich wollte ich...«

»Thomas, morgen ist Samstag. Es ist ein herrlicher Tag angesagt. Bestes Wetter. Du musst doch auch mal wieder raus. Du kannst doch nicht nur arbeiten und arbeiten. Am Ende dankt es dir keiner!«

Thomas blickte auf den Bildschirm seines Laptops und schien ganz versunken in die dort angekommenen Mails zu sein.

»Thomas, morgen früh um 8 Uhr bin ich bei dir. Dann holen wir Klaus ab und los geht's!«

Thomas sah keine Möglichkeit mehr aus dieser Sache

rauszukommen. »Okay! Ich komme mit. Du lässt mir ja sowieso keine Ruhe.«

Draußen vor dem Fenster zogen ein paar weiße Wölkchen am Himmel entlang und auf dem gegenüberliegenden Dach hatten sich zwei Elstern niedergelassen. Thomas trat ans Fenster und blickte dem Milan nach, der hier seit Wochen seine Kreise zog. Es war ein Traumwetter und er saß die meiste Zeit in seinem Büro und arbeitete. Er war sich aber ganz und gar nicht sicher, ob er nicht gerade einen großen Fehler gemacht hatte. Er presste seine Lippen aufeinander, versuchte sich auf seine Arbeit zu konzentrieren. Aber es gelang ihm an diesem Morgen fast gar nichts mehr. Seine Gedanken gingen immer wieder in die Vergangenheit. Warum hatte er nach dem Fußballende bloß nicht weitergemacht? Warum hatte er seine Sportaktivitäten praktisch auf null runtergefahren?

Am Samstagmorgen stand Thomas pünktlich um kurz vor 8 Uhr mit seinem Rad vor seiner Wohnung, als Timo angefahren kam. Über ihnen strahlte die Sonne und tauchte die gesamte Landschaft in ein herrliches Licht. »Besser hätten wir es gar nicht treffen können. Das wird bestimmt ein super Tag«, freute sich Timo. »Bestimmt!« Thomas' Stimme zitterte ein wenig, während er versuchte einen gut gelaunten Gesichtsausdruck an den Tag zu legen, was ihm allerdings nicht sehr überzeugend gelang. Zehn Minuten später holten sie Klaus ab und fuhren zu dritt nebeneinander auf den um diese Zeit noch vollkommen freien Feldwegen Richtung Allgäu. Dann der erste Anstieg. Klaus und Timo blieben in gleichmäßigem Tempo nebeneinander. Thomas fiel immer weiter zurück.

Seine Lunge raste. Sein Herz pochte. Schweiß tropfte ihm von der Stirn in die Augen. Seine Blicke gingen nach vorne. Er sah nur noch die Rücken seiner beiden Freunde. »So etwas mache ich nie mehr. Nie mehr! Wie konnte ich nur?«

Während Timo und Klaus sitzend die Anhöhe hinaufradelten, musste Thomas aus dem Sattel und in die Pedale steigen. Der Abstand zwischen den drei Freunden vergrößerte sich mit jeder Pedalumdrehung. Oben blieben Timo und Klaus stehen. Keuchend kam Thomas an. »Alles klar, Thomas? Wir haben auf dich gewartet. Alles okay?« Thomas nickte. »Gut, dann können wir ja weiter.« Thomas verfluchte sich und den Tag. Warum hatte er bloß zugesagt? Alles war nur noch blöd. Er sehnte sich einfach danach, dass dieser Tag ein Ende hatte. Nur noch diesen Tag überstehen. »Nie wieder werde ich so etwas mitmachen, wenn ich nicht vorher mindestens 1000 Kilometer auf dem Bock gesessen bin!«

Am Abend saßen die drei Freunde noch beim Abschlussbier im Sportheim. »Thomas«, hob Klaus an. »Du hast mal den Spitznamen ›die Lunge‹ gehabt. Wenn ich den Namen heute mit dir in Verbindung bringen müsste, dann fiele mir als Assoziation höchstens Lungenheilanstalt ein. Mensch Thomas, wenn aus dir noch einmal etwas werden soll, dann musst du anfangen zu laufen. Du warst doch die Sportskanone, die Lunge. Du hast sie reihenweise verschlissen. Thomas, mach was! Lass dich nicht hängen!«

»Ja, alles gut. Wird schon wieder!« Er gab noch eine Runde aus und verließ dann total erschöpft das Lokal.

Zu Hause angekommen, betrachtete er die Bilder an der Wand und die Zeitungsausschnitte, die hier immer noch hingen. »Lunge führt den SV zum Sieg!« »Lunge war wieder nicht aufzuhalten.« »Der pfeilschnelle Rechtsaußen rannte sie alle in Grund und Boden!« Nachdenklich ging er in den Keller und holte seine Sportschuhe hervor. Er hatte sie schon lange nicht mehr angehabt. Ob sie überhaupt noch passten? Thomas schlüpfte hinein. »Passen!« Aus seinem Kleiderschrank holte er eine Trainingshose und sein altes Fußballtrikot. Alles zusammen legte er schon einmal in den Hausflur. »Morgen früh geht's los. Die Lunge gibt nicht auf! Ich kriege das wieder hin!«

Am nächsten Tag fuhr er mit seinem schwarzen BMW in Richtung Wald. Um diese Zeit waren bestimmt noch keine Spaziergänger:innen unterwegs. Er stieg aus, schloss ab, blickte auf seine Uhr. »Los!« Zunächst ging es auf den ersten 50 Metern leicht bergab. Dann kam eine etwa 25 Meter kurze flache Strecke, bevor sich ein minimaler Anstieg anschloss, der mit bloßem Auge kaum auszumachen war. Thomas lief. Thomas keuchte. Er gab alles, wurde langsamer. Er riss sich zusammen. Rechts von ihm war ein Holzstapel aufgetürmt. Links sah er das freie Feld. Thomas stoppte. Es schien ihm, als sei er vor eine Wand gelaufen. Er beugte sich vor, stützte sich mit beiden Händen auf seinen Knien ab. Aus! Vorbei! Er rang nach Luft. Sein Atem raste. Verzweiflung, Niedergeschlagenheit und Resignation überfielen ihn. Panik stand in seinem Blick, als er sich umschaute. Das waren jetzt vielleicht 200 bis 300 Meter, die er gelaufen war. Er konnte nicht mehr. Als er wieder einigermaßen zu Atem gekommen war, brüllte er voller Frust in den Wald hinein: »Sch... Sch... Sch...! Ich kann nicht mehr! Was nun?« Wenn er jetzt umkehren würde, das wusste er, würde er nie wieder laufen. Nie wieder! Aber weiterlaufen konnte er auch nicht. Sein Blick ging immer wieder zurück. Auf diese Art weiterzulaufen ging nicht mehr. Zum Auto zurück, das wäre schnell erledigt. Gott sei Dank war um diese Zeit noch niemand im Wald. Thomas blickte auf seine Uhr. In diesem Moment wechselte die Ziffernanzeige von 7.22 auf 7.23 Uhr. »Okay! So mache ich es. Ich laufe eine Minute, dann gehe ich eine, dann laufe ich eine, dann gehe ich wieder.« Ein erster Plan war gefasst. Als die Uhr auf 7.24 Uhr umschlug, setzte er sich wieder leicht in Trab. 7.25 Uhr. Gemütlich ging er weiter, ständig den Blick auf die Uhr gerichtet. Er sprach mit ihr. In der Laufpause: »Geh nicht so schnell, du verdammte Uhr.« In der Laufphase: »Mach schneller.« Und dann hatte er die Fünf-Kilometer-Strecke geschafft. 1 Minute laufen – 1 Minute gehen. Zum Glück hatte ihn niemand gesehen. »Und jetzt?« Thomas stand an seinem Auto. »Das machst du jetzt eine Woche lang jeden Tag. 1 Minute laufen – 1 Minute gehen – 1 Minute laufen – 1 Minute gehen und in der zweiten Woche 2 Minuten laufen – 1 Minute gehen – 2 Minuten laufen – 1 Minute gehen. Dritte Woche: 3 Minuten laufen – 1 Minute gehen – 3 Minuten laufen – 1 Minute gehen. Bis ich die gesamte Strecke am Stück schaffe.«

Thomas war hochmotiviert. Jeden Tag nahm er sich nun Zeit für sich selbst. Die Gespräche mit seiner Uhr nahmen ab. Die Uhr diente ihm jetzt nur noch als Strukturierungshilfe, die er aber nicht mehr anflehte, langsamer oder schneller zu laufen. Und dann kam der Tag, an dem er es endlich geschafft hatte. Durchlaufen ohne Pause. Stolz und Freude flossen durch seinen Körper. Selbstvertrauen und Selbstbewusstsein kamen wieder zurück. Das Laufen war nun keine Qual mehr, sondern bereitete ihm vielmehr Freude. Wenn ich das jetzt schaffe, dann kann ich doch auch mal sehen, wo man rauskommt, wenn ich dort hinten links laufe. Und rechts kann ich es ja auch mal probieren.

Woche für Woche schaffte er mehr Kilometer. In der Zwischenzeit hatte er sich ein Trainingsbuch angelegt. So konnte er genau sehen, wie er sich beständig steigerte. Er wechselte die Trainingsformen. Intervalltraining – Fahrtspiel – langsamer Dauerlauf – Steigerungen am Ende des Laufes. Thomas fühlte sich wie ein neuer Mensch. Er spürte die alte Kraft wieder in sich aufkommen. Seine Körperhaltung veränderte sich zunehmend. Der Oberkörper kam immer mehr in die Aufrichtung. Sein Blick wurde selbstbewusster. Die alten Bilder auf der rechten Außenbahn tauchten immer häufiger in ihm auf. Thomas spürte wie die Kraft wieder in seinen Körper strömte. Sein Kopf wurde freier. Bald kannte er sich selbst nicht mehr. Das war ein vollkommen neuer Thomas. Den Weg von und zur Arbeit bestritt er bald überwiegend joggend. Die alten Sportschuhe und die Trainingshose verschwanden im Altkleidersack und wurden ausgetauscht gegen Funktionskleidung und hochwertige Laufschuhe. Von Woche zu Woche fühlte sich Thomas fitter. Laufen, das war jetzt seins. An manchen Abenden betrachtete er die alten Fußballbilder und Zeitungsausschnitte. »Lunge machte sie alle platt.« Das war jetzt wieder sein Credo. Seine alte

Motivation, die neu entflammt war. Vor seinem geistigen Auge sah er sich wieder auf der Außenbahn langsprinten. An manche seiner früheren Gegenspieler erinnerte er sich noch gut. Die frustrierten Mienen der Verteidiger sah er vor seinem inneren Auge aufblitzen. Jetzt hörte er auch wieder die vielen Lobeshymnen, die immer wieder auf ihn niedergeprasselt waren. Thomas richtete sich auf. »Ich gehe es an!« Er stellte sich vor den Spiegel und blickte sein Spiegelbild an. Ein kämpferischer Ausdruck lag in seinen Augen. Er ballte die Fäuste. Er fühlte Spannung in seinen Körper kommen. Er meinte zu spüren, wie die Energie in und durch ihn hindurch floss. »Ich packe es!«

»Hey Timo«, sprach er seinen Kollegen an einem Morgen in der Firma an. »Du bist doch schon mal einen Marathon in Hamburg gelaufen? Wie war das?«

»Super! Echt tolle Strecke. Tolle Atmosphäre. Grandioses Publikum. Willst du das jetzt auch machen?« Timo sah seinen Kollegen an. Er hatte natürlich bemerkt, dass Thomas sich verändert hatte. Ja, jetzt kam er morgens immer im Lauf-Outfit ins Büro und abends zog er es wieder an, um nach Hause zu kommen. Mehrmals hatte Timo ihn gefragt, was er denn nun mache, aber Thomas hatte stets nur ausweichend Antwort gegeben. Also hatte er irgendwann aufgehört weiter zu fragen.

»Und wie schnell warst du damals in Hamburg?«

»Drei Stunden 54 Minuten. Ich wollte unter vier Stunden bleiben.«

»Super Zeit!« »Willst du das jetzt auch machen?« »Mal sehen.« Bei seinem heutigen Lauf nach Hause reifte der

Plan in seinem Kopf weiter. »Ich laufe den Marathon in Hamburg und ich laufe ihn etwas schneller als drei Stunden 54 Minuten.«

Dann kam der große Tag. Thomas reiste zwei Tage vorher mit dem Zug nach Hamburg. Er fühlte sich bestens vorbereitet. Doch als er am Hauptbahnhof ausstieg, überfiel ihn erneut ein flaues Gefühl im Magen. Das hier hatte gar nichts mehr mit der ruhigen und heimeligen Atmosphäre seines kleinen und beschaulichen Dorfes zu tun. Richtiges Bahnhofsflair einer Großstadt. Thomas nahm seinen Koffer und schritt an Bettler:innen und Flaschensammler:innen vorbei. Zu seinem Hotel war es Gott sei Dank nicht weit. Aber der Weg dorthin führte ihn in eine andere Welt. An schmuddeligen und verdreckten Haustüren und Hauswänden standen junge Mädchen, die sich ihm anboten. Ihre Gesichter und Körper waren von übermäßigem Drogenkonsum gekennzeichnet. Fettige, strähnige Haare fielen ihnen auf die Schultern. Die Augen oft blutunterlaufen und leer. Was hatte Timo gesagt? Tolle Atmosphäre! Super Publikum! Thomas bekam immer mehr Zweifel. Hatte er schon wieder einen Fehler gemacht? Dann hatte er endlich sein Hotel erreicht.

Am Vorabend des Laufes, bei der Pasta-Party in der großen Halle, saß er mit anderen Läufer:innen am Tisch. Thomas wurde es angst und bange, als er die anderen erzählen hörte. »Vor drei Jahren in Boston, das war…« »Rom war eigentlich ganz schön, aber da hatte ich noch den London-Marathon in den Knochen.« »Du musst mal unbedingt in Paris laufen! Das ist mega!« Thomas bekam Zweifel, riesige Zweifel. Auf was hatte er sich hier eingelassen?

War er verrückt geworden? Die würden ihn alle in Grund und Boden rennen. Frustriert schlich er in sein Hotel zurück. An Schlaf war nicht zu denken. Er sah sie alle vor sich herlaufen. Sein einziger Begleiter war der Besenwagen, der die Gescheiterten aufsammelte. Wie sollte er das bloß Timo erklären? »Ich bin total verrückt.«

Am Morgen des Marathons trabte er noch 20 Minuten vom Hotel aus, um sich etwas aufzuwärmen und in Schwung zu bringen. Und dann stand er an der Startlinie. Links und rechts diskutierten die Mitläufer:innen über die Laufstrecke. Alles Fachleute. Thomas hatte nur noch einen Gedanken im Kopf: »Hier werde ich Letzter! Allerletzter!«

Noch eine Minute bis zum Start. Alle blickten angespannt auf ihre Laufuhren. Startschuss! Über die Matte laufen, Uhr drücken. Thomas lief in seinem Tempo. Ruhig, wie er es sich vorgenommen hatte. Bei jedem Kilometer blickte er auf die Uhr, hörte in seinen Körper hinein. Noch war alles okay. Links und rechts klatschte er die Kinder ab, die ihre Hände den Läufer:innen entgegenstreckten. Auch übergroße aufblasbare Hände wurden auf die Laufstrecke gehalten. Thomas klatschte fast alles ab, wechselte auf der Laufstrecke immer wieder von links nach rechts. Thomas genoss das Strahlen in den Kinderaugen. Ja! Es war doch ein tolles Publikum. So viel Zeit musste sein. Kilometer 20. Alles okay. Kilometer 30: leichte Ermüdungserscheinungen machten sich bemerkbar. Kilometer 37: jetzt ging bald nichts mehr. Wie sollte er die letzten 5 Kilometer noch schaffen? Die Oberschenkel schmerzten höllisch. Er spürte wie sein Oberkörper immer mehr in die Beugung geriet. Jetzt brannten auch noch die Waden. Warum konnte jetzt nicht einfach Schluss sein? Doch dann standen die Zuschauer:innen in einem engen Spalier, feuerten an, jubelten. Sie trugen die Läufer:innen nach vorne, pushten sie. Thomas hatte das Gefühl, als ob man ihn an eine Steckdose angeschlossen hätte. Sein Körper richtete sich wieder auf. Neue Kräfte schossen ihm durch die Adern. Er war voller Adrenalin. »Noch 2 km. Das ist ungefähr so weit wie von der Abbiegung im Nachbarort bis nach Hause. Noch 700 Meter, das ist vom Rewe bis nach Hause. Ich sehe schon die Ziellinie«, motivierte er sich selbst. Mit leuchtenden und strahlenden Augen lief er unter dem Zielbanner ein und ließ sich die Medaille umhängen.

»Yippie! Yippie! Yippie!« schrie er in den Hamburger Himmel. In diesem Moment schien er der glücklichste Mensch auf der Welt zu sein. Er dachte an die furchtbare Fahrradfahrt mit Klaus und Timo zurück. Seine vielen Trainingskilometer schossen ihm durch den Kopf. Doch jetzt war alles auf den Kopf gestellt. Als er seinen Kleiderbeutel abgeholt hatte, setzte er sich in einer Halle auf den Betonboden und strahlte sein Gegenüber an. Er ballte die Faust. »Jetzt mache ich Europa mit dem Fahrrad und die Welt zu Fuß. Yippie! Yippie! Yippie!«, schrie er noch einmal, aber jetzt innerlich und nur für sich. Thomas blickte auf die Uhr. 3 Stunden 37 Minuten. Immer noch auf dem Betonboden sitzend sah er, wie Tausende von nachfolgenden Läufer:innen über die Ziellinie kamen. Er war nicht Letzter. Nicht Allerletzter. Ganz im Gegenteil. Er war im ersten Viertel aller 20 000 Läufer gelandet. Er streckte die Faust in die Luft. »Die Lunge ist zurück! Yippie!«

#Zeit

»Wir brauchen viele Jahre bis wir verstehen,
wie kostbar Augenblicke sein können.«

ERNST FERSTL

Ich freue mich, dass Sie sich und diesem Impuls ein wenig von Ihrer Lebenszeit schenken. Zeit ist ein sehr komplexes Thema, das wohl nicht erst seit der neuen Zeitrechnung eine bedeutende Rolle spielt, sondern die Menschen seit jeher begleitet. Stellen Sie sich einmal vor, die Jäger und Sammler wären bei Tag auf die Jagd gegangen? Sie hätten wohl sehr viel Zeit damit verbracht, auf Beute zu warten.

An jedem Tag unseres Lebens begegnet uns die Zeit in den unterschiedlichsten Formen. Am Morgen ist es Zeit aufzustehen, wenn der Wecker klingelt. Vielleicht lesen Sie Zeitung oder eine Zeitschrift. Worte wie Jahreszeit, Schulzeit, zeitlose Kunst, Zeitzone, Zeitvertreib, Zeitalter… gehören zum gängigen Wortschatz und sind allgegenwärtig. Sie verbringen Zeit bei der Arbeit, privat und in Ihrer Freizeit.

Alles hat seine Zeit. Zeit vergeht, Sekunde für Sekunde, Tag für Tag, Jahr für Jahr. Wer kennt sie nicht, Aussagen wie

»Ach, wie die Zeit vergeht!«, »An Kindern sieht man, wie die Zeit rast!« oder »Was? Schon wieder ein Jahr rum?«

Mit Zeit haben sich schon viele Menschen in den unterschiedlichsten Bereichen über Jahrtausende hinweg beschäftigt. Auf alles einzugehen würde wohl den Rahmen dieses Impulses sprengen. Zeit kann physikalisch, biologisch, psychologisch und physiologisch betrachtet und gemessen werden. Als physikalisch messbare Größe beschreibt Zeit eine Abfolge von Ereignissen und Momentaufnahmen, die immer in eine Richtung zu gehen scheinen – in Richtung dessen, was noch nicht ist.

Möchten Sie manchmal auch gerne die Zeit zurückdrehen, in der Sie etwas Großartiges erlebt haben, wie zum Beispiel den erholsamen Urlaub, die Zeit, als die Kinder noch klein waren, oder als Sie sich in einer wunderbaren Lebensphase befunden haben?

Man kann die Zeit zwar nicht zurückdrehen, doch in Gedanken kann man immer in alle Zeiten unseres Lebens zurückkreisen, eintauchen und sich so fühlen, als ob man wieder dort ist.

Haben Sie das auch schon einmal erlebt?

Sie hören eine Musik, nehmen einen Duft wahr, sehen ein Bild oder was auch immer und schwuppdiwupp sind Sie in dieser Zeit angekommen! Manchmal scheint die Zeit auch langsamer oder schneller zu vergehen.

Warum ist das so?

Das hat mit unserer subjektiven Wahrnehmung zu tun. Sind wir beim Arzt, müssen etwas Unangenehmes erledigen oder auf etwas warten, scheint die Zeit endlos zu sein und jede Minute zieht sich wie Kaugummi. Hingegen vergeht die Zeit wie im Flug, wenn wir uns einer Tätigkeit mit Freude und Genuss hingeben, ganz im Moment sind und jegliches Gefühl von Zeit und Raum verschwindet. Auch Urlaube oder freie Tage gehen meistens viel zu schnell vorbei.

Aus philosophischer Sicht wird Zeit als ein Voranschreiten der Gegenwart betrachtet, die aus der Vergangenheit kommt und in die Zukunft führt. Dabei sind diese Begriffe lediglich Hilfsmittel für uns Menschen, um gewisse Perspektiven zu beschreiben. Doch irgendwie scheint Zeit nicht so ganz greifbar zu sein. Zeit ist eine Illusion.

Im Grunde genommen besteht das Leben aus vielen aneinandergereihten Momentaufnahmen. Denn es ist immer JETZT. Das, was gestern war, hat im Jetzt stattgefunden und das, was morgen kommt, wird auch im Jetzt stattfinden. Ich möchte Ihnen ein Zitat von Dan Millman schenken:

>>Wo bist du?<< >>Hier.<<
>>Wie spät ist es? >>Jetzt.<<
>>Was bist du?<< >>Dieser Moment.<<

Was bedeutet Zeit für Sie? Mit wem, wobei oder womit verbringen Sie am liebsten Ihre Zeit?

TIPP: Bevor Sie das nächste Mal Ihre Zeit beim Warten totschlagen, können Sie stattdessen auch ein paar tiefe Atemzüge nehmen, Ihre Umwelt bewusst beobachten oder einfach nur still sitzen oder stehen. Sie können sich auch überlegen, wofür – für welche Erlebnisse oder Menschen – Sie dankbar sind. So füllen Sie die >>leere<< Zeit mit besonderen Momenten – mit Ihrer wertvollen Lebenszeit.

Sie bekommen jeden Tag 86.400 Sekunden geschenkt. Es liegt an Ihnen, was Sie mit diesem Geschenk machen. Ich wünsche Ihnen eine wertvolle Zeit.

Zeit

Der Wind trieb die Wellen unaufhörlich an den Strand. Die Intervalle, mit denen die einzelnen Wasserkämme anlandeten, wurden immer kürzer. Gut zwei, drei Meter über den Fluten hatten sich etwa fünfzehn Möwen in die Luft erhoben und ließen sich von den Winden immer weiter nach oben tragen, um sich dann wieder fallen zu lassen. Sie schienen mit den Naturgewalten einen wunderbaren Tanz aufzuführen. Etwa zwanzig weitere Möwen und eine große Schar von kleinen Sanderlingen spazierten nahe der Wasserkante und warteten darauf, was die schäumende See ihnen vor die Füße spülte.

Die Wolkenfetzen, die über ihnen am blaugrauen Himmel in voller Fahrt dahinschossen, komplettierten die wundervoll anzuschauende Meeresszenerie. Einige Spaziergänger:innen hatten sich an diesem Nachmittag diesseits der Dünen am Strand eingefunden. Eingehüllt in olivgrüne Parkas oder dicke Jacken marschierten sie allein oder zu zweit an der Wasserkante entlang und genossen das Spiel aus Wasser, Wind, Sand und kreischenden Möwen. Ab und zu lugte die Sonne aus den vorbeifliegenden Wolken hervor, um dann aber schnell wieder hinter der nächsten grau-weißen Schicht zu verschwinden. In der

Mitte des Strandes, zwischen anstürmenden Wellen und den ersten Dünen, auf denen sich das Dünengras im Wind bog, stand der dreizehnjährige Marco und hielt die zwei Leinen seines Drachens fest in den Händen. Sein Blick war steil nach oben gerichtet. Rund zwanzig bis dreißig Meter, schräg über ihm, kämpfte sein schwarz-gelbes Luftgefährt mit den Lüften. Der Wind nahm immer mehr Fahrt auf. Marco stemmte seine Hacken in den Sand, um sich genügend Widerstand gegen die Kraft der Luftströme zu verschaffen. Beide Arme hatte er ausgestreckt und man konnte fast Angst bekommen, dass er bald gemeinsam mit dem Drachen in der Luft tanzte. Abwechselnd zog er mit der linken und rechten Hand an den Schnüren und balancierte sein Fluggerät aus.

Jetzt kam, 150 Meter hinter ihm, der fünfzigjährige Robert Schumann durch einen Dünendurchgang an den Strand. Er lenkte seine Schritte in Richtung des Jungen. Das Naturschauspiel schien er allerdings nicht wahrzunehmen. Die Hände in seinen Manteltaschen vergraben, schien er ganz in Gedanken versunken zu sein. Ab und zu hob er den Kopf, um das Strandcafé *Steife Brise* ins Visier zu nehmen, das jetzt noch etwa 400 Meter von ihm entfernt war. Es war für viele Besucher:innen seit Jahrzehnten eine willkommene Anlaufstelle, um sich bei einer Tasse Tee, Kaffee oder einem Grog aufzuwärmen und dann den Spaziergang am Meer fortzusetzen. Robert Schumann kam immer näher auf den Jungen zu. Der Wind, der ihm von hinten in den Rücken fuhr, beschleunigte seine Schritte. Er wurde richtig vorangetrieben. Jetzt war er nur noch zwei Meter von Marco entfernt. Nun waren sie für einen kurzen Moment auf gleicher Höhe. Marco blickte ihn kurz an. »Kannst du mal halten? Wäre echt klasse von dir! Mir geht die Kraft in der linken Hand aus.«

Robert Schumann schien ihn wegen der Windgeräusche nicht richtig verstanden zu haben. Er war schon zwei Meter an dem Jungen vorbei. Marco rief noch einmal: »Bitte, hilf mir kurz!« Jetzt blieb Robert Schumann stehen. »Bitte, hilf mir doch! Sonst ist er gleich weg. Warum hast du es denn so eilig?«

»Ich habe noch einen Termin dort hinten im Strandcafé. Will es vielleicht kaufen.« Marco schaute ihn für ein paar Sekunden überrascht an. Dann richtete er seinen Blick wieder auf den Drachen. »Du willst das Strandcafé kaufen? Warum?« »Ja, aber warum interessiert dich das?« »Mensch, hilf mir doch. Dauert vielleicht eine Minute.« »Ich habe es echt eilig.« »Mensch! Eine Minute, dann haben wir ihn. Das sind gerade mal sechzig Sekunden.«

»Na gut.« Leicht widerwillig stellte sich Robert Schumann an seine Seite und zusammen hielten sie den schwarz-gelben Drachen in der Luft. Jetzt übergab Marco ihn an den so eilig herbeigestürmten Erwachsenen, der überhaupt keine Zeit zu haben schien. Er wirkte hektisch und unkonzentriert. Aber immerhin hielt er Marcos Fluggerät in der Luft. »Können wir ihn jetzt runterholen? Die eine Minute ist bald vorbei, oder?!«, fragte Robert Schumann.

»Mensch, hast du es immer so eilig? Guck doch mal, was für einen tollen Wind wir heute haben. Das ist ein ideales Drachenflugwetter. Da muss man sich auch mal etwas Zeit dafür nehmen.«

»Ich habe es wirklich eilig.«

»Ja, aber der Tag hat doch 24 Stunden und weißt du eigentlich, wie viele Sekunden so ein Tag hat? Genau 86.400 und von denen habe ich dich nur um 60 gebeten, in denen du mir helfen sollst. Na gut, jetzt sind es vielleicht 90. Aber du kannst ihn meinetwegen auch einholen.« Robert Schuman zog den Drachen vom Himmel und schaute Marco nachdenklich an. »Danke für's Helfen. Ich hoffe, dass ich dir nicht zu viel von deiner kostbaren Zeit gestohlen habe.« »Schon okay. Aber jetzt muss ich weiter.«

»Warum willst du denn das Strandcafé kaufen? Das gibt es doch schon immer hier. Mein Opa hat schon darin gearbeitet und jetzt arbeitet mein Vater dort schon viele Jahre als Bedienung und meine Tante ist da in der Küche.«

»Ich will es vielleicht größer machen. Der Schuppen ist doch richtig alt und baufällig. Vielleicht lasse ich es auch erst mal abreißen und stelle dann was ganz Modernes hin.«

»Bisher hat sich noch niemand darüber beschwert.«

»Aber das ist einfach nicht mehr zeitgemäß. Ich muss weiter. Habe nicht so viel Zeit. Außerdem geht dich das ja gar nichts an.«

»Und ob! Ich habe doch gesagt, dass mein Papa und meine Tante dort arbeiten. Wenn du es abreißen willst, dann verlieren sie ihren Job und verdienen kein Geld mehr.« Mit der rechten Hand wischte sich Marco eine kleine Träne aus seinem linken Auge.

»Komm, so schlimm wird es schon nicht werden. Ich kann ihnen ja möglicherweise helfen, einen neuen Job zu finden oder vielleicht beschäftige ich sie ja auch noch weiter, wenn sie gut arbeiten. Mal sehen.« Robert Schumann blickte auf seine Uhr. »So, jetzt ist aber Schluss. Zeit ist Geld.« Mit diesen Worten wandte er sich ab und schritt weiter Richtung Strandcafé. Ein Frösteln durchlief den zarten Körper des jungen Marco. Er biss sich auf die Lippen. Dann nahm er seinen Drachen und lief dem Fünfzigjährigen hinterher. Als dieser auf Höhe des zweiten der hier stehenden Strandkörbe angekommen war, hatte er ihn eingeholt. Marco griff nach seinem linken Arm und versuchte ihn aufzuhalten. »Halt! Warte mal! Bitte nur noch zwei bis drei Minuten. Es ist ja nicht mehr weit bis zum Café.« Unmut machte sich auf dem Gesicht des gehetzt wirkenden Mannes breit. Er blies die Backen auf und entließ mit einem lauten Schnaufen den Atem zwischen seinen Zahnreihen. Was wollte dieser Lümmel da bloß von ihm? »Pass mal auf Kleiner, ich habe meine Zeit wirklich nicht gestohlen. Komm du mal in mein Alter, dann wird es dir genauso gehen wie mir. Also spuck es aus, aber dann muss es auch gut sein!« Robert Schumann war mehr als genervt.

»Bitte, können wir uns vielleicht für einen Augenblick in den Strandkorb setzen? Bitte!« Marco schaute ihn mit flehenden Augen an. Robert Schumann schien nach einigen Sekunden zu kapitulieren. »Meinetwegen. Was willst du denn noch?« Über ihnen vollführten die Möwen ihren Tanz im Wind, während hinten am Horizont ein großes Frachtschiff seine Bahn zog. In der Fahrrinne blickten sie auf ein Fährschiff, das gerade neue Tourist:innen auf die Insel brachte und den Inselhafen ansteuerte.

»Jetzt? Was willst du?« »Ich will einfach nicht, dass mein Papa und meine Tante ihren Job verlieren. Ich will das nicht. Sie machen das so gerne. Und sie brauchen das Geld.« »So schlimm wird es schon nicht werden.«

Marco streckte seine rechte Hand aus und deutete auf die anbrausenden Wellen. »Guck dir mal das Meer an. Es kommt immer so gleichmäßig. Mal etwas schneller, mal etwas langsamer. Heute schneller. Und dann die Möwen da oben am Himmel. Die haben sichtlich Zeit mit dem Wind zu spielen.« Marco blickte nach oben. Robert Schumanns Blicke folgten. »Die Möwen scheinen das Spiel wirklich zu genießen, und ich habe die Zeit heute mal genutzt, um meinen Drachen fliegen zu lassen. Das ist doch alles etwas Sinnvolles.«

Robert Schumann sah Marco von der Seite an. »Ja, aber das bringt doch alles nichts.« »Doch. Alles ist hier ganz gechillt und ruhig. Du bist derjenige, der hier Hektik und Stress verbreitet. Hast du schon mal in den Spiegel geschaut? Du machst einen ganz genervten Eindruck. Ist es das alles wert? Nimm dir doch mal etwas Zeit für die schönen Dinge des Lebens. Hier haben wir doch alles, um zufrieden zu sein. Und du willst alles vielleicht abreißen und dann größer machen. Niemand will das hier auf der Insel. Wir sind alle glücklich und zufrieden. Und über das Strandcafé hat sich wirklich noch nie jemand beschwert.«

»Sag mal, willst du mir hier eine Standpauke halten? Ich muss mir von dir – wie alt bist du denn überhaupt – so etwas erzählen lassen?! Das kann ich jetzt wirklich nicht gebrauchen.« Robert Schuman wirkte verärgert. »Ich gehe weiter. Ich habe dir geholfen. Jetzt muss ich weiter.« Marcos Kinn sank auf seine Brust. Robert Schumann stand auf und setzte seinen Weg Richtung Strandcafé fort. Es waren nur noch etwa 200 Meter. Marco blieb schluchzend im Strandkorb sitzen. Seine Enttäuschung war riesig und eine tiefe Traurigkeit überfiel ihn.

Nach einigen Schritten stockte Robert Schumann. Nun drehte er sich noch einmal um und sah den weinenden Marco, der zusammengesunken auf der Fußstütze des Korbes saß. Robert tat noch zwei Schritte nach vorne, drehte sich dann wieder um und ging zurück. Marco blickte auf, als der Geschäftsmann vor ihm stand. »Was ist los? Du wolltest doch zum Café und es kaufen?« »Darf ich mich noch mal setzen?« »Meinetwegen«, entgegnete Marco und nahm ebenfalls wieder auf der Sitzfläche Platz. »Was hast du gesagt? Wie viele Sekunden hat ein Tag?« »86.400. Das ist doch sehr viel.« Robert Schumann blickte auf das Meer und sah den Strandspaziergänger:innen zu, die an ihnen vorbeizogen. Marcos Blicke folgten denen des Erwachsenen.

»Eigentlich hast du Recht. Das ist wirklich viel. Vielleicht sollte ich mir tatsächlich etwas mehr Zeit gönnen, um so etwas wie diesen Ausblick und dieses Naturschauspiel zu genießen.« Marco starrte auf das Meer. »Wäre echt mal 'ne Möglichkeit«, entgegnete der Junge. Robert Schumann schaute den Möwen schweigend zu. »Jetzt geh, wenn du willst«, sprach Marco nun mit versiegender Stimme zu ihm.

»Kommst du mit? Wir trinken da hinten erst mal was Warmes. Du eine heiße Schokolade, wenn Du magst, und ich einen Grog. Dann spreche ich mal mit dem Besitzer. Und vielleicht...!«

»Was vielleicht? Was dann?«

»Dann nehmen wir uns noch einmal Zeit, deinen Drachen steigen zu lassen.«

»Und was ist mit dem Kauf?«

Robert Schumann zuckte mit den Schultern. »Jetzt lassen wir erstmal den Drachen steigen. Morgen reise ich ab und bin nicht mehr hier. Und dann habe ich zum Drachen steigen lassen keine Zeit mehr.«

»Und was ist mit dem Kauf?« »Mal sehen, das hat Zeit.«

#Danke!

Am Ende unseres lebensbejahenden Buches gilt es an dieser Stelle vor allen Dingen Menschen *Danke* zu sagen. Ein herzliches Dankeschön an Johannes Seemüller, der unsere Impulse und Geschichten intensiv gelesen und mit seinem Vorwort die Einführung zu unserem Werk verfasst hat. Allein dieses Vorwort zeigt schon, wie viel Glück, Freude und Energie man aus dem Leben ziehen kann, wenn man nur ja zu ihm sagt und es einfach umarmt.

Von Herzen Danke an Stefanie Anstein. Am Ende des vielmaligen eigenen Lesens und Korrigierens wird der Blick bisweilen trüb. Hier kam Stefanie Anstein mit ihren Argusaugen ins Spiel. Mit ihren Korrekturen und wertvollen Impulsen hat sie uns unterstützt, bereichert und die Texte noch runder gemacht.

Ein weiterer Dank gilt Sonja Kavain, die mit uns das Interview zum Buch geführt hat. Ihre einfühlsame Art und Weise, mit der sie uns begegnet ist und mit uns gesprochen hat, hat uns viel neue Energie und Impulse für weitere Taten und Präsentationsmöglichkeiten an die Hand gegeben.

Ein gutes Buch braucht einen guten Verlag. Deswegen geht unser Dank an Frau Gabriella Schäfer-Lehari von OERTEL+SPÖRER, die sofort von unserem Buchprojekt angetan war und es in ihrem Verlag veröffentlicht hat.

Danke sagen wir auch Ulrike Weiler, unserer Lektorin, die dem Buch den letzten Feinschliff gegeben und mit so vielen Arbeiten dafür gesorgt hat, dass es zum anvisierten Zeitpunkt erscheinen konnte. Wir werden auch weiterhin gut zusammenarbeiten.

Ein herzliches Dankeschön an Fritz Neuscheler, der sich so viel Zeit für das Coverfoto genommen hat. Dieses Foto drückt unserer Meinung nach das aus, was wir mit dem Buch vermitteln wollen.

Ein großes Dankeschön gilt vor allem den vielen Menschen, die uns bisher auf unserem Lebensweg begleitet haben und es immer noch tun. In diesen Begegnungen, die wir hier an dieser Stelle gar nicht alle nennen können, haben wir immer wieder etwas Neues lernen und entdecken können. Manchmal war und ist es ein Gespräch, ein anderes Mal ein einziger Blick oder eine herzliche Geste. Bei anderen ist es die jahrelange, tief verwurzelte Freundschaft. In anderen Fällen ist es die vollkommene partnerschaftliche Zusammenarbeit.

Im engsten Kreis ist es das liebevolle, bedingungslose Vertrauen und Miteinander in unseren Familien. All diesen lieben Menschen ein herzliches Dankeschön. Ohne euch wäre es nie zu diesem wunderbaren Buch gekommen. Ihr alle habt uns mitgeprägt und dazu beigetragen, dass wir zu einer solch positiven Grundhaltung gelangen konnten. In diesem Sinne, lasst uns weiter voranschreiten und umarmt euer Leben. Wir alle haben nur eins.

Simone Hauswald   Martin Sowa

#Interview

Sonja Kavain
im Gespräch mit Simone Hauswald und Martin Sowa
Einblicke zu Hinter- und Beweggründen zum Buch

SONJA KAVAIN: Liebe Leserinnen, lieber Leser, seien Sie herzlich willkommen zu einem ganz besonderen Interview. Es ist das erste Interview zur Buchpremiere **»Umarme dein Leben! Du hast nur eins.«**, geschrieben von Simone Hauswald, der Weltklassebiathletin und Mentaltrainerin, sowie Dr. Martin Sowa, dem Buchautor und renommierten Inklusionsexperten im Bereich Sport. Mein Name ist Sonja Kavain. Ich bin Wirtschaftspsychologin, Leadership Coach der neuen Zeit und Sprecherin. Das heißt, ich verleihe besonderen Menschen, Projekten und Events meine Stimme, um die Zuhörerinnen und Zuhörer auf feinste Art zu inspirieren. Und nun wünsche ich Ihnen viel Freude beim Lesen. Darf ich nun vorstellen, Simone Hauswald. Sie ist schon als Biathletin auf die Welt gekommen. Als Tochter einer Südkoreanerin und eines Schwaben vereint sie zwei Kulturen in sich. Auf der einen Seite die Ruhe und Gelassenheit Ostasiens, auf der anderen Seite das tüchtige »Schaffe, schaffe, Häusle bauen«. 20 Jahre war Simone im Leistungssport aktiv – mit Höhen und Tiefen. Und nachdem sie das Thema Mentaltraining in ihr eigenes Training integrierte, gelang ihr 2009 der große Durchbruch mit ihrer ersten Einzelmedaille bei der Weltmeisterschaft in Südkorea. Das heißt, in der Heimat ihrer Mutter. Nur ein Jahr später folgte der olympische Traum in Vancouver, und die Goldmedaille bei der Weltmeisterschaft in Russland war dann der krönende Abschluss ihrer Sportlerkarriere. Heute begleitet Simone Hauswald als Mentaltrainerin Menschen in ihre ausbalancierte Ruhe, Gelassenheit und Kraft hin zu ihren gewünschten Zielen – privat und im Business.

Dr. Martin Sowa. Wer ihn erlebt, wird sofort angesteckt von seiner guten Laune und positiven Ausstrahlung. Als Buchautor begeistert er unter anderem mit interaktiven Krimilesungen sein Publikum. Und als Experte für Inklusion hat er vor allem im Bereich Sport sehr viel Pionierarbeit geleistet, wofür er mit zahlreichen landes- und bundesweiten Auszeichnungen im Inklusionssport geehrt wurde. 2005 zum Beispiel mit der Verdienstmedaille der Stadt Reutlingen und 2022 mit dem Bundesverdienstkreuz der Bundesrepublik Deutschland.

SONJA KAVAIN: Wie habt ihr beiden euch kennengelernt und wie kam es dann zu eurem ersten gemeinsamen Buch?

SIMONE HAUSWALD: Wir haben uns vor neun Jahren bei den Special Olympics in Todtnauberg kennengelernt. Das ist die größte Sport-Organisation für Menschen mit geistiger und mehrfacher Behinderung. Für mich war dies ein sehr besonderer Abend mit vielen unbeschreiblichen *special moments.* So etwas erlebst du in dieser Tiefe im normalen Alltag oder im normalen Leben eher seltener. Hier standen Herzlichkeit und das barrierefreie Miteinander auf allen Ebenen im Mittelpunkt – ganz anders als bei den Olympischen Spielen, die ich 2010 in Vancouver erleben durfte. Seitdem war ich auf einigen Inklusionsevents von Martin dabei. Daraus ist eine tolle Freundschaft mit vielen Gemeinsamkeiten entstanden. Ja und dann haben wir einfach beschlossen, ein gemeinsames Buch zu schreiben.

MARTIN SOWA: Simones Ausstrahlung und ihr Umgang mit den Sportlern mit Behinderung haben mich an diesem Abend sehr tief berührt. Ich habe intuitiv gewusst, dass ich mit ihr mal irgendetwas zusammen machen werde.

SONJA KAVAIN: Martin, wie bist du zum Schreiben gekommen?

MARTIN SOWA: Ich glaube, es war in der Grundschule, als der Aufsatz meines Mitschülers zum schönsten Osterhasen-Erlebnis besser war als meiner, und ich dann einfach spontan einen erfunden habe, der mit einer glatten Eins bewertet wurde. Im Studium habe ich die Arbeit zu meinem Staatsexamen mit dem Thema Behindertensport in der Hälfte der mir zur Verfügung stehenden Zeit geschrieben. Und mein

erstes Kinderbuch entstand durch die Vorgabe von Stichworten meiner Kinder, mit denen ich immer Gutenachtge-
schichten erfunden habe. Das war der Beginn für weitere
zahlreiche Bücher im Bereich Sonderpädagogik und Inklusionssport. Und dann habe ich mir gedacht, ich versuche jetzt
einfach mal, jemanden umzubringen. So entstand der erste
Krimi und daneben ganz viele Kurzgeschichten. Des Weiteren mache ich die Presse-und Öffentlichkeitsarbeit für die
TSG Reutlingen Inklusiv. Von daher fällt mir das Schreiben,
sagen wir mal, etwas leichter als anderen Menschen.

SONJA KAVAIN: Simone, hast du schon ein Buch geschrieben? Wie ist es dir beim Schreiben ergangen?

SIMONE HAUSWALD: Nein. Für mich ist es tatsächlich das
erste. Es hat schon etwas, ein Buch zu schreiben. Allein der
Gedanke, dass es eines Tages jemand in den Händen hält
und darin mit Freude und Begeisterung liest, ist besonders.
Ich liebe Bücher und schreibe mir gerne Dinge auf, um zu reflektieren. Dieses Buch zu schreiben, war eine bereichernde
Erfahrung für mich. Das Eintauchen in die Welt der Wörter,
das Auseinandersetzen mit den jeweiligen Themen und die
Überlegungen, wie ich die Menschen durch unterschiedliche Perspektiven abholen kann, hat mich selbst persönlich weiter in die Tiefe gebracht. Manchmal hatte ich einen
richtigen *Schreibflash* und konnte gar nicht mehr aufhören.
Dann gab es aber auch Phasen, in denen gar nichts ging. Im
Vertrauen, dass die Zeit mir aber auch wieder die richtigen
Worte schenken wird, konnte ich das einfach so stehen lassen. Ich bin davon überzeugt, dass man ganz andere Worte

findet, wenn man diese mit Ruhe und Gelassenheit formuliert als wenn man in Eile und unter Stress schreibt. Da habe ich sicherlich aus meiner Zeit als Leistungssportlerin profitiert. Denn wenn du nur dein Ziel vor Augen hast und dich nicht auf den nächsten Schritt konzentrierst, wirst du über den nächsten Stein stolpern.

SONJA KAVAIN: Wie lief das Schreiben bei dir, Martin?

MARTIN SOWA: Wenn ich etwas anfange, bin ich zu 150% davon überzeugt, dass ich es fertigbekomme. So war es auch dieses Mal. Wenn ich einen Stift in die Hand nehme und mich mit einem Wort oder Impuls auseinandersetze, weiß ich vielleicht noch nicht, wie es ausgehen wird. Aber ich weiß, dass es schön ausgehen wird. Mit der Zeit entsteht ein fertiges Bild – nein, eigentlich entsteht ein Film in meinem Kopf, den ich zu Ende schreibe. Und hinterher ist es ein fertiger Text. Fast immer gehe ich auch in die Figuren rein, stelle mir Fragen dazu, um die richtigen Worte und Gefühle zu finden. Somit spiele ich mir meine Geschichten vor, was auch als Grundlage für meine Lesungen dient. Dort werden alle Zuhörer:innen mit einbezogen. Das Wichtigste ist mir dabei, jeden Zuhörer, egal wie alt, ob männlich oder weiblich, immer im Inneren anzusprechen über Gestik, Mimik und Emotionen.

SONJA KAVAIN: Was hat euch konkret zu diesem Buch motiviert und wie ist der Titel entstanden?

SIMONE HAUSWALD: Als ehemalige Leistungssportlerin im Biathlon habe ich viele Erfahrungen gemacht – sowohl

Höhen als auch Tiefen. Und es hat sich definitiv gelohnt, einmal mehr aufzustehen als liegenzubleiben. Und in meiner jetzigen Berufung als Mentalcoach erlebe ich täglich, wie wichtig es ist, sich immer wieder neu auszurichten, Klarheit im Leben zu schaffen und selbst gut für sich zu sorgen. Sei es auf mentaler, körperlicher oder emotionaler Ebene. Diese Erfahrungen mit anderen Menschen zu teilen, war meine Motivation.

MARTIN SOWA: Unsere Lebensgeschichten haben uns beide sehr geprägt. Wir sind beide Kinder des Sports. Ich habe früher Handball gespielt und das gemeinsame Training, die Freude beim Gewinnen und auch das Verlieren haben mich sehr geprägt. Das, was ich dort gespürt habe, wollte ich vielen Menschen vermitteln und weitergeben. Ich habe angefangen, mich mit dem Thema »Sport für Menschen mit Behinderung« zu beschäftigen. Das Wort *Inklusion* gab es damals noch nicht. Und daraus ist in vielen Jahren meine Arbeit und Berufung im Inklusionssport entstanden. Wir beide sind zwei unheimlich positiv denkende Menschen. Während der Pandemie haben wir wahrgenommen, wie viele Menschen da draußen jammern und sich beklagen. So entstanden die Idee und die Motivation, den Menschen mit unserem Buch wieder die Schönheiten des Lebens und des Alltags bewusster zu machen und näher zu bringen. Wir leben in so einer herrlichen Welt. Man muss nur die Augen öffnen und wieder mit allen Sinnen genießen. Auch die Begegnungen mit Menschen sind für uns eine unglaubliche Bereicherung und daraus ergibt sich für uns der Satz: »Umarme doch einfach, was du hast, nimm die Natur, die anderen Menschen, die

Gespräche und sauge das alles in dich auf. Die Zeit rast weg. Genieße sie. Du hast nur ein Leben.«

SONJA KAVAIN: Was erwartet die Leser:innen in eurem Buch?

SIMONE HAUSWALD: Wir haben 26 Buchstaben in unserem ABC. In immer anderen Kombinationen kann man damit die Schönheit des Lebens zusammentragen und die Welt beschreiben. So haben wir für jeden Buchstaben ein Wort ausgesucht, das mit etwas Positivem im Leben und im Alltag in Verbindung steht. So entstanden 26 Kapitel, die jeweils aus einem Zitat, einem Impuls von mir und einer Kurzgeschichte von Martin aufgebaut sind. Wir haben den Fokus auf Freude, Dankbarkeit und Wertschätzung für den Alltag, für das Leben selbst, in den Vordergrund gerückt, um unsere Leser:innen damit zu begeistern und vielleicht auch ins Nachdenken zu bringen. Manchmal braucht es gar nicht viel. Ein Lächeln, eine Umarmung oder eine kurze Begegnung kann reichen, um sich wieder besser zu fühlen und Kraft und Mut zu schöpfen. Das Schöne an unserem Buch ist, dass man es irgendwo aufschlagen, sich von einem Wort inspirieren lassen und es häppchenweise lesen kann. Gerade meine Impulse laden durch gezielte Fragen zum Reflektieren ein und da macht es durchaus Sinn, sich immer nur einem einzigen Kapitel zu widmen. Es ist sozusagen Inspirationsbuch und Workbook zugleich. Das Leben bietet uns so viel Großartiges, dass wir es umarmen und genießen sollten: All(e)Tag(e).

SONJA KAVAIN: Was unternehmt ihr eigentlich selbst, um euer Leben positiv zu gestalten und es zu umarmen?

MARTIN SOWA: Ich genieße jeden Moment, den ich in meinem Leben habe. Sei es bei einer Fahrradtour, beim Spazierengehen oder wenn ich sonst irgendwo bin. Ich sauge alles wie ein Schwamm auf und deswegen habe ich so einen großen inneren Schatz, den ich auch anderen Leuten auf lockere Art und Weise zeigen möchte.

SIMONE HAUSWALD: Ich starte mit Sport und Meditation in den Tag. Die Natur ist für mich eine Kraftquelle, aus der ich den ganzen Tag schöpfe. Sei es durch die frische Luft, die Sonne, das klare und kühle Wasser oder die Bäume, die mich unglaublich erden. Wer mit einem guten Gefühl, mit Freude und Leichtigkeit den Tag begrüßt, zieht andere Menschen und Situationen an. Wenn du mit einem Lächeln durch die Welt läufst und andere Menschen grüßt, dann lächeln sie ganz oft zurück. Ein schöner Austausch, der nichts kostet, aber unglaublich heilsam ist.

SONJA KAVAIN: Und wie geht es weiter? Gibt es vielleicht auch Lesungen, bei denen man euch live erleben kann?

MARTIN SOWA: Lesungen sind auf jeden Fall in Planung. Diese werden in den unterschiedlichen Medien veröffentlicht.

SONJA KAVAIN: Am Ende dieses wunderbaren Interviews sage ich Danke für die tollen Einblicke zu eurem Buch, auf das man sich freuen kann.

SIMONE HAUSWALD/MARTIN SOWA: Wir sagen auch herzlichen Dank, liebe Sonja, für deine tollen Fragen, deine Feinfühligkeit und Klarheit, mit der du uns durchs Interview geführt hast.

Falls Sie interessiert sind, das Video in voller Länge anzuschauen, einfach QR-Code scannen.

 https://www.youtube.com/watch?v=opFoc1cmdZs

Simone Hauswald,

geb. 03.05.1979 in Rottweil. Von 1990 bis 2010 war sie aktive Leistungssportlerin im Biathlon und gehörte 13 Jahre der Sport-fördergruppe der Bundeswehr an. 2009 wurde sie in Südko-rea Vizeweltmeisterin, der Hei-mat ihrer Mutter. 2010 gewann sie zwei Bronzemedaillen bei den Olympischen Spielen in Vancouver und wurde im allerletzten Rennen ihrer Karriere Weltmeisterin. Seit 2015 arbeitet sie als Mentalcoach und -trainerin. Ihre Berufung ist es, Menschen zu begleiten und zu unterstützen, ihr Leben bewusst selbst in die Hand zu nehmen und zu gestalten. Der ganzheitliche Ansatz von Körper-Geist-Gefühlen steht dabei ganz klar im Mittel-punkt. In ihren Vorträgen baut sie die Brücke vom Sport zum Alltagsleben, zeigt Parallelen auf und gibt leichte und tiefgehende Impulse für jeden Tag an die Hand, die jede:r für sich nutzen kann.

www.simone-hauswald.de

Dr. Martin Sowa,

geb. 01.07.1954 in Hagen/Nordrhein-Westfalen. Nach dem Studium der Sonderpädagogik in Reutlingen, war er 23 Jahre als Dozent am Fachseminar für Sonderpädagogik in Reutlingen tätig. 1979 gründete er die Behindertensportabteilung der TSG Reutlingen, heute TSG Reutlingen Inklusiv. Mit fast 600 Mitgliedern ist sie die größte dieser Art in Deutschland. Bis 2016 ist er als Referent für Inklusionssport beim Landesbehindertenbeauftragten von Baden-Württemberg tätig. Für seine Arbeiten im Inklusionssport wurde er vielfach ausgezeichnet – 2022 mit dem Bundesverdienstkreuz der BRD am Bande. Er veröffentlichte zahlreiche Fachbücher und viele Fachartikel zum Thema Inklusionssport. Martin Sowa ist auch Autor von zwei Kriminalromanen, eines Kurzgeschichtenbuches und Mitautor in zahlreichen Anthologien. Mit dem Wetterexperten Roland Hummel bietet er Klima – Krimi – Wanderungen über die Schwäbische Alb an und mit den Musikern Norbert Freudigmann und Steffen Tröster präsentiert er szenisch–musikalische Krimilesungen.

www.martin-sowa.de

© 2023 Oertel+Spörer Verlags-GmbH + Co. KG
2. Auflage
Postfach 1642, 72706 Reutlingen
Alle Rechte vorbehalten

Umschlag: Felix Michel GEA-Publishing, Reutlingen |
PMP Agentur für Kommunikation, Reutlingen
Titelbild: Fritz Neuscheler
Lektorat: Ulrike Weiler
Schlusskorrektorat: Sabine Tochtermann
Layout und Satz: Uhl + Massopust, Aalen
Druck und Einband: CPI books GmbH, Leck
ISBN 978-3-96555-132-9

Besuchen Sie unsere Homepage und informieren
Sie sich über unser vielfältiges Verlagsprogramm:
www.oertel-spoerer.de